Le Cerveau des mères

Katherine Ellison

Le Cerveau des mères

ou comment la maternité nous rend plus intelligentes

Marabout

Publié pour la première fois aux États-Unis en 2005 par Basic Books sous le titre *The Mommy Brain, How Motherhood Makes us Smarter.*

Traduction française : Pascal Loubet.

PREMIÈRE PARTIE

LA GRANDE TRANSITION

CHAPITRE 1
PLUS FUTÉES QU'ON NE LE PENSE

> **FUTÉ, ÉE,** *adj.* 1645 ; du moy. fr. *se futer,* « échapper au chasseur et éviter les filets » ; lat. *fugere.* **V. fuite**. Qui est plein de finesse, de malice, qui sait déjouer les pièges, esquiver les coups. **V. débrouillard, finaud, malin, roué, rusé.** *Un paysan futé.* **V. madré.** Subst. *Une petite futée.* – Par ext. *Air futé.* **V. fripon, malicieux**. ◊ ANT. Benêt, bête, niais, nigaud.
>
> LE PETIT ROBERT (édition 1993)

Quelques semaines après la naissance de mon premier garçon, j'ai fait un rêve troublant. C'était en septembre 1995 et j'étais correspondante étrangère à Rio de Janeiro. Dans mon cauchemar, des extraterrestres avaient atterri à Brazilia, mais je restais chez moi, incapable de décider si l'événement méritait que je le couvre. Plus tard, ce rêve me frappa comme l'incarnation parfaite de ma crainte d'avoir échangé mon cerveau contre mon bébé.

C'était juste cette peur qui m'avait empêchée, comme nombre de mes consœurs, d'avoir des enfants, jusqu'au moment où nous allions presque perdre la possibilité de décider. Le problème, c'est que j'étais devenue dépendante de mon cerveau pour tant de choses agréables comme mon niveau de vie, mon amour-propre et ma liberté de faire un mariage d'amour. Et je savais que devenir mère allait m'accabler de cette maladie moderne appelée « cerveau de mère » – qui, comme « troisième âge » est une manière polie de dire « brusque déclin mental. » L'expression évoque l'image d'une femme enceinte gâteuse qui pleurniche devant les pubs pour Kleenex ou d'une mère désemparée qui n'a plus rien en tête en dehors des listes de courses et des horaires de covoiturage.

Tout comme aux varices et à l'embonpoint, la femme qui se reproduit est vouée à la diminution de sa capacité cérébrale. C'est en tout cas ainsi que bien des gens sans enfants voient les femmes enceintes ou celles qui viennent d'avoir un bébé. Des chercheurs ont montré à un panel une femme dans différentes situations sur son lieu de travail – la même femme et les mêmes tâches, mais affublée, dans certaines scènes, d'une prothèse qui lui donnait l'impression qu'elle était enceinte – et la femme « enceinte » a été jugée moins compétente et moins qualifiée pour une promotion. Nous autres mères perpétuons ce préjugé en expliquant que nous venons d'avoir un enfant pour justifier la moindre bêtise que nous prononçons. « Une partie de notre cervelle fiche le camp avec le placenta », me glissa un jour une amie.

Le chœur des critiques n'a pas toujours été aussi bruyant. La formule « cerveau de mère » est apparue récemment, suivant le déferlement historique des femmes dans le monde du travail au début des années 1960. Ce changement a modifié le regard des autres et suscité un nouveau complexe chez les mères. Aujourd'hui, presque les trois quarts des mères d'enfants d'un an au moins travaillent dans des secteurs d'activité qui nécessitent un esprit vif, et nombre d'entre nous sont d'autant plus vigilantes à la moindre fluctuation de l'acuité mentale. Et il n'y a pas que nos métiers qui exigent d'utiliser davantage son cerveau : aujourd'hui, élever des enfants, entre surcharge d'informations et débats enfiévrés sur le moindre aspect du rôle de parent, demande d'être plus futé que jamais.

Certes, peu de mères nieront que les enfants mettent nos ressources mentales à rude épreuve. Les pics hormonaux, la privation de sommeil, les supérieurs remplis de préjugés, les tâches stupides et une overdose de chansons pour enfants font partie des risques du métier. Comme les hommes – malgré quelques récents progrès sensibles – ne sont toujours pas capables d'assumer leur part de ce fardeau, nous sommes coincées dans une situation typiquement féminine. Mais ce qui la rend plus difficile est un résidu de féminisme. La rhétorique vengeresse qui a donné aux femmes le courage de braver un marché du travail peu accueillant a aussi créé la pénible image du « cerveau de mère » pour les femmes d'aujourd'hui, moi y compris.

En 1963, dans *La Mystique féminine*, Betty Friedan comparait les femmes se consacrant à leur foyer à des « cadavres ambulants ». « Ces femmes, écrivait-elle, sont devenues dépendantes, passives, infantilisées ; elles ont renoncé à leur cadre de références adulte pour vivre au niveau inférieur du matériel et de la nourriture. Leur tâche n'exige aucune capacité adulte, elle est interminable, répétitive et peu gratifiante. » Quelques années plus tard, les cinéphiles et les lecteurs de romans devaient faire la connaissance de l'incarnation de la mère zombie avec Tina, l'héroïne paniquée et sous médicaments d'un *best-seller* judicieusement intitulé *Journal d'une ménagère folle*.

La malédiction ne s'est pas terminée avec le siècle dernier. Elle reste encore aujourd'hui un refrain étonnamment répandu. « Quiconque vous dit qu'avoir un enfant ne ruine pas totalement et irrévocablement votre vie, ment », déclare le personnage de Julie Applebaum qui, dans *Nursery Crimes*, roman écrit en 2001 par l'ex-avocate Ayelet Waldman, renonce à sa carrière au barreau pour rester chez elle avec sa fille nouvellement née. « Tout change. Votre couple est détruit. Votre silhouette est flinguée. Votre productivité réduite à néant. Et vous devenez idiote. Lente. Crétine. La grossesse et la lactation vous rendent sotte. C'est un fait scientifiquement prouvé. »

Comme nous le verrons, c'est loin d'être un « fait scientifiquement prouvé. » Mais ce genre d'affirmation est déprimant à lire lorsque vous êtes mère. Tout comme le commentaire péjoratif de la chroniqueuse de *Newsweek* Anna Quindlen à propos de sa maternité en 2004 : « C'était comme si mes ovaires avaient pris possession de mon cerveau. Moins d'un an plus tard, un bébé avait pris possession de tout le reste. Mon cerveau ne fonctionnait plus très bien, surtout lorsque j'ajoutai à ce bébé un suivant deux ans plus tard et un troisième peu après. »

Notons que durant ces mêmes années, Anna Quindlen gagna le Pulitzer pour ses chroniques dans le *New York Times* et rédigea plusieurs romans à succès et livres de conseils. Ce n'est pas rien pour une mère de trois enfants. Pourtant, pour une raison inconnue, Anna Quindlen se sent obligée d'assurer à ses lecteurs que la maternité a amoindri son intellect.

Peut-être obéit-elle à la tendance générale. Des études récentes ont mis en lumière une nette diminution de la satisfaction que trouvent les individus dans le rôle de parents, tendance surtout due au coût que nous lui attribuons. Se plaindre des dégâts occasionnés par les enfants à nos finances, notre moral, nos hanches et *notre cerveau* est devenu un passe-temps à la mode dans les soirées et le thème de plusieurs livres récents. La sénilité est quelque chose que nous héritons de nos gosses, plaisantons-nous. Mais cette nouvelle angoisse parentale est sérieuse et sans aucun doute la raison pour laquelle tant de femmes retardent la maternité pratiquement jusqu'à frôler la ménopause.

Je suis passée sous le fil. Lorsque j'ai eu mes enfants, à ce que mon obstétricien qualifia poliment d'« âge avancé », il était déjà difficile de déterminer s'il fallait accuser le « cerveau de mère » ou une sénilité précoce de mes déficiences mentales occasionnelles. Joey est né quand j'avais trente-huit ans et Joshua trois ans plus tard. Je savais que je prenais le risque de ne jamais avoir d'enfants en attendant si longtemps. Mais je craignais que les dégâts au cerveau me coûtent le travail dont j'avais rêvé depuis mon enfance.

Cadette de quatre enfants, j'ai grandi en banlieue ; mes parents étaient médecin et femme au foyer. Nous appelions ma mère « la Geisha », quand ce n'était pas « la Martyre ». Selon la légende familiale, son destin et le nôtre dépendaient du succès de mon père. Pourtant – je ne m'en suis rendu compte que beaucoup plus tard –, la simple perpétuation de cette légende prouvait l'intelligence de ma mère. Elle travaillait souterrainement pour parvenir à ses fins, multipliant les relations pour installer la famille dans la collectivité et ouvrir des perspectives à ses enfants. Elle attendit que je parte à l'université pour décrocher son premier diplôme. Et pendant les dix années qui suivirent, elle fut institutrice pour enfants ayant des difficultés d'apprentissage.

Bien que l'exemple de ma mère implique l'idée que la grande priorité des femmes était de servir leurs familles, non seulement elle tirait de la fierté de la réussite de ses deux filles, mais elle encourageait également leurs plans de carrière. Pour nous, c'était normal, puisque, contrairement à elle, nous étions trop futées pour perdre notre temps à la cuisine et au ménage. Mes frères et sœurs sont devenus médecins, et je fus la première à dévier. À seize ans, je partis au Nicaragua, gouverné à l'époque par Anastasio Somoza, en tant que volontaire médicale d'Amigos de las Americas. Je fus choquée d'apprendre le soutien de mon gouvernement à un dictateur qui volait les aides humanitaires et bâillonnait l'opposition. Je pensais alors que si mes concitoyens étaient informés, cela mettrait fin à notre soutien.

Je rentrai aux États-Unis déterminée à devenir correspondante étrangère et, cinq ans plus tard, je fus embauchée au *San Jose Mercury News.* Très vite, on m'affecta un poste en Amérique centrale, fonction qui produisit un important bénéfice collatéral : dans une salle de presse de Managua, je rencontrai, en 1982, l'homme que j'allais épouser. Jack, journaliste *freelance*, parcourait le Nicaragua, et nous nous fréquentâmes pendant huit ans avant de nous marier et de nous installer à Rio, lorsque le *Miami Herald* m'engagea comme correspondante. Trois ans plus tard, j'étais enceinte de Joey.

En voyant mon corps changer, je me préparais à des modifications plus importantes. Pendant la plus grande partie de ma vie, j'avais joui de la liberté et du confort qu'apporte le point de vue de l'observateur. La maternité, soupçonnais-je, allait me coûter beaucoup. Et j'avais raison. Mais sur le moment, il était encore impossible d'imaginer ce que j'y gagnerais.

Nous vécûmes à Rio pendant les quatre années suivantes. En 1999, nous retournâmes dans la région de San Francisco, un an après la naissance du frère de Joey, Joshua. Jack quitta le *freelance* pour un poste fixe et moi le *Herald* pour écrire un livre sur la préservation de l'environnement. Dans le même temps, nous abandonnâmes le système brésilien – les enfants sont confiés à une nourrice – pour le style américain – c'était à moi d'essayer de tout faire en même temps.

Nous étions enfin en plein territoire « cerveau de mère » : vingt-quatre heures sur vingt-quatre et sept jours sur sept de musique idiote et de tâches mornes et répétitives comme essuyer le pipi sur la lunette des toilettes. Ma sœur Jean, psychiatre, comprit ma détresse quand elle débarqua un soir et me trouva en train d'essayer simultanément de préparer le dîner, arbitrer une dispute pour une carte de Pokémon, tout en étant en ligne avec un technicien du téléphone.

– Ne t'inquiète pas, me dit-elle en tombant sur mes hurlements, les dégâts ne sont pas permanents.

Mais j'étais déjà parvenue à une étonnante conclusion. Je ne me sentais pas particulièrement abîmée, finalement. Certes, je me plaignais nettement plus. Mais j'en faisais aussi bien davantage. Bien que me sentant souvent éreintée, j'étais plus motivée et passionnée par tout ce que j'apprenais au travail et chez moi. Non seulement mes enfants m'avaient inspiré cet intérêt pour l'avenir de l'environnement, mais ils m'avaient aussi fourni une « excuse » pour exiger un emploi du temps plus souple, lequel m'avait permis davantage de créativité. Enfin, mes enfants me donnaient constamment des leçons sur la nature humaine – la leur comme la mienne.

Bien qu'ayant connu les dates de bouclages, jamais je n'avais encore affronté l'urgence sans égale du bébé qui doit être nourri au sein ou celle de l'institutrice de maternelle à la fin de la journée, et les deux m'ont appris à me concentrer différemment. Deux ans après notre installation en Californie, malgré des interruptions constantes, j'avais terminé mon livre, entrepris une tournée de conférences, démarré une carrière *freelance*, aidé mes enfants à s'adapter à leur nouveau milieu, supervisé les réparations à la maison, trouvé un merveilleux cercle d'amis et déniché un expert qualifié pour soigner une baby-sitter souffrant d'un début de lèpre. J'avais bien d'autres raisons de m'inquiéter mais, à ma grande surprise, je me sentais plus calme. Et je n'arrêtais pas de rencontrer des mères qui éprouvaient la même chose.

Aurais-je pu connaître cette période de réussite professionnelle et de relations durables si je n'avais pas eu d'enfants ? Était-ce juste une conséquence de la sagesse qu'on prétend voir arriver avec l'âge ? Je ne crois pas. Je commençais plutôt à croire que le « cerveau de mère » était bien plus que ce que j'avais jamais imaginé. *Peut-être que ce n'était pas entièrement négatif.* Et du coup, durant mes rares moments de liberté entre journalisme *freelance*, ménage et enfants, je me mis à creuser cette idée.

Je fus encouragée dès le début par un rapport que j'avais lu en 1999 publié par deux chercheurs en neurologie de Virginie, Craig Kinsley et Kelly Lambert. Ils avaient comparé chez des rats la performance d'une mère et d'une célibataire dans un test d'apprentissage et de mémoire, et découvert que les mères avaient les meilleurs résultats. En outre, ces avantages semblaient perdurer chez le rat longtemps après sa période de reproduction. Lorsque les deux chercheurs publièrent cette année-là leurs résultats dans le prestigieux magazine *Nature*, ils recueillirent un certain écho, notamment un gros titre qui proclamait : « La maternité rend les femmes plus futées. »

En continuant mes recherches, je découvris que Kinsley et Lambert n'étaient pas les seuls à considérer que le cerveau maternel s'est transformé, voire amélioré. Finalement, j'interrogeai des dizaines de scientifiques aux États-Unis et à l'étranger, dont bon nombre avaient dégagé des preuves suffisamment solides pour éradiquer le préjudice du « cerveau de mère. » Mon enthousiasme fut décuplé quand je me rendis compte qu'ils effectuaient une percée dans un domaine du savoir aussi dynamique et vaste que l'étude des différences entre les sexes dix ans plus tôt.

Contrairement aux « études parentales » traditionnelles qui se concentrent sur l'enfant, ces nouveaux travaux traitent de l'impact de la maternité/paternité sur les parents. Ils s'organisent autour d'une idée clé : à travers une combinaison dynamique d'amour, de gènes, d'hormones et de pratiques, le cerveau féminin subit des modifications concrètes et probablement durables lors du processus de mise au monde et de l'éducation des enfants. C'est une transformation sur une échelle aussi vaste que la puberté et la ménopause, bien qu'elle n'ait encore jamais été considérée comme telle jusqu'ici. Pourtant, ce qui est particulièrement émouvant dans la transition vers la maternité, c'est qu'elle ne se produit pas de manière solitaire comme la puberté et la ménopause, mais qu'elle survient dans le cadre d'une relation durable, la plus passionnée et fusionnelle qui soit. Pour les deux esprits directement impliqués, et tous les êtres avec lesquels ils communiquent, les conséquences peuvent être profondes.

Nous avons tous entendu dire que la maternité est une période où « tout change. » Pourtant, l'idée que la maternité modifie concrètement notre cerveau me paraissait étrange et merveilleuse. En février 2003, je publiai un article basé sur mes recherches préliminaires dans le magazine *Working Mother*. J'y exposais comment le phénomène du « cerveau de mère » pouvait faire partie de l'expérience sociale moderne dans laquelle les femmes, plus que jamais, essaient d'avoir l'esprit occupé à deux choses à la fois. Je rappelais également certaines des difficultés bien connues de cette situation, et certains avantages moins connus. La réaction me convainquit que j'avais touché un point sensible. « Merci ! m'écrivit une lectrice. Votre article m'a ôté mes inquiétudes... même si parfois j'envoie mon chèque de loyer à la mauvaise adresse, je suis capable de dresser un devis à un client tout en me rappelant où ma fille a laissé sa poupée Barbie. » Je remarquai également que chaque fois que je prononçais la phrase « Ce que la maternité fait à votre cerveau », je suscitais intérêt et débat. Soupçonnant que j'avais simplement effleuré un domaine scientifique nouveau et malconnu, je décidai de rédiger ce livre.

En interrogeant des scientifiques durant les mois suivants, je combinais mes recherches avec une expérience directe en élevant mes deux jeunes fils, Joey et Joshua. Mes enfants ont été tantôt qualifiés de « vifs », de « dynamiques » ou de « turbulents » par leurs maîtres, ainsi que de *vilde chayas*, « petits fauves » en yiddish, par mes parents. Pourtant, d'une manière que je me devais d'étudier, mes enfants me laissaient non seulement physiquement épuisée, mais mentalement dynamisée. À la même époque, des scientifiques de premier plan que je rencontrais confirmaient ce que je soupçonnais : il était fort possible que la maternité *améliore* le mental. « D'un point de vue neurologique, avoir un enfant constitue une révolution pour le cerveau », déclare Michael Merzenich, expert et pionnier en matière de développement du cerveau à l'université de Californie à San Francisco. « Cela modifie l'existence, en ce que l'on est confronté à des défis mécaniques, physiques et mentaux : trente-six catastrophes dont il faut s'occuper en même temps. C'est un moment d'apprentissage et de modification initiés par le cerveau, parce que tout a une grande importance... Je ne crois pas qu'il y ait grand-chose de mieux pour un cerveau que d'avoir un enfant. »

La maternité est un état bien trop complexe et variable pour que l'on puisse prétendre que les mères, en règle générale, sont plus intelligentes que les femmes qui n'ont pas encore eu d'enfant. En outre, la plupart des avantages accordés par cet état ne dépendent pas seulement des circonstances, mais aussi de votre attitude. Si vous subissez, par exemple, un stress débilitant, vous risquez probablement de ne pas en tirer beaucoup de bienfaits. Pourtant, d'après ce que j'ai appris, je suis en mesure d'avancer qu'un « cerveau de mère » devrait être considéré moins comme un handicap cérébral que comme un avantage dans ce processus monopolisant toute une vie : devenir futé.

Par « futé », j'entends bien plus que la capacité à effectuer mentalement des multiplications à deux chiffres. J'ai plutôt à l'esprit le genre d'intelligence qui se traduit par perception supérieure, efficacité, résistance, motivation et compétences sociales (ou « intelligence émotionnelle »). C'est dans le domaine de ces capacités de survie de premier ordre – que j'appelle les cinq attributs du cerveau dopé par le bébé (voir p. 65) – que les facultés de la mère peuvent être renforcées, processus que je détaille au cœur de cet ouvrage.

Dans les pages qui vont suivre, je vous emmènerai également dans ma quête de nos connaissances sur les importants avantages mentaux que la maternité peut apporter. Vous assisterez en Virginie aux expériences révolutionnaires sur de très intelligentes rattes ; à l'université de Yale, des examens sophistiqués par imagerie à résonance magnétique fonctionnelle (IRM) suivront le comportement du cerveau de parents de nouveau-nés ; et dans la Silicon Valley californienne, vous découvrirez un programme d'éducation innovateur qui aide les mères à être plus intelligentes dans leur travail.

Tout au long de cet ouvrage, je m'attacherai plus particulièrement aux mères, car elles subissent de toute évidence les transformations les plus radicales lorsqu'elles mettent au monde, et parce que, dans toute l'histoire humaine, les mères ont consacré à leurs enfants plus de temps et d'attention que quiconque. (En 2004, la première enquête gouvernementale pour quantifier ce fait bien connu a permis de découvrir que la femme active contemporaine moyenne consacrait environ deux fois plus de temps que l'homme actif moyen aux tâches ménagères et à l'éducation des enfants.)

En outre, des études récentes, décrites au chapitre 3, suggèrent que les mères pourraient être – comme on le soupçonne depuis longtemps – plus « équipées » mentalement pour réagir à leurs enfants. Quand bien même, les avantages du « cerveau de mère » ne se limitent pas aux mères et je montrerai comment les pères et toutes autres personnes qui s'occupent d'enfants peuvent également bénéficier des avantages de la proximité des enfants. Je révélerai également comment certaines mères et dirigeants particulièrement futés ont tiré le meilleur parti des savoir-faire spécifiques des parents sur leur lieu de travail. Tout au long de ce livre, je ferai part des astuces des mères que j'ai interrogées – y compris celles qui sont également des scientifiques de métier et qui ont consacré leur attention et leur savoir-faire professionnel à leur propre expérience. Plusieurs de ces experts vous donneront des conseils pour tirer le meilleur parti de votre « cerveau de mère. »

Que la plupart des femmes aient le potentiel de devenir plus intelligentes grâce à la maternité pourrait bien être l'un des plus grands espoirs de ce siècle. Il est temps pour les mères de reconnaître que – comme Joshua me le chuchota un jour à ma grande surprise, jusqu'au moment où je découvris qu'il le tirait des *Aventures de Winnie l'Ourson* – « Tu es plus forte que tu n'en as l'air et plus futée que tu ne le crois. »

CHAPITRE 2
CHÉRI, LES GOSSES ONT RÉTRÉCI MON CERVEAU !

« Ce qui ne me tue pas me rend plus fort. »

FRIEDRICH WILHELM NIETZSCHE,
Le Crépuscule des idoles.

Bien qu'il soit pratiquement impossible de communiquer le bouleversement animal de l'accouchement à quelqu'un qui n'en a pas fait l'expérience, l'écrivain Rahna Reiko Rizzuto s'en approche :

> « Après une heure à regarder mes mains s'agiter, je perdis les eaux et m'aperçus que je mettais un temps interminable à former cette pensée : *Qu'est-ce que c'était que ça ?* Permettez-moi d'illustrer : d'abord, quelque chose frémit en moi et j'entendis un bruit lointain, comme une pomme de terre qui explose dans un micro-ondes, et je pensai : *Qu'est-ce que...* Puis je sentis ma petite culotte gonfler et j'arrivai jusqu'à : *C'était...* Puis la tête du bébé s'écrasa sur le nœud de terminaisons nerveuses de mon coccyx et je pensai : *que ça ?* au moment où le liquide amniotique formait une petite flaque aux pieds de Craig qui demanda : "Qu'est-ce que c'était que ça ?" »

C'est dans ce mélange aux proportions variées de combustion et de perte de contrôle que la plupart d'entre nous rejoignent le club des mères, en passant de « Mais qu'est-ce qui arrive à mes sphincters ? » à « Mais qu'est-ce qu'il fiche encore dehors à trois heures du matin avec la voiture ? » Et ça ne s'arrête pas là. Combinez le chaos hormonal de la grossesse et de l'accouchement avec les privations de sommeil et la nécessité d'apprendre en un rien de temps tout un nouveau savoir – avec des conséquences absolument *terribles* si vous relâchez votre garde, ne serait-ce qu'un instant –, et vous n'aurez aucune peine à comprendre pourquoi il arrive de temps en temps aux femmes enceintes et aux jeunes mères de plaider non coupable pour quelques déficiences mentales en invoquant le « cerveau de mère ». L'affection est connue sous le terme « amnésie maternelle », voire « démence prénatale » dans certains cercles scientifiques, « cerveau ramolli » en Angleterre et « cerveau placenta » en Australie.

L'idée que la maternité nous décime n'est guère nouvelle. « Et aveuglément, nous nous tuons à propager notre espèce », écrivait le poète John Donne en 1611. Mais, plus récemment, la notion de « cerveau de mère », selon laquelle les bébés font diminuer nos neurones, est devenue si irrésistible que des dizaines de psychiatres, psychologues et endocrinologues du monde entier se sont penchés sur la question. En 2001, deux neurologues britanniques, Matthew Brett et Sallie Baxendale, ont même prétendu définir une nouvelle pathologie psychiatrique qu'ils ont baptisée DPNM, diminution prénatale de la mémoire.

La plupart des femmes enceintes ou nouvellement mères qui ont été interrogées à ce jour sont certes *convaincues* d'être diminuées, sensation qui s'accompagne de honte et de crainte. Ces prétendues victimes parlent de perte de mémoire, de distraction, de faible concentration et de « ralentissement cognitif général ». Le neurologue Jeffrey Lorberbaum, qui a effectué des scanners cérébraux de jeunes mères dans le cadre de son étude à la faculté de Médecine de Caroline du Sud, est l'un des nombreux scientifiques à avoir entendu ces doléances de la bouche même de ses patientes volontaires. « Unanimement, sans exception, note-t-il, elles déclarent que leur cerveau est devenu de la marmelade. »

Cependant, malgré cette conception répandue, des scientifiques qui ont tenté d'établir une preuve réelle de handicap mental sont parvenus à des résultats étonnamment variés et, au final, peu probants. Bien que deux études – à petite échelle, mais très connues – sur des femmes enceintes ou nouvellement mères aient signalé des preuves de problèmes de mémoire mineurs, plusieurs autres n'ont identifié aucun changement, et une a démontré une amélioration.

Ce décalage pourrait s'expliquer de trois manières. Certains aspects de l'accouchement et de l'interaction avec le nouveau-né nous assomment mentalement, du moins temporairement. Cependant, certains scientifiques avancent que les femmes enceintes et les jeunes mères qui sont devenues plus distraites peuvent se concentrer suffisamment pour réussir haut la main un test cognitif en laboratoire – ce qui explique donc que certains examens ne révèlent aucun problème. Cependant, comme je le décris dans ce chapitre, les défis spécifiques de la vie moderne et certaines perceptions culturelles qui désavantagent les mères peuvent très bien être les raisons principales pour lesquelles les femmes enceintes se sentent moins performantes qu'à l'habitude, même si rien ne prouve qu'elles sont vraiment diminuées.

Au final, je suis convaincue que croire que le « cerveau de mère » est un intellect *diminué* est une dangereuse erreur. Certains experts pensent que ce qui se passe est plus complexe – et encourageant. Le cerveau d'une femme enceinte ou nouvellement mère est sujet à une importante transition gouvernée par les hormones, processus que Craig Kinsley, neurologue à l'université de Richmond, en Virginie, qualifie de « réorganisation ». Toute impression de distraction temporaire est, selon lui, « le prix à payer pour que le cerveau se concentre et fonctionne mieux par la suite ».

Si la maternité, comme la puberté, peut donc nous désarçonner temporairement, c'est pour mieux nous remettre en selle, et souvent nous renforcer. « Tout est lié au fait que le cerveau se concentre sur l'attachement au jeune sans laisser beaucoup de place à l'erreur », avance le neurologue Michael Merzenich. « Il se passe la même chose que lorsqu'on affronte une situation où la vie est en jeu. Le cerveau se spécialise dans l'action rapide et décisive, au détriment de la réflexion et de l'apprentissage. D'une certaine manière, le cerveau n'a pas de temps à consacrer aux questions cognitives complexes. L'enjeu est la protection, l'attachement, les soins, la concentration sur la tâche prioritaire – et la concentration ! »

En 1956, le pédiatre et psychanalyste Donald Winnicott avait trouvé un nom plus délicat pour le phénomène du « cerveau de mère. » Il qualifiait les intenses premières semaines de maternité de période de « préoccupation maternelle primaire », et allait même jusqu'à la comparer à un début aigu de maladie mentale. Winnicott décrivit cela comme un état de sensibilité accrue où la mère se concentre sur l'enfant, à l'exclusion apparente de toute autre chose. Selon Winnicott, cette presque folie est en fait essentielle pour que les mères apprennent tout le nécessaire sur leur nouveau-né – ses besoins, son caractère et sa manière de s'exprimer. Une fois ce stade terminé, les mères semblent se rappeler assez peu de l'intensité de leur préoccupation.

Dans ce contexte, il est facile de voir pourquoi l'éminent neurologue australien Allan Snyder compare les femmes enceintes à des Einstein. « La mémoire des femmes n'est pas diminuée par la grossesse, affirme-t-il. Au contraire, elles portent leur attention sur des choses plus immédiatement cruciales. Einstein était connu pour oublier où il avait rangé de gros chèques, non pas parce qu'il avait mauvaise mémoire, mais parce qu'il se concentrait sur des questions de plus grande importance. » Si encourageant que soit cet exemple, il importe cependant de ne pas oublier que les nouvelles mères relèvent des défis physiques qu'Einstein aurait à peine imaginés.

Cerveau rétréci et drogues dures

Les mères ne seront pas surpris d'apprendre que la grossesse rétrécit *réellement* le cerveau – durant quelques mois. En 1997, l'anesthésiste Anita Holdcroft et ses confrères de la Royal Postgraduate Medical School de Londres ont utilisé l'IRM pour mesurer le volume cérébral de huit femmes en bonne santé. Les scientifiques avaient déjà découvert des preuves de diminution de la taille du cerveau chez des femmes enceintes souffrant de prééclampsie, affection grave touchant plus d'une grossesse sur vingt et due à une tension artérielle élevée. Holdcroft désirait voir si cela s'appliquait également aux femmes en bonne santé. Elle découvrit une diminution significative de la taille du cerveau – jusqu'à 7 % chez l'une des patientes – culminant au moment de la naissance du bébé et revenant à la normale six mois plus tard.

Un quotidien irrévérencieux titra l'article rapportant cette découverte : « Bébé mange mes neurones », ce que les auteurs de l'étude décrivirent plus sobrement, mais qui revenait peut-être à la même chose. Ils avancèrent que certaines des ressources physiques de la femme enceinte sont temporairement détournées du cerveau, gros consommateur d'énergie, afin de nourrir le fœtus.

Nous ne possédons pas encore la technologie pour savoir précisément ce qui se produit dans le cerveau féminin à ce moment critique, mais nous en avons une petite idée, grâce aux rats. En disséquant le cerveau de rattes gravides, Craig Kinsley et sa consœur Kelly Lambert, du Randolph Macon

College de Virginie, observèrent une redistribution complexe des liaisons neurologiques dans l'hippocampe, centre de l'apprentissage et de la mémoire. La neurogenèse – fabrication continue de nouvelles cellules cérébrales, les neurones – avait ralenti, ce qui expliquait peut-être la diminution du cerveau observée par Anita Holdcroft. Pourtant, des cellules nerveuses dans l'hippocampe avaient donné naissance à beaucoup plus d'épines dendritiques.

Le moment est venu d'interrompre ce récit pour donner quelques bases imagées de la structure du cerveau. Chaque *neurone*, ou cellule cérébrale, possède un long tronc et de nombreuses branches qui lui donnent l'allure d'un arbre en hiver. Ces branches, appelées *dendrites*, peuvent donner naissance à des bourgeons appelés *épines dendritiques*. Au centre des branches se trouve le *corps cellulaire* qui contient le noyau et toutes les autres parties nécessaires à la vie de la cellule. Le long tronc, appelé *axone*, est une sorte d'autoroute de l'information.

À présent, imaginez une immense forêt vierge dans votre cerveau, composée de cent milliards de ces neurones et de leurs dendrites. Les épines dendritiques touchent *presque* les axones des autres neurones. Les informations – pensées et sensations – voyagent le long des axones sous la forme de *neurotransmetteurs chimiques* qui s'accumulent afin de produire une minuscule impulsion électrique leur permettant de sauter le petit intervalle les séparant des épines dendritiques des autres cellules. Ces petits intervalles sont appelés *synapses*.

Chaque fois que vous pensez ou que vous adoptez un nouveau comportement – par exemple, lorsque vous vous inquiétez du bien-être de votre enfant ou que vous lui recommandez de regarder des deux côtés avant de traverser une rue –, certaines de ces nouvelles connexions dans votre cerveau sont renforcées. Ces changements se produisent chaque fois que vous répétez une pensée ou une action. C'est l'essence de l'apprentissage et la raison pour laquelle les scientifiques disent que « les neurones qui agissent ensemble se relient entre eux ».

On ne peut que spéculer sur la signification de ce bourgeonnement d'épines dendritiques révélant la création de nombreuses nouvelles synapses, observée dans l'hippocampe de rattes gravides par Craig Kinsely et Kelly Lambert. Il est possible que ce foisonnement contribue à la sensation de distraction que notent de nombreuses femmes. Mais Craig Kinsley le compare au chaos qui règne dans une fabrique de jouets juste avant Noël ou à un ordinateur qui mobilise davantage de mémoire pour pouvoir faire fonctionner plusieurs programmes en même temps. Dans tous ces exemples, il peut y avoir des déraillements en cours de route, mais un grand bénéfice à long terme. À propos d'une ratte et de sa portée, Craig Kinsley et Kelly Lambert écrivent ceci : « L'activité cérébrale provoquée par la grossesse et la présence de nouveau-nés peuvent littéralement remodeler le cerveau, façonnant un organe plus complexe capable d'affronter un environnement de plus en plus exigeant. »

À l'origine de cette transformation, le bain de puissantes hormones reproductives où est plongé le cerveau de la femme. Il a été estimé que, à l'approche des dernières semaines de grossesse, trois types d'œstrogènes voient leur taux se multiplier par plusieurs centaines par rapport à la normale. La progestérone est dix fois plus élevée et le taux de cortisol, hormone du stress, peut doubler.

De nombreux scientifiques estiment que l'un des composants de ce bain brouille la pensée de la femme – ne serait-ce que pour l'aider à oublier les douleurs de l'enfantement afin de continuer à se reproduire plus tard. Cependant, il y a débat sur l'identité de cet ingrédient et, malgré quelques indices, nous n'en comprenons pas encore clairement le processus.

Liisa Galea, professeur de psychologie à l'université de Colombie britannique, soupçonne l'œstrogène. Cette chercheuse, qui avait du mal à retrouver sa voiture sur le parking de l'université durant ses dernières semaines de grossesse, a testé les performances de rattes gravides dans un labyrinthe d'eau. La tâche des cobayes consistait à se rappeler la position changeante d'une plate-forme flottante afin de pouvoir s'y réfugier. Les rattes ont une période de gestation de trois semaines. C'est à la troisième, moment où le taux d'œstrogène est le plus élevé, que les rattes ont affiché les pires performances.

Ce qui est intéressant ici est que de nombreux articles scientifiques donnent l'œstrogène – dans des circonstances adaptées – comme un *tonique* du cerveau. Les études montrent que les jeunes femmes adultes se sentent plus intelligentes au moment où le taux d'œstrogène est le plus haut lors de leur cycle menstruel, et réussissent mieux certaines tâches, notamment celles qui exigent des capacités d'élocution. Plusieurs études ont démontré que la thérapie de remplacement hormonal aide à réduire la diminution de la mémoire verbale chez les femmes ménopausées. L'hormone est connue pour jouer un rôle dans la neurogenèse et la formation de nouvelles synapses, comme celles observées par Craig Kinsley et Kelly Lambert chez les rattes gravides. Mais comme les chercheurs ne comprennent toujours pas l'impact d'un taux élevé d'œstrogène sur la mémoire, Liisa Galea avance que « toutes ces nouvelles synapses produisent peut-être un *bruit de fond* supplémentaire temporaire ».

Beaucoup penchent en faveur de l'œstrogène, tandis que certains chercheurs avancent qu'une autre hormone, la progestérone, pourrait causer des troubles mentaux. Les partisans de ce point de vue invoquent une étude montrant que des femmes volontaires ayant pris de la progestérone par voie orale pour parvenir à un taux comparable à celui d'une fin de grossesse, ont eu du mal à se rappeler des détails de textes qui leur étaient lus. Un autre camp d'experts soupçonne que le taux élevé de l'hormone du stress, le cortisol, un glucocorticoïde, pourrait être responsable de l'état de confusion. Le cortisol est susceptible de rendre l'individu plus alerte – c'est l'hormone impliquée dans le processus « fuir ou combattre ». Mais comme le suggère Merzenich, c'est également l'hormone qui aide le cerveau à se concentrer sur une tâche prioritaire.

Une découverte récente indique qu'un autre facteur clé pourrait avoir été ignoré. À la fin de l'année 2004, deux chercheurs de l'université canadienne Simon Fraser ont déclaré avoir découvert grâce à des tests sophistiqués que seules les femmes portant des *filles* présentaient une diminution cognitive. Les femmes portant des garçons n'en présentaient aucun. Si cette découverte, encore non publiée lors de la rédaction de cet ouvrage, peut être dupliquée, elle pourrait jeter une nouvelle lumière sur la fascinante interaction biologique entre une mère et son fœtus.

Choc

Grâce aux chercheurs de l'université hébraïque de Jérusalem, nous avons une preuve irréfutable que les femmes ne sont pas au mieux de leurs capacités intellectuelles au lendemain de leur accouchement. En 1993, les scientifiques israéliens publièrent les résultats de tests neuropsychologiques standards effectués sur une centaine de jeunes mères, dont les réponses étaient comparées à des femmes sans enfants non enceintes, à des femmes enceintes à haut risque à leur troisième trimestre, et à des pères de nouveau-nés. Le premier jour, les jeunes mères présentèrent des résultats significativement plus bas que les autres groupes. Pourtant, aucun de ces déficits de mémoire verbale et visuelle ne persista le deuxième et le troisième jour.

Évidemment. Lorsqu'on vient de passer les heures les plus effrayantes, exaltantes, douloureuses et épuisantes de sa vie et qu'on n'a comme vision de l'avenir qu'un petit visage rouge et hurlant, il est possible que ses performances de réussite dans des tests neuropsychologiques standards ne soient pas la priorité du moment. J'ai récemment relu le journal que j'avais entrepris la semaine où est né Joey, après treize heures d'accouchement. J'espérais me rappeler tous les détails exquis de l'une des journées les plus étrangement euphorique de ma vie, et j'en ai trouvé quelques-uns. Mais ce qui m'a sauté aux yeux avant tout, c'était une liste griffonnée des heures auxquelles il fallait allaiter Joey, à la minute près. Presque toutes les demi-heures. J'avais dû le noter histoire de comprendre comment, pour moi comme pour ce bruyant nouveau venu, des tâches de survie que l'on croyait évidentes avaient brusquement pris une place centrale.

Il est compréhensible que bien des mères se sentent physiquement et émotionnellement affaiblies en pareil moment. Comme le déclare Cort Pedersen, spécialiste de la dépression postnatale à l'université de Caroline du Nord de Chapel Hill, « le premier enfant est un plongeon dans quelque chose d'extraordinaire, en ce que votre capacité à contrôler la vie disparaît brutalement. Vous ne pouvez plus uriner, dormir ou faire quoi que ce soit quand vous en avez envie, et c'est un grand choc. Souvent, les femmes n'y sont pas préparées. Personne ne les a informées de ces questions ».

C'est ce que tentent de faire un certain nombre d'ouvrages récents comme *Si seulement on m'avait dit*. Pourtant, vous aurez beau suivre des cours de préparation, voir des films ou langer des baigneurs, au final, à la première naissance, vous avez toutes les chances d'être aussi prise de court que Rahna Rizzuto. Pour ma part, j'ai connu les gaz lacrymogènes, été agressée au couteau, prise en otage par des *campesinos* mexicains hystériques, emboutie sur une autoroute et poursuivie par des abeilles tueuses. Et pourtant – jusqu'à une heure avant qu'apparaisse la tête de mon fils Joey –, jamais je n'aurais cru que mon corps allait *imploser*.

Il n'est donc peut-être pas étonnant qu'une certaine forme de dépression postnatale affecte jusqu'à 80 % des nouvelles mères durant les premières heures suivant l'accouchement, selon le Collège américain des gynécologues et obstétriciens. Environ 10 % des mères souffrent d'une dépression plus aiguë.

Récemment, certains scientifiques se sont même demandé si l'accouchement, notamment s'il est exceptionnellement difficile, peut être à l'origine d'une variante de stress post-traumatique, trouble survenant après l'exposition à un événement terrifiant occasionnant ou manquant d'occasionner de graves dégâts physiques. Dépression et troubles de la concentration ou de la mémoire figurent parmi les résultats habituels de cette affection. Pourtant, les deux symptômes sont généralement évitables ou peuvent être minimisés grâce à des soins adaptés.

Fini le sommeil

L'une des plus lourdes charges qui accompagne la maternité est sans aucun doute la privation de sommeil. Empêcher quelqu'un de dormir revient à « jouer avec son équilibre et sa santé », selon le psychothérapeute John Schlapobersky, qui fut torturé par le gouvernement sud-africain durant l'apartheid dans les années 1960. La privation de sommeil est une technique de torture bien connue, utilisée lors des interrogatoires militaires dans le monde entier. Pourtant, bien que nous comprenions en quoi le manque de sommeil peut affecter le cerveau, nombre de jeunes mères ne sont pas préparées à affronter cette conséquence d'une naissance, alors que cet inconvénient peut être considérablement réduit avec une préparation suffisante et un peu de savoir-faire.

James Maas, professeur de psychologie à l'université Cornell, estime que durant la première année de vie d'un bébé, l'individu qui s'en occupe principalement perd jusqu'à sept cents heures de sommeil. Pour ne rien arranger, ajoute-t-il, les parents peuvent sous-estimer l'impact de cette perte en le mettant sur le compte de brusques sautes d'humeur, par exemple lorsque le père lit le journal dans son fauteuil tandis que la mère tente de calmer un bébé hystérique. D'ailleurs, les nouvelles mères risquent de s'imaginer que non seulement leur mariage, mais aussi leur cerveau, en ont pris un coup, alors qu'il suffirait en fait qu'elles trouvent le moyen de faire plus souvent la sieste. Sous-estimant l'ampleur de ce nouveau rôle de parents, beaucoup de jeunes couples commettent également l'erreur de reprendre le travail trop tôt ou de décliner l'aide que leur proposent des amis ou la famille. (Plus réalistes, les congés de maternité payés seraient également utiles – voir le chapitre 12).

Si votre déficit de sommeil persiste, vous risquez de sombrer dans l'abrutissement. En effet, le cortex frontal du cerveau, chargé de vous maintenir alerte, concentrée et inventive, est le premier à en subir les conséquences. Des recherches en laboratoire sur des volontaires démontrent que les individus privés de sommeil ont tendance à utiliser un vocabulaire réduit, davantage de clichés, et ont plus de mal à trouver des solutions innovatrices à des problèmes complexes.

Robert Sapolsky, professeur de biologie à l'université de Stanford et éminent expert sur le stress, déclare qu'il n'a eu l'idée d'étudier la privation de sommeil qu'une fois qu'il a eu des enfants. « La privation de sommeil due aux bébés est la pire qui soit, déclare-t-il. La diminution de votre quantité totale de sommeil éprouve tout l'organisme, provoque des sautes d'humeur et des dépressions, et affecte la cognition. Si cette diminution est fragmentée, c'est encore pire. Mais le plus grave est une diminution fragmentée de manière *imprévisible.* Ce n'est pas pour rien que les internes en médecine sont psychotiques. »

Selon Robert Sapolsky, le mécanisme est lié à l'impact des hormones du stress – les glucocorticoïdes – sur le cerveau. Même durant le sommeil, ces hormones sont régies par l'horloge biologique. « Si vous vous couchez en sachant que vous devez vous réveiller à 5 heures, le taux d'hormone de stress augmente dès 4 heures, puisque le processus se déclenche une heure avant le réveil spontané. Mais si vous vous couchez en vous attendant à être réveillé à tout moment durant la nuit, vous vous préparez physiologiquement en permanence pour le stress du réveil. » En d'autres termes, vous pouvez avoir une nuit de sommeil normal en termes de durée, mais vous pouvez être tellement stressé que ce sommeil ne vous fait aucun bien.

Bien qu'il soit impossible d'éviter tous dérangements durant le sommeil, vous pouvez prendre certaines mesures pour les minimiser. Les siestes sont très utiles, et c'est là que négocier avec votre mari, conjoint, mère, baby-sitter, voisine ou même patron est essentiel. James Maas recommande des « siestes dynamisantes », c'est-à-dire de brèves pauses au bureau où vous vous détendez et sommeillez au lieu d'ingurgiter du café ou du soda. Mais il est évident que cela laisse de côté la grande majorité des mères qui travaillent et ne peuvent s'isoler. Robert Sapolsky met en garde contre les longues périodes entre les repas en cas de privation de sommeil, car, étant donné le taux élevé d'hormones de stress que vous subissez déjà, votre cerveau reçoit moins de glucose que la normale. Pour éviter l'effet « montagnes russes » des fluctuations brutales de glycémie, il conseille aux jeunes mères de suivre le « régime type chasseur-cueilleur en prenant de nombreux petits repas durant la journée ».

La force de la pensée négative

Voici donc où vous en êtes : votre cerveau a rétréci, baigné dans des hormones, puis retrouvé sa taille normale. Vous avez été choquée par le traumatisme et épuisée par le manque de sommeil. Vous avez un nouveau cerveau, un « cerveau de mère. » Mais est-ce nécessairement, même temporairement, un cerveau cassé ? Cela n'a tout bonnement pas été prouvé.

Les deux études qui militent pour la diminution ont été publiées en 1998 et 1999. Dans la première, des chercheurs de l'université Wayne de Detroit, sous la conduite de Pamela Keenan, ont comparé des femmes enceintes au troisième trimestre à un groupe témoin et ont découvert que les patientes oubliaient une fois sur quatre les détails d'un texte qui leur avait été lu. (Trois mois après la naissance, elles étaient de nouveau aussi performantes que le groupe témoin). L'année suivante, Galen Buckwalter, psychologue de l'université de Californie du Sud, rapporta qu'un groupe d'étudiantes en médecine enceintes, testées sur leur mémoire verbale – sur leur faculté de se rappeler des listes de mots – et leurs capacités d'apprentissage, étaient totalement incapables de faire preuve de telles compétences à la fin de leur grossesse et jusqu'à deux mois après la naissance.

Comme l'ont fait remarquer d'autres scientifiques, ces deux expériences posaient des problèmes : l'une et l'autre utilisaient des échantillons très réduits – dix dans l'étude Keenan et dix-neuf dans l'étude Buckwalter – et les tests ne furent jamais renouvelés. Par ailleurs, Galen Buckwalter ne compara pas les volontaires enceintes avec un groupe de contrôle de femmes non enceintes d'âge et QI identiques. Comme il le reconnut lui-même dans un mail qu'il m'adressa en 2003, « nous n'avons pas de données suffisamment fiables pour affirmer qu'il existe un déficit de mémoire associé à la grossesse ».

En outre, dans les années qui ont suivi ces deux expériences, trois autres études à grande échelle en Australie et au Royaume-Uni ont suggéré que, comme le dit Helen Christensen, « le cerveau de la femme enceinte est un mythe ».

Cette dernière, spécialiste en psychologie cognitive de l'université nationale d'Australie, déclare s'être intéressée à la question, « en tant que mère d'âge mûr » de trois enfants, après s'être surprise en train de faire, durant ses grossesses, des choses étranges, comme ranger de la lessive dans son réfrigérateur. Cependant, elle doutait que la grossesse soit en elle-même responsable de ces déficiences mentales. « Je me disais que c'était peut-être à cause de la fatigue, des privations de sommeil et de l'anxiété provoquée par cet événement attendu, mais je n'étais pas convaincue que ce soit véritablement dû à une affection du cerveau. »

En 1999, avec cinquante-deux femmes enceintes et un groupe de contrôle de trente-cinq membres, elle étudia la mémoire verbale, la « mémoire de travail » – à l'origine de l'apprentissage, du raisonnement et de la compréhension –, et l'attention tout en surveillant l'humeur de ses patientes. Elle ne découvrit qu'une seule différence significative entre les deux groupes : les femmes enceintes étaient en fait *plus douées* pour apprendre et se rappeler des termes en rapport avec leur état. Par exemple, leur attention s'éveillait quand elles entendaient des mots comme « hôpital », « placenta » et « accouchement ». « C'est comme dans une soirée, explique Helen Christensen. Même s'il y a beaucoup de bruit, on est capable d'entendre quelqu'un qui prononce votre nom à l'autre bout de la pièce. » Une étude de suivi effectuée par un confrère produisit les mêmes résultats. Helen Christensen intitula audacieusement leur publication « La grossesse peut accorder un bénéfice cognitif sélectif ».

Des chercheurs de l'université Charles Sturt, également en Australie, firent écho aux conclusions de Helen Christensen après avoir fait passer des tests de mémoire sur une durée de seize mois à trois groupes de douze femmes – enceintes, récemment accouchées et groupe de contrôle. Dans les journaux qu'elles devaient tenir, les mères des deux groupes déclaraient qu'il leur semblait oublier chaque jour de plus en plus de choses. L'une d'elles raconta être arrivée à un carrefour en voiture et s'être demandé si un feu rouge signifiait qu'elle pouvait passer ou devait s'arrêter. Une autre qu'elle avait fait presque deux cents kilomètres sur des routes de campagne pour aller emprunter une échelle chez sa sœur et avait oublié de revenir avec. Pourtant, les performances de ces femmes n'étaient pas différentes de celles du groupe de contrôle dans les tests objectifs. « Les femmes enceintes et les jeunes mères ont en général toutes les raisons d'avoir confiance dans leurs capacités », écrivirent les chercheurs.

Enfin, dans une petite étude publiée en 2003, des scientifiques menés par la psychologue Roz Crawley de l'université de Sunderland en Grande-Bretagne testèrent la mémoire verbale et l'attention de quinze femmes enceintes pendant et après leur grossesse, en comparaison d'un groupe de contrôle. Là encore, ils découvrirent que les deux groupes présentaient des performances semblables dans les tests objectifs, même si les femmes enceintes se jugeaient handicapées. Roz Crawley avança que ces femmes avaient peut-être l'impression d'être victimes du « cerveau de mère » parce qu'elles étaient convaincues que la grossesse aurait cet effet sur elles.

C'est là que les choses deviennent vraiment intéressantes. Oubliez-vous où vous avez rangé la lessive parce que votre bébé ronge vraiment vos neurones, ou bien est-ce simplement parce que vous êtes *conditionnée* à attendre une telle déficience et que vous êtes soulagée de pouvoir la justifier par un stéréotype ?

Aujourd'hui, avec le nombre de femmes d'enfants en bas âge occupant plus que jamais des fonctions mobilisant les capacités mentales, nous sommes donc dans des circonstances idéales pour nous focaliser sur d'éventuels manquements. En même temps, le cliché du « cerveau de mère » suggère que les manquements que nous décelons sont liés à notre statut de femme enceinte. Dans l'étude de l'université nationale d'Australie, la plupart des femmes enceintes dont les résultats aux tests cognitifs étaient égaux ou meilleurs que ceux du groupe de contrôle *croyaient* que leur mémoire faiblissait. Comme le suggérait Helen Christensen, elles connaissaient des épisodes d'oubli mineurs mais significatifs qu'elles attribuaient à leur grossesse, alors que d'autres femmes les auraient simplement mis sur le compte de la distraction sans chercher plus loin.

Le psychologue australien Paul Casey, chef de l'équipe Charles Sturt, remarqua que plusieurs des femmes de son étude commençaient à se plaindre de troubles de la mémoire dès le début de leur grossesse – alors que Keenan et Buckwalter avaient souligné que les différences objectives n'apparaissent qu'au troisième trimestre. Ce qui a véritablement changé, d'après Casey, c'est la « métacognition » des femmes, c'est-à-dire la manière dont elles perçoivent et jugent leurs performances cognitives. Dans ses précédents travaux, Casey avait découvert que la conscience de soi plus aiguë et le signalement d'oublis vont généralement de pair. Pour lui, il est très possible que les femmes enceintes, connues pour être particulièrement conscientes de ce qu'elles vivent, se rappellent simplement toutes les fois qu'elles oublient quelque chose. « Et cela, déclara Casey, c'est en soi un succès de la mémoire. »

Beaucoup de femmes enceintes et de jeunes mères sont entretenues dans leur crainte du « cerveau de mère » par leur entourage et la culture ambiante. Vous pouvez être lauréate du Nobel, votre pédiatre vous appellera toujours « Maman ». Et pour les magazines, votre priorité dans la vie est de perdre les kilos pris durant la grossesse.

« Vous êtes constamment infantilisée », déclare Laura Hilgers, journaliste et jeune mère. « Ce n'est pas parce que j'ai eu un gosse que j'ai subi une lobotomie. Mais socialement, vous découvrez que si on vous considérait comme une égale lorsque vous étiez célibataire, dès que vous êtes mère, on vous relègue à la cuisine. »

Les mères qui commencent à anticiper ces affronts peuvent prendre des mesures pour se défendre. La neuropsychologue Julie Suhr, de l'université d'Ohio, se rappelle l'épisode de méningite de son premier enfant âgé de trois mois. « Je voyais bien qu'elle était très malade, mais comme elle n'avait pas de fièvre, je savais qu'on me prendrait pour une "jeune mère hystérique", raconte-t-elle. Comme notre pédiatre travaillait dans le même hôpital que moi, juste avant le rendez-vous, je suis passée à mon bureau enfiler ma blouse blanche avec mon badge annonçant « Dr Suhr. » C'était pour me garantir contre leurs préjugés. »

Julie Suhr est une experte en la matière. Elle est spécialisée dans la « menace stéréotypique », terme forgé par Claude Steele, psychologue à l'université de Stanford. Selon ce concept, un membre d'un groupe donné, devant accomplir une tâche perçue comme mal exécutée par les membres de ce groupe, s'en acquittera en conséquence moins bien que la normale. Les minorités raciales, subissant le préjugé de performances médiocres dans des tests d'intelligence, ont généralement des résultats inférieurs, tout comme les femmes influencées par le préjugé de mauvais résultats en mathématiques. De la même manière, une expérience a démontré que des adultes âgés à qui on présente des stéréotypes négatifs sur le vieillissement réussissent moins bien aux tests de cognition que des adultes auxquels on a présenté des images positives. Les mères qui travaillent, accablées de stéréotypes négatifs, subissent probablement la même pression.

Inspirée par notre conversation de 2004, Julie Suhr entreprit de réaliser une expérience pour vérifier si la performance cognitive des jeunes mères était affectée par le cliché du « cerveau de mère ». « Vous seriez étonnée de voir le peu de choses nécessaires pour provoquer des préjugés négatifs, déclare-t-elle. Les exigences démesurées y sont pour beaucoup. Pour bien des jeunes mères, de petites erreurs sont "impardonnables", alors que pour n'importe qui d'autre, elles sont vite oubliées. »

La contre-attaque des mères intellectuelles

Dans les années 1980, exaspéré que la notion d'abrutissement postnatal soit si bien acceptée par la société, un groupe de journalistes et mères avança qu'il y avait peut-être quelque chose de positif dans la manière dont les mères utilisaient leur tête. La grande pionnière de ce mouvement fut la philosophe Sara Ruddick, avec son article qui devint un livre, « La pensée maternelle. »

Sara Ruddick, la quarantaine à l'époque, mère de deux enfants de onze et treize ans, raconte qu'elle l'a écrit en partie en réponse à des féministes comme Simone de Beauvoir et Betty Friedan, pour qui la maternité « gâchait la vie et faisait partie de l'oppression générale des femmes ». Au contraire, pour elle, « il y avait peut-être un intérêt intellectuel à la maternité », idée qu'elle trouva « étrangement neuve et passionnante ». Elle était convaincue que les mères développent une nouvelle manière de penser, parfois supérieure, fruit de leur immersion quotidienne dans les soins apportés à l'enfant. Voici ce qu'elle écrit dans un passage mémorable :

> « Quel que soit le mélange de bonheur et de peine qu'elle apporte, l'implication dans les soins apportés à un enfant développe la vie intellectuelle d'une mère. La responsabilité, les corvées épuisantes et, pour certaines, le rétrécissement de l'horizon d'une profession ou d'un domaine intellectuel particuliers se liguent pour diminuer le mental de la plupart des mères – et des adultes en général. Mais les enfants sont fascinants. Même si leur éducation peut ramener au premier plan les conflits

> d'enfance d'une mère, dans des circonstances favorables, la vivacité intellectuelle de ses enfants réveille la sienne. Élever des enfants est une tâche qui provoque ou exige une réaction positive au changement. »

Surfant sur ce courageux concept, Camille Peri, rédactrice en 1997 du web-magazine *Salon*, contribua au lancement d'une rubrique régulière intitulée « Les mères qui pensent » et considérée comme un « lieu d'expression pour les mères qui veulent faire marcher leurs méninges ». Suivit deux ans après *Cerveau, enfant : le magazine des mères qui pensent*, publié par deux jeunes mères de Virginie. Le titre, selon l'une d'elles, Jennifer Niesslein, était un raccourci pour « J'ai un cerveau, j'ai un enfant. Inutile de me regarder de haut. » En 1998, à la York University de Toronto, un groupe d'universitaires femmes fonda le Centre de recherches sur la maternité, dont le but était de promouvoir des « études maternelles féministes ». *Maman lettrée*, se présentant comme le premier magazine en ligne à destination des mères et traitant de la complexité de la maternité, parut pour la première fois en novembre 2003.

Tous ces efforts ont contribué à subvertir le cliché de la mère condamnée à la layette et à la cuisine. Mais de ce point de vue, bien plus prometteur est l'héritage des découvertes de la neuroscience dans les années 1990, renaissance scientifique connue sous le nom de « Décennie du cerveau. » Au cours de cette période révolutionnaire, les chercheurs accumulèrent des preuves incontestables que le cerveau adulte, que l'on croyait naguère figé une bonne fois pour toutes à l'adolescence, change tout au long de la vie. Nous savons désormais que les individus occupés à une tâche spécialisée modifient physiquement leur cerveau à mesure qu'ils s'impliquent dans sa réalisation. Par exemple, chez un violoniste, la zone du cerveau consacrée aux doigts grossit à mesure qu'il se perfectionne. De la même manière, des images scanner du cerveau montrent que chez les chauffeurs de taxi londoniens, qui doivent mémoriser la topographie de la ville, l'hippocampe – centre de la mémoire – est plus gros que chez les individus qui n'ont pas à exécuter une telle tâche. La fonction crée pour ainsi dire l'organe chez les mères. Si les scientifiques doivent encore en établir la preuve, certains soupçonnent déjà que les réactions *émotionnelles* répétitives, y compris celles de type intelligent comme l'empathie ou la modération, peuvent renforcer des circuits neuraux dans le cerveau en les rendant plus réactifs. Selon les termes d'un chercheur, « c'est comme passer et repasser plusieurs fois sur un sentier dans la forêt – à force, il est dégagé ».

Ce scénario de la modification du cerveau à travers l'expérience tout au long de la vie adulte – appelé « plasticité » – est l'un des quatre piliers de ce livre, soutenant l'idée que la maternité peut rendre les femmes plus intelligentes. Nous savons désormais que non seulement le cerveau est modifié par les nouvelles expériences, mais que des expériences positives, difficiles et émotionnellement chargées, peuvent améliorer et préserver son fonctionnement, phénomène connu comme l'« enrichissement. » Comme je le décrirai en détail plus loin, les enfants, quand ils ne nous rendent pas folles, fournissent souvent ce genre d'expérience.

Le deuxième pilier concerne la nature unique du lien entretenu par une mère et son enfant. L'enfance humaine dure plus longtemps que chez aucune autre espèce et entraîne par conséquent une durée d'éducation plus longue. Renforcé par des hormones puissantes et entretenu par des conventions sociales rigides, l'attachement de la mère à son enfant est généralement plus fort qu'aucune autre relation. Contrairement aux mariages, aux amitiés ou aux relations professionnelles, élever un enfant implique l'obligation de relever des défis auxquels on renoncerait dans d'autres circonstances et qui, en outre, changent constamment et deviennent de plus en plus complexes.

Étant donné que la plupart de ces défis impliquant le cerveau de la mère sont par essence émotionnels, la possibilité qu'ils puissent renforcer l'intelligence a toujours été sous-estimée. Pourtant, notre conception de l'intelligence s'est modifiée ces vingt dernières années alors que les scientifiques prenaient la mesure de l'importance des réseaux émotionnels dans le processus de décision. Ces savoir-faire émotionnels comme clés de l'intelligence constituent le troisième pilier et argument principal de cet ouvrage.

Ces trois idées ont trait à la manière dont les mères deviennent plus intelligentes. Le quatrième pilier concerne la raison, qui est une question d'évolution. Comme tous les autres êtres vivants, nous sommes conduits à faire tout notre possible pour que nos gènes nous survivent. « Le poulet est simplement le moyen qu'a trouvé l'œuf de fabriquer un autre œuf », selon la célèbre observation de Samuel Butler. Au point de vue de l'évolution, l'importance de la femme atteint son point culminant quand elle choisit un partenaire, élève ses enfants et les aide à parvenir à la maturité. De nos jours, nous élevons peut-être les nôtres entre deux opérations chirurgicales ou deux discours aux Nations Unies, mais dans le contexte général de notre évolution de primates à non-primates sur plusieurs millions d'années – durant lesquelles s'est façonné le cerveau que nous possédons aujourd'hui –, c'est le moment qui sollicite le plus notre intelligence. C'est seulement récemment que les scientifiques ont commencé à évoquer spécifiquement le « cerveau maternel. » À présent, pour la première fois, les nouvelles technologies nous aident à démontrer que ce nouveau cerveau est peut-être un cerveau supérieur.

CHAPITRE 3
LE CERVEAU DES MÈRES : UNE TERRA PRESQUE INCOGNITA

« [La femme] possède une tête presque trop petite pour l'intellect, mais suffisamment grosse pour l'amour. »

Traité d'obstétrique de 1848.

À l'intérieur de l'énorme cylindre métallique de l'IRM, Tara Magnuson, immobile, écoute un enregistrement des cris de son bébé de quatre semaines, Alexander. Elle sait que le bébé dort paisiblement dans sa poussette dans la pièce voisine, bien au chaud et sous la surveillance de son père. Malgré cela, sa respiration s'accélère légèrement et elle sent une poussée d'angoisse monter en elle.

À quelques mètres de là, de l'autre côté d'une baie vitrée du sous-sol de l'université de Yale, un ordinateur enregistre les images de son cerveau. Des taches rouges et oranges, indiquant l'irrigation sanguine, signalent les changements d'émotions de la jeune mère.

Grâce à Tara Magnuson et d'autres volontaires, les psychiatres James Leckman et James Swain étudient la sollicitude parentale pour mieux comprendre ce qui cloche lorsqu'elle est absente ou démesurée. Ils partagent également un intérêt pour les troubles obsessionnels compulsifs, James

Leckman soupçonnant que cette maladie – avec ses classiques rituels de vérification et de peur des microbes – a la même origine évolutionnaire et utilise les mêmes circuits neuronaux que le comportement parental normal. Pourtant, père de deux enfants désormais adultes, James Leckman est fasciné depuis longtemps par ce qui se passe dans le cerveau d'un parent qui se consacre quotidiennement à l'éducation de son enfant. Quelle force surnaturelle pourrait conduire un adulte raisonnable à investir autant d'énergie dans une forme de vie qui, durant ses premières semaines en ce monde, se contente de manger, de crier et de souiller ses couches ?

« Devenir parent est une transformation complète de l'homéostasie hédonique », énonce-t-il. En d'autres termes, la notion de confort d'un parent remplace ses anciens critères par de nouveaux, incluant le bien-être d'un autre individu.

James Leckman fut ébahi de l'éprouver lui-même. Il y a une vingtaine d'années, accablé par les exigences de son internat de médecine, il se surprit pourtant à construire un berceau pour sa future fille. En même temps, il se sentit soudain assailli d'inquiétudes concernant des catastrophes possibles – infections, malformations congénitales, etc. Alors qu'il observait ces changements en lui, il remarqua que sa femme, Hannah, diplômée en littérature française, subissait une transformation similaire. Les deux futurs parents constatèrent qu'ils étaient obsédés par leur future fille, tout comme lorsqu'on entame une relation amoureuse.

James Leckman décida d'étudier ce phénomène très ancien avec l'un des outils scientifiques les plus modernes, l'IRM, qui permet de visualiser les émotions en temps réel dans le cerveau. Cette technique révolutionnaire commence seulement à éclairer le fonctionnement des 91 kilomètres de connexions logées dans les 1 400 cm^3 du cerveau d'une mère.

Les images mouvantes de l'esprit

Naguère d'utilisation purement médicale, l'IRM du cerveau sert de plus en plus à soutenir la recherche scientifique et ce, depuis les années 1990. L'IRM fonctionnel, qui enregistre l'activité du cerveau en temps réel, a été une percée dans ce domaine, éclairant les processus cérébraux situés derrière des myriades d'états émotionnels, comme jouer, avoir envie de chocolat, choisir une voiture, gagner à la loterie et éprouver un orgasme. Dès le début du IIIe millénaire, les données qui affluaient ont commencé à clarifier les mécanismes d'émotions fondamentales mais encore inexplorées que sont l'amour, la compassion ou l'affection parentale.

L'IRM fonctionnel repose sur les propriétés magnétiques particulières du sang qui contient du fer. Lorsqu'une zone du cerveau est mobilisée – comme lorsqu'on réfléchit ou qu'on éprouve une émotion –, le sang afflue dans cette région pour apporter l'énergie nécessaire, modifiant les propriétés magnétiques des tissus concernés. En exposant le cerveau à un champ magnétique puissant, l'IRM peut prendre une série de photos – un peu comme un dessin animé – qui enregistrent les modifications de l'afflux sanguin. Leur séquence permet de visualiser un cerveau en mouvement, les régions mobilisées apparaissant en couleurs vives.

Actuellement, des chercheurs d'une demi-douzaine de laboratoires aux États-Unis, en Grande-Bretagne et en Suisse utilisent l'IRM pour étudier le cerveau des mères, et parfois celui des pères. Comme Leckman et Swain, ils utilisent des enregistrements de pleurs de bébés et parfois des photos de l'enfant chéri pour stimuler la neurobiologie de l'amour parental. Comme le formule Leckman, ces scientifiques se concentrent sur « l'interaction de crainte, vigilance, reconnaissance sélective réciproque et récompense qui permet aux parents heureux de considérer le monde d'un point de vue neuf et de s'investir dans leur enfant ».

Leckman et Swain soupçonnent que les scanners des jeunes mères révéleront au final certaines similitudes avec ceux d'individus souffrant de troubles obsessionnels compulsifs. Auquel cas, ils montreront une activité renforcée dans le lobe droit du cortex frontal, zone du cerveau capitale dans la détection des menaces. « À tout le moins, déclare Leckman, l'évidence de cette similitude pourra accroître notre compassion pour les malades de troubles obsessionnels compulsifs (TOC) en démontrant que "nous avons vraiment des points communs". » (À l'heure où est rédigé ce livre, dans leurs conclusions préliminaires, Leckman et Swain ont constaté une diminution d'activité dans une partie de l'amygdale, centre cérébral de la peur et de l'instinct, chez leurs volontaires scannées entre deux et trois semaines après la naissance de l'enfant. À la même période, ces volontaires ont déclaré connaître une diminution de leurs comportements obsessionnels compulsifs. Leckman continue de creuser cette éventuelle corrélation.)

Pourquoi des mères ?

L'étude de Yale n'est qu'une indication de l'intérêt croissant des scientifiques pour la recherche sur le cerveau maternel avec des cobayes allant du rat et du singe à l'être humain. Neurologues, psychiatres, psychologues et sociologues ont conclu à leur tour que l'aspect parental de la relation parent-enfant, si importante pour la survie de l'espèce, est un sujet digne d'étude. Comme l'écrivait en 2003 Michael Numan, neurologue du Boston College, dans son livre rédigé avec Thomas Insel, *La Neurobiologie du comportement parental* : « Nous étudions des facteurs neurobiologiques qui ont peut-être un impact sur les caractéristiques humaines fondamentales impliquées dans la socialité, l'attachement social, le comportement nourricier et l'amour. Dans ce monde très violent, il est difficile de concevoir un groupe de caractéristiques qui serait plus important à étudier. »

La nouvelle vague de recherches est en fait un créneau d'une tendance récente plus vaste dans laquelle les scientifiques se sont précipités en masse pour étudier les émotions « positives » comme l'amour. Certains attribuent ce mouvement à un changement dans l'esprit de l'époque, notamment après les attentats du 11 septembre, qui ont fait prendre conscience des dangers d'un monde dans lequel la haine triomphe de l'amour, et souligné la valeur de ce que nous avons baptisé l'« intelligence émotionnelle ». Un an après les attentats, une entreprise philanthropique baptisée « Institut de recherche sur l'amour sans limites » a versé presque deux millions de dollars de fonds à des scientifiques étudiant les émotions vertueuses, dont Leckman et Swain. Pourtant, dès la fin des années 1990, les neurologues reconnaissaient que, même si nous avions beaucoup appris sur la dépression, l'angoisse, la colère et l'addiction aux drogues chez l'être humain, nous ne savions presque rien des mécanismes mentaux de la compassion, du lien social, de l'altruisme et de la joie. Et pour étudier tout cela, que peut-il y avoir de mieux que d'observer une mère saine qui s'occupe de son nouveau-né ?

« La plupart du temps, les gens sortent de l'IRM vraiment fatigués, parce qu'ils ont dû y rester jusqu'à deux heures immobiles, sans pouvoir bouger leur tête d'un millimètre », déclare Jack Nitschke, neurologue de l'université de Wisconsin, qui a scanné des mères regardant des photos de leurs bébés afin d'élucider le mécanisme cérébral du bonheur. « Lorsque les mères en sortent, elles sont radieuses et nous disent qu'elles ont vécu un grand moment. »

Une étape cruciale dans la recherche sur l'éducation parentale a été en 1968 un article du psychologue Richard Q. Bell, qui déclarait que le nouveau-né avait autant ou plus d'influence sur la socialisation des parents que l'inverse. Plusieurs autres articles et livres de la même veine ont montré que l'enfant, jusque-là considéré comme un élément passif, avait une influence capitale sur ses parents. Les mères ont tendance à regarder dans la même direction que leurs bébés plus souvent que les enfants de suivre le regard de leur mère. Et neuf fois sur dix, les bébés sont les premiers à établir ou rompre un contact visuel avec leurs parents.

Ce n'est probablement pas une coïncidence que cette nouvelle conception du rôle parental apparaisse à une époque où les femmes sont plus nombreuses dans le domaine scientifique et les hommes de plus en plus chargés d'élever les enfants. En conséquence, de plus en plus de parents remplissent les rangs des faiseurs d'opinion scientifiques. On dit toujours qu'on étudie ce qui vous concerne le plus : même les scientifiques les plus accomplis sont animés du désir de comprendre les problèmes relatifs à leur existence.

Prenons Tracey Shors, neurologue comportementale de Rutgers et nouvelle mère, qui étudie les effets du stress sur les rattes nouvelles mères. Tracey Shors s'intéresse en particulier à la dépression postnatale, même si elle décrit son accouchement à quarante-deux ans dans des termes très positifs. Elle s'est intéressée à l'étude des parents uniquement après sa titularisation parce qu'elle craignait que ce sujet soit perçu comme « du vent ».

Une autre mère scientifique titularisée, C. Sue Carter, neurologue comportementale de l'université de l'Illinois, est devenue une experte de l'ocytocine, hormone essentielle pour l'accouchement et la lactation. Elle fait remonter cet intérêt à la naissance de son premier enfant, lorsque son obstétricien lui administra de l'ocytocine synthétique pour accélérer l'accouchement.

De la même manière, Kerstin Uvnas-Moberg, neuroendocrinologiste suédoise, abandonna l'étude des sucs gastriques pour celle de l'ocytocine après avoir vécu une « transformation systématique de son comportement et de sa manière de pensée » alors qu'elle élevait ses quatre enfants. Et Alison Fleming, psychologue de l'université de Toronto et mère de trois filles, a accompli un travail novateur en explorant le développement de la motivation et du comportement maternels – travail inspiré par son enfance auprès de parents obsédés par leur carrière qui l'avaient envoyée en pension.

Jusqu'à récemment, les femmes étaient minoritaires, non seulement dans les rangs des chercheurs de premier plan, mais aussi comme sujets d'étude. Les scientifiques hommes préféraient sciemment étudier ce qu'ils appelaient le *cerveau normal*, en opposition avec le *cerveau cyclique* plus variable des femmes dont les taux hormonaux changent constamment avec leur cycle. Dans le domaine de la physiologie du stress, par exemple, jusque dans les années 1990, les femmes américaines ne constituaient que 17 % des participants aux études, alors qu'il était prouvé que les femmes étaient bien plus sujettes au stress que les hommes. Mais, en 1995, le gouvernement américain, assiégé par des groupes de pression féminins et des scientifiques femmes, exigea que les nouveaux projets de recherche comprennent des membres des deux sexes, changement qui a permis d'ouvrir la voie à une nouvelle compréhension de la physiologie des femmes et des mères.

Richesses maternelles

Pour comprendre à quel point les temps ont changé, voyons l'histoire de Marian Diamond, mère de quatre enfants et neuroanatomiste si respectée que dans les années 1980, elle fut l'une des rares scientifiques autorisés à examiner le cerveau d'Einstein. Des années plus tôt, Marian Diamond avait fait une découverte capitale sur le cerveau des mères qui fut totalement ignorée par ses confrères, et qui reste encore aujourd'hui étonnamment méconnue.

« J'étais la seule femme diplômée de ma discipline entre 1948 et 1952 », raconte-t-elle. « À présent, la moitié sont des femmes. Pour les hommes, ma place était au foyer auprès de mes enfants. Je ne leur en veux évidemment pas : c'était simplement dû à leur orientation hormonale. »

Marian Diamond reconnaît avoir elle aussi suivi la sienne à l'époque. Elle donna naissance à son premier enfant à vingt-six ans, puis poursuivit à mi-temps son travail d'enseignante et chercheuse pendant plusieurs années afin de pouvoir s'en occuper. « Quand j'ai pris pour la première fois mon bébé dans les bras, mon hypothalamus m'a dit : "C'est pour ça que tu es là" », raconte-t-elle, parlant de la zone du cerveau qui secrète les hormones responsables du comportement maternel.

Dans les années 1960, elle rejoignit l'équipe de l'université de Californie à Berkeley qui faisait de passionnantes découvertes sur l'impact de l'« enrichissement » – c'est-à-dire l'expérience stimulatrice – sur le cerveau. Les chercheurs avaient démontré que l'environnement d'un rat en cage, rendu plus intéressant par la présence de jouets ou d'autres rats, peut contribuer à la croissance du cortex cérébral de l'animal et donc à de meilleures performances dans les tests de labyrinthes.

Par commodité, ces scientifiques travaillaient sur des rats mâles, mais Marian Diamond s'intéressa aux femelles. Dans l'une de ses recherches, elle s'attacha à déterminer si les rattes dont le cerveau était enrichi transmettaient leur avantage à leurs petits. Pour cela, elle dut exécuter des autopsies confirmant la présence d'un enrichissement du cerveau de la mère. Mais elle fut surprise de ne découvrir aucune différence entre les sujets enrichis et les sujets appauvris. Était-il possible que les cerveaux des femelles ne réagissent pas à l'enrichissement ? Pourtant, lorsqu'elle compara des femelles vierges enrichies et appauvries, elle constata immédiatement une différence d'épaisseur entre leur cortex. Elle comprit alors que pour les femelles appauvries, la *grossesse* avait été un enrichissement. « Cela m'a paru logique, raconte-t-elle. La grossesse vous force à prendre des responsabilités pour la survie d'un nouvel individu et vous donne le nécessaire pour s'en occuper. » Chez les humains également, avance-t-elle, la maternité peut représenter « un enrichissement phénoménal pour le cerveau ».

Elle publia un article sur sa découverte en 1971, mais « personne n'y prêta attention ». Aussi, malgré sa curiosité, elle ne poursuivit pas. « C'est bien plus tard, lorsque d'autres femmes connurent des succès dans leurs domaines, que mes contributions furent à leur tour reconnues. »

La recherche sur la maternité : un champ de mines

En effet, à partir des années 1960 et jusque dans les années 1980, les politiciens étouffèrent les résultats des recherches qui mettaient en évidence des différences cérébrales fondées sur le sexe. Y compris les études sur l'influence de la reproduction sur les femmes. Les universitaires féministes en psychologie et anthropologie semblaient guetter toute insinuation que les femmes avaient une tendance innée à l'instinct maternel. Elles craignaient, à raison, que cela n'encourage le cliché les représentant en nourricières sans cervelle, au moment même où les femmes, dans un univers dominé par les hommes, commençaient à voler de leurs propres ailes. Comme l'écrivit Susan Faludi dans son best-seller, *Retour de manivelle*, « la *différence* était devenue le nouveau mot magique qui servait à désamorcer les campagnes féministes pour l'égalité ».

Sara Ruddick, auteur de *Pensée maternelle*, se rappelle avoir été férocement taxée d'*essentialiste* – c'est-à-dire de souligner exagérément les différences entre hommes et femmes – pour avoir avancé que les mères voyaient peut-être le monde différemment, même si elle souligne que c'est le fait de *s'occuper d'un enfant*, plus que les différences innées, qui provoque un tel changement. L'éminente sociologue Alice Rossi, fondatrice de l'Organisation nationale des femmes, déclare qu'en 1983, alors qu'elle donnait une conférence sur ce qu'elle décrit comme « une perspective biosociale du rôle de parent », essuya les mêmes critiques : « J'avançais qu'il existait des différences génétiques entre les sexes avec une influence importante sur les rôles primaires des mâles et des femelles, et que les tentatives sociales d'amener une égalité entre les sexes ne pouvaient réussir si elles s'appuyaient sur les différences sexuelles comme simple question de socialisation différentielle », explique-t-elle. « Au contraire, les hommes auraient besoin d'être formés au rôle nourricier et les femmes à s'affirmer. Mais c'était quelque chose dont les féministes ne voulaient pas entendre parler. Pour elles, toutes les différences constatées entre les sexes étaient dues à la société qui avait relégué les femmes dans leur rôle. »

Cependant, ces perceptions déclinèrent en 1993, selon Mark George, médecin psychiatre et neurologue de la faculté de Médecine de Caroline du Sud. Cette année-là, George travaillait à l'Institut national de la santé (NIH) et faisait passer des IRM à des hommes et des femmes qui se rappelaient des événements douloureux de leur existence. Il découvrit que les femmes activaient beaucoup plus de régions cervicales que les hommes lorsqu'elles revivaient ces moments, ce qui expliquait peut-être pourquoi le taux de dépression chez les femmes était deux fois plus élevé que chez les hommes. « Elles semblaient s'allumer comme le firmament », décrit-il. Tout en reconnaissant l'importance de cette découverte, Mark George s'inquiéta tout d'abord qu'il soit

« tabou » de s'attacher à une telle différence fondamentale. « J'ai présenté les résultats lors d'un congrès scientifique et mes confrères m'ont conseillé de les publier », raconte-t-il. « Le temps que je le fasse, le sujet est passé de complètement tabou à tendance. C'était incroyable de constater comment la société avait changé. » Cette évolution a libéré les chercheurs et leur a permis de suivre leurs intuitions et de mieux comprendre les mécanismes de transformation en jeu lorsqu'on devient parent.

L'évolution du cerveau de mère

Pendant que Tara Magnuson, la volontaire de l'expérience de l'université de Yale, se prépare pour l'IRM, James Swain lui pose une série de questions : porte-t-elle un appareil dentaire ? A-t-elle une plaque métallique dans le crâne ? Lui a-t-on posé un pacemaker ? A-t-elle été blessée par des éclats d'obus ? Elle répond « Non » à chaque question, avec le sourire fixe de l'insomniaque chronique, tout en préparant Alexander à son absence. Le regard posé sur James Swain pour se concentrer sur ses questions, elle glisse l'enfant sous son chemisier, l'allaite, le fait roter et le passe d'un sein à l'autre. Les geignements impatients du bébé laissent la place à un ronronnement de contentement.

Dans cette réaction efficace aux différentes exigences du moment – réponses précises au questionnaire, besoin de nourriture et d'affection de l'enfant, souci de ne pas exposer sa poitrine –, Tara Magnuson est une véritable icône pour les théories de Paul MacLean, psychiatre visionnaire du NIH, qui est en fait indirectement responsable de cette scène. MacLean a passé une grande partie de sa carrière à dresser un portrait rigoureusement positif du « cerveau de mère », en soulignant son unique impact évolutionnaire sur les liens sociaux et le langage. C'est lui qui a eu le premier l'idée de faire passer des IRM à des mères.

« Pendant plus de 180 millions d'années, la femelle a joué le premier rôle dans l'évolution des mammifères », écrivit-il. Le comportement maternel, selon lui, a été le premier trait séparant les mammifères des reptiles, il y a environ 250 millions d'années. Les soins maternels des lézards se bornent à pondre des œufs et à filer en douce. Mais les mammifères issus de ces mères insensibles partagent aujourd'hui trois comportements essentiels, tous directement dérivés du lien mère-enfant. Ils utilisent le langage, nourrissent leurs petits et jouent, comportement qui provient peut-être du besoin de calme entre les jeunes en compétition dans le nid familial.

La théorie la plus célèbre de MacLean est que le cerveau humain s'est développé physiquement dans le temps avec une modification de comportement. Il introduisit le concept de « cerveau triunique » – ou cerveau trois-en-un –, système intégré gouvernant les fonctions, les émotions et les pensées fondamentales de l'organisme. La partie la plus ancienne et la plus enfouie de ce trio – connue comme « cerveau reptilien » – est constituée du tronc cérébral, le striatum et des parties du thalamus. Le tronc cérébral contrôle les fonctions involontaires : respiration, rythme cardiaque, réflexes. Le striatum gouverne la motivation à faire des choses automatiques et habituelles, comme lorsqu'on prend inconsciemment ses clés avant de sortir de chez soi. Certaines parties du thalamus sont importantes pour l'assimilation d'informations sensorielles, comme lorsque vous touchez un radiateur brûlant.

Suivant dans l'évolution et placé au-dessus du « cerveau reptilien » est le « cerveau émotionnel » ou système limbique. Il comprend l'amygdale, de la taille d'une amande, responsable de la peur et des réactions instinctives nécessaires pour la préservation ; l'hypothalamus – centre de sécrétion des hormones ; et l'hippocampe qui, comme nous l'avons plus haut, est chargé de la mémoire et de l'apprentissage.

Enfin, dernière « écorce », le néocortex, partie externe et plus récente du cerveau. Présent chez tous les mammifères, mais plus gros chez l'humain, le néocortex – également appelé cortex – est responsable de la pensée critique, de la flexibilité, du langage et de la planification à long terme. Durant les millions d'années de l'histoire préhumaine et humaine, la principale fonction du néocortex a été d'aider les mammifères à gérer leurs relations sociales, y compris le lien parent-enfant, ainsi que les liens avec d'autres adultes pouvant améliorer les chances de survie des jeunes.

Aujourd'hui âgé de plus de quatre-vingt-dix ans, MacLean a de nombreux disciples actifs, dont Jeffrey Lorberbaum, qui scanne les cerveaux en Caroline du Sud. Étudiant en médecine, ce dernier s'est passionné pour l'approche évolutionnaire du comportement de MacLean et a découvert, en 1997, que Mark George partageait cet intérêt et connaissait MacLean personnellement. Ensemble, ils convinrent que la réaction d'une mère aux pleurs de son enfant pouvait fournir une image en mouvement d'un cerveau mobilisé par la tâche de parent et décidèrent de faire passer des IRM à des mères.

De la noix au melon

Plusieurs années avant que Jeffrey Lorberbaum ne se mette à scanner les cerveaux des mères, le neurologue Michael Numan du Boston College, à la suite d'une série d'expériences rigoureuses, avait déjà dressé la carte des circuits maternels du rat – un système neural reliant les parties actives du cerveau lorsqu'un rongeur s'occupe de ses petits. Le centre de ce circuit est une structure appelée « aire préoptique médiale » (APOM), située dans la partie antérieure de l'hypothalamus, le centre hormonal. Les recherches de Michael Numan indiquent qu'il y a dans l'APOM des neurones rendus plus actifs par les hormones de la grossesse, réaction qui, selon lui, soutient le comportement nourricier de la femelle. Il découvrit que ces neurones sont connectés à des régions du cerveau moyen importantes pour les sentiments de motivation et de récompense, notamment la zone ventrale tegmentale (ZVT) et le nucleus accumbens (NA), souvent surnommé « centre du plaisir du cerveau ». Ce « circuit de récompense » distinct s'active lorsqu'on gagne de l'argent, qu'on voit un beau visage ou même que l'on absorbe de la cocaïne, lorsque le neurotransmetteur, la dopamine, le parcourt en véhiculant une sensation de plaisir.

Dès 2004, Jeffrey Lorberbaum avait scanné le cerveau de plus de quarante mères et dix pères, et avait découvert des résultats d'une similitude frappante. En analysant ses données, montrant que l'APOM, le ZVT et le NA s'activaient tous lorsque les mères entendaient pleurer leurs bébés, Jeffrey Lorberbaum fut frappé par l'apparente ressemblance que nous partageons avec le reste du monde animal. « On voyait que le cerveau n'avait pas été réinventé uniquement pour les humains », raconte-t-il. Il fut également soutenu par l'idée que le vaste ensemble de textes sur les mères animales pourrait désormais être considéré digne d'éclairer le comportement humain.

Depuis longtemps, les scientifiques considèrent que les rongeurs ont beaucoup à nous apprendre. Le cerveau du rat, de la taille d'une noix, est remarquablement semblable en composition et gouverné par les mêmes neurotransmetteurs que le cerveau humain, de la taille d'un melon. En fait, la majeure partie de ce que nous savons à ce jour du système nerveux humain et de ses liens avec les hormones reproductrices, nous l'avons appris de l'étude des animaux. Cela est dû en partie au fait qu'il est beaucoup plus facile de « sacrifier » des animaux que des êtres humains pour examiner leur cerveau, mais également au fait que les expériences sur les animaux sont plus facilement contrôlées, facteurs qui compliqueraient considérablement des expériences sur l'homme.

Imaginez la difficulté d'essayer de comparer les facultés mentales de deux femmes de même âge – l'une mère, l'autre sans enfants – et d'en déduire l'influence du rôle de parent ? Même si leurs QI et leurs revenus sont similaires, tout le reste, depuis l'hérédité jusqu'au régime alimentaire en passant par les intérêts personnels, serait différent. Cela permet d'expliquer pourquoi si peu de chercheurs se sont à ce jour risqués à tenter de comprendre comment les êtres humains changent lorsqu'ils deviennent parents. Cependant, il demeure quelques intéressantes exceptions récentes.

En 2002, James J. Dillon, psychologue de l'université d'État de Georgie occidentale, sonda trente-cinq parents et quinze professeurs (hommes et femmes en nombre égal), leur demandant de parler des occasions où ils avaient appris quelque chose d'utile auprès d'un enfant, ou lorsqu'un enfant les avait changés d'une manière significative. Tous les participants déclarèrent avoir connu un tel événement. Chez les parents, le pourcentage le plus élevé – 34 % – déclara que les enfants avaient été un catalyseur leur permettant de mieux se comprendre eux-mêmes ; 29 % citèrent ce que Dillon qualifia d'« inspiration », et 26 % déclarèrent que leurs enfants avaient affecté leurs comportements en leur apportant des informations ou des idées importantes, comme la nécessité de se soucier de l'environnement.

En me documentant pour cet ouvrage, j'ai convaincu deux scientifiques d'effectuer une analyse des données qu'ils avaient déjà collectées. En 2004, Jeffrey Lorberbaum et le psychiatre turc Samet Kose questionnèrent trente femmes dont ils avaient déjà scanné le cerveau en leur demandant quels changements elles avaient éventuellement subi durant les deux mois suivant la naissance de leur enfant. Un fort pourcentage d'entre elles déclara qu'elles étaient devenues plus chaleureuses et plus aimables, et qu'elles comprenaient plus facilement le point de vue d'un tiers, qu'elles étaient moins angoissées par leur apparence, qu'elles géraient mieux le stress et pouvaient faire davantage de choses à la fois.

Le deuxième scientifique à qui je demandai, en 2004, de réaliser une étude, Ravenna Helson, psychologue de l'université de Californie à Berkeley, étudia un échantillon plus vaste. Durant les quarante dernières années, elles et ses confrères ont suivi cent vingt et une diplômées du Mills College, établissement féminin d'élite du nord de l'État. À ma demande, elle compara les mères et les non-mères, synthétisant ses découvertes à partir de trois études de personnalité effectuées sur cinq ans entre la fin des années 1950 et le début des années 1960. Ravenna Helson découvrit que les femmes du premier groupe, le plus important, montraient « une augmentation plus significative dans leur compréhension psychologique d'elles-mêmes et des autres, ainsi que de leur responsabilité ».

Cependant, Ravenna Helson souligna que les femmes ne devaient pas s'imaginer qu'avoir des enfants allaient nécessairement les transformer. Les mères de Mills College étaient toutes le produit de leur caractère, de leur époque et de leurs choix – tout comme n'importe quelle femme d'aujourd'hui. « Ce qui arrive à la mère, souligne Ravenna Helson, dépend de sa personnalité, de ses objectifs et du contexte dans lequel elle élève l'enfant. »

Accros à l'amour

L'extraordinaire variabilité parmi les mères humaines nous rend évidemment encore plus imprévisibles que les rattes.

Mais l'une des choses que beaucoup d'entre nous partagent apparemment avec le reste du monde animal, c'est ce profond sentiment de lien qui nous force à nous tourner machinalement vers la source objectivement agaçante des cris de notre bébé, au lieu de nous en enfuir. À cet égard, il arrive que des femmes changent de comportement presque aussi radicalement que des rattes, lesquelles, avant de devenir mères, se comportent craintivement envers les petits, réagissant comme s'ils sentaient mauvais et essayant même parfois de les ensevelir. Pour Jeffrey Lorberbaum, le changement a un lien avec l'intersection entre ce qu'il appelle « circuit maternel » et « circuit de récompense », remarquée sur les IRM des femmes entendant un bébé.

Point intéressant, et peut-être comme beaucoup de nouvelles mères pourraient l'avoir soupçonné, les pères, selon les résultats préliminaires d'une étude de Jeffrey Lorberbaum et Kose, non publiée à l'heure de la rédaction de ce livre, semblent avoir une réaction totalement différente devant les pleurs de leur bébé. Alors que les mères réagissaient avec les centres de récompense émotionnels anciens, les pères mobilisaient seulement les parties les plus récentes du cortex cérébral, celles impliquées dans la réflexion et la planification. Pour Jeffrey Lorberbaum, ce serait parce que le rôle du père dans l'éducation des enfants est un développement relativement récent dans l'évolution, alors que les mères, au cours des générations, ont été plus solidement programmées pour s'en occuper, ce qui expliquerait pourquoi « les mères sont les premières à sauter du lit ».

Il reste à prouver si les mères entendant les cris de leurs bébés subissent une décharge de dopamine ou pas, mais l'idée se tient, si l'on considère la manière dont Donald Symons, anthropologue de l'université de Californie à Santa Barbara, a expliqué l'évolution des émotions. Pour lui, nos pulsions les plus fortes ont évolué pour répondre aux nécessités de la survie qui sont les plus difficiles à combler. Nous sommes programmés pour chercher de la nourriture et de l'amour, si rares soient-ils, à nous occuper de nos enfants, si irritants soient-ils, et à en éprouver de la satisfaction, grâce à cet ingénieux système de récompense qu'abrite notre cerveau.

En fait, à mesure que les chercheurs explorent ces motivations anciennes à l'aide de l'IRM, ils découvrent des similitudes fondamentales entre l'amour que les femmes éprouvent pour leur partenaire et pour leurs enfants, tout aussi semblable à la passion qu'un drogué acquiert pour sa drogue favorite. À l'époque où Jeffrey Lorberbaum publiait ses premières recherches, un autre groupe pratiquant des IRM à l'University College de Londres annonça que le « circuit de récompense » s'active lorsque les femmes regardent des photos de leurs partenaires, mais non lorsqu'elles observent les photos de simples connaissances. À l'époque, en 2004, les chercheurs britanniques constatèrent un résultat similaire quand ils scannèrent les cerveaux de vingt femmes observant des portraits de leurs enfants, âgés de neuf mois à six ans, mais non lorsqu'on leur montrait des clichés d'enfants du même âge appartenant à des connaissances.

Certes, la plupart des jeunes mères n'ont pas besoin de subir un IRM pour savoir que l'amour qu'elles portent à leur bébé est comme une drogue, tout aussi addictive et altérant tout autant leur esprit. « Nous regardions de vieilles photos de bébé l'autre jour en nous rappelant combien il était beau et parfait, et tout mignon avec ses grimaces ! » racontait une femme de mes connaissances. Les jeunes mères rattes semblent partager au départ ce même amour aveugle. Dans une étude, de jeunes mères rattes préféraient entrer dans une pièce où elles avaient côtoyé des bébés rats plutôt qu'une autre où on leur avait donné de la cocaïne. Cependant, au bout de deux semaines, les mères préféraient chercher la drogue.

Joan Moreell, neurologue à la Rutgers University, qui conçut cette étude, pense pouvoir expliquer pourquoi des mères humaines cocaïnomanes choisissent souvent de se désintoxiquer durant leur grossesse ou peu après la naissance – tout comme de nombreuses femmes enceintes renoncent au café et aux cigarettes. D'après elle, les hormones de la grossesse et de la maternité donnent peut-être aux femmes le coup de pouce motivant pour arrêter. « La grossesse et la périodc postnatale sont uniques dans l'histoire naturelle des êtres humains ou de tous les mammifères, car durant cette période, l'enfant peut être mis en péril ou sauvé, ce qui a dans un cas comme dans l'autre des conséquences sur sa vie future », écrit-elle.

Le labyrinthe de la maternité

Si, comme le suggèrent les résultats des IRM de Jeffrey Lorberbaum, les mères humaines ont plus de choses en commun avec les rattes que nous n'aurions pu le penser, il est encourageant d'examiner le travail de Craig Kinsley et de Kelly Lambert en Virginie. Ces deux scientifiques ont découvert un avantage maternel manifeste dans les capacités d'apprentissage et de mémorisation de rattes testées sur leur performance dans un labyrinthe.

Craig Kinsley et Kelly Lambert commencèrent leurs expériences en 1996, avant le moindre IRM de mères humaines, et ils semblent être les premiers neurologues reconnus à avoir avancé que le rôle de parent peut conduire à des améliorations cérébrales concrètes. « J'ai été stupéfaite en me penchant sur la question, car que peut-il y avoir de plus important que donner naissance à quelqu'un ? » déclare Kelly Lambert. « Le fait que quelque chose puisse être un tel événement dans la vie et puisse avoir été passé sous silence pendant tant de temps me choque. »

Kelly Lambert, une grande et séduisante blonde qui conduit un van rouge vif, bat en brèche le cliché traditionnel du neurologue : elle se consacre à un travail particulièrement prenant tout en élevant deux préadolescentes. Titulaire de la chaire de psychologie de son université, son emploi du temps habituel, quand elle n'est pas en déplacement, consiste à enseigner et à mener des recherches toute la journée, rentrer préparer le dîner, coucher les enfants à 20 h 30, et travailler à rédiger ses études jusqu'à bien après minuit.

Kelly Lambert a grandi dans une famille défavorisée de Mobile, en Alabama, où elle chassait les crapauds dans les bois derrière sa maison. Sa mère lui disait qu'il ne fallait pas les toucher au risque d'attraper des verrues, mais, raconte-t-elle, « je les laissais pisser sur moi pour lui prouver qu'elle avait tort ». Elle partage cette ferveur investigatrice avec Craig Kinsley, qui, enfant, capturait les puces sur son épagneul pour les observer en train de se nourrir sur son bras. Ils collaborent depuis le début des années 1990, lorsque Craig Kinsley décida d'étudier le comportement maternel après avoir observé la première grossesse de son épouse Nancy. « Je l'ai vue changer et passer de quelqu'un de mal assuré, appréhensif et hésitant, à une femme très compétente et dynamique », assure-t-il.

Supermamans

Dans les premières années de ce nouveau millénaire, plusieurs études furent publiées, révélant les étonnantes manières dont les enfants peuvent influencer leurs mères – et, d'une certaine façon, les fortifier – dès le moment de la conception. Une étude a démontré que des femmes enceintes de garçons avaient tendance à absorber 10 % de calories de plus que celles portant des filles, et ce, sans prendre de poids. Une autre découvrit que les mères allaitantes cicatrisaient plus vite en cas de blessure. Ces deux effets étaient temporaires, mais les chercheurs découvrirent également des signes de modification permanente. Par exemple, les mères d'un deuxième enfant réagissent plus vite et plus efficacement aux sollicitations de leur bébé, ce qui montre qu'un changement à long terme s'est opéré. Dans toutes les espèces de mammifères, ces mères ont également tendance à avoir plus de lait et un taux moins élevé d'hormones de stress que les premières mères. Voilà qui vient étayer quelque chose que bien des femmes soupçonnent déjà : la naissance de leur premier enfant est en quelque sorte une renaissance pour elles-mêmes.

« Le cerveau de l'animal se modifie lorsqu'il apprend », déclare Fleming, neurologue à l'université de Toronto, qui a étudié rongeurs, moutons et humains. L'apprentissage dont il est question ici est beaucoup plus profond que tout autre : c'est un processus qui mobilise toute la biologie fondamentale du corps et qui a un impact important sur le cerveau, les hormones et votre futur comportement.

L'un des plus remarquables changements suscités par le rôle de parent a été révélé par les chercheurs en IRM de l'université de Bâle, en 2003. Comparant les examens des volontaires qui écoutaient des enregistrements de pleurs et de rires de bébés, ils démontrèrent que, chez les mères et les pères, l'amygdale et les régions adjacentes mobilisées par l'émotion s'activaient plus nettement en réaction aux pleurs par rapport aux rires, alors que les cerveaux des non-parents réagissaient plus fortement aux rires. Comme le directeur de cette étude, Erich Seifritz, le déclara à la presse, il y avait à cela une logique naturelle. Les larmes sont le signal d'un problème auquel vous, en tant que parent, devez remédier, si vous voulez que votre investissement génétique prospère. Le fait qu'un non-parent réagisse davantage à un son positif prouve que la réaction du parent, moins agréable mais nécessaire, est une réaction acquise. N'oubliez pas que l'apprentissage modifie physiologiquement le cerveau.

Ce besoin fondamental d'aider le bébé qui pleure constitue-t-il une forme d'intelligence ? Si vous croyez à la théorie de l'Évolution, la question est inutile : il n'y a rien de plus important pour vous et vous devez y parvenir.

Au Pléistocène, période de 1,6 million d'années qui s'est terminée il y a dix mille ans et pendant laquelle vivaient des chasseurs-cueilleurs dont le cerveau et le comportement se sont formés, les jeunes affrontaient d'innombrables dangers pour survivre. Comme les hommes étaient généralement partis à la chasse, les femmes devaient développer leurs capacités non seulement pour s'occuper d'elles-mêmes, mais également de leur progéniture. Et à mesure que la durée de l'enfance humaine s'allongeait et que notre culture se raffinait, cette tâche a exigé une boîte à outils mentale de plus en plus sophistiquée. Comme l'a écrit l'anthropologue Sarah Blaffer Hrdy, toute femme « qui se reposait sur sa simple apparence pour élever ses jeunes avait peu de chances d'être assez longtemps mère et d'avoir des descendants ».

Le simple objectif d'élever des enfants exige un ensemble de savoir-faire mentaux qui peut être utile au sein d'une famille comme à l'extérieur – y compris les cinq attributs clés que sont la perceptivité, l'efficacité, la résilience, la motivation et la sociabilité. Les prochains chapitres décriront ce que les scientifiques connaissent et apprennent actuellement sur ces aspects potentiellement développés du « cerveau de mère ».

DEUXIÈME PARTIE

LES CINQ ATTRIBUTS D'UN CERVEAU DOPÉ PAR BÉBÉ

CHAPITRE 4
LA PERCEPTION, LE DOMAINE EN EXPANSION DES SENS DE LA MÈRE

« Mais, quand d'un passé ancien rien ne subsiste, après la mort des êtres, après la destruction des choses, seules, plus frêles mais plus vivaces, plus immatérielles, plus persistantes, plus fidèles, l'odeur et la saveur restent encore longtemps, comme des âmes, à se rappeler, à attendre, à espérer, sur la ruine de tout le reste, à porter sans fléchir, sur leur gouttelette presque impalpable, l'édifice immense du souvenir. »

MARCEL PROUST, *Du côté de chez Swann.*

« Regardez donc », dit Craig Kinsley, alors que l'image d'une ratte albinos apparaît à l'écran dans la salle de projection de l'université de Richmond. L'animal, une jeune mère qui vient d'allaiter ses petits, reste calmement assis dans sa cage où l'on vient d'introduire un criquet vivant. Son museau s'agite à peine lorsqu'elle perçoit la présence de l'insecte et l'instant d'après, elle bondit sur le criquet et l'avale d'un coup.

Dans une scène similaire que l'on nous a présentée un peu plus tôt, une ratte vierge a eu besoin de trois fois plus de temps pour attraper le criquet. En fait, elle ne l'a apparemment pas remarqué tandis qu'il explorait imprudemment la cage. Cette même disparité de comportement s'est révélée à plusieurs reprises dans les tests comparant mères et non-mères.

Il semble évident que cet avantage provient d'une capacité renforcée, mais Craig Kinsley cherche encore laquelle. Il s'agit peut-être d'une question de motivation : bien que les deux groupes de rattes aient le même régime alimentaire, les mères allaitantes étaient probablement plus disposées à emmagasiner des calories. Mais le chercheur soupçonne que ces rattes sont également dotées de sens aiguisés par la nécessité évolutionnaire. « Quel que soit le système que l'on observe, s'il augmente la possibilité de survie d'un jeune, il est probable qu'il soit renforcé chez la mère », déclare-t-il.

La même règle s'applique probablement aux humains. Même si la grossesse et les premières semaines suivant l'accouchement sont souvent considérées comme une période de léthargie, beaucoup de femmes déclarent avoir des sens plus aiguisés et réagissent mieux à leurs bébés et au monde en général.

Lorsque vous êtes enceinte, il arrive que les choses aient une odeur et un goût différents : vous avez envie de certains aliments tandis que d'autres vous répugnent. Une fois que bébé est né, vous vous surprenez à vous réveiller au même instant que lui, voire quelques secondes avant. Vous apprenez rapidement à reconnaître son odeur et ses cris, et à comprendre s'ils indiquent la faim, la douleur, l'ennui ou la fatigue. Et, bien que constamment hantée par des visions de catastrophes, vous parvenez à ne pas lui cogner la tête contre la rambarde quand vous descendez l'escalier ou à le rattraper *in extremis* quand il manque de tomber de la table à langer. Toutes ces réactions sont la preuve de changements subtils dans votre cerveau – certains temporaires, d'autres permanents.

Ces perceptions accrues, qui dynamisent un esprit baigné par la crainte, l'angoisse, les moments d'allégresse et un besoin farouche de dormir, sont peut-être la source de ce que nous appelons « instinct maternel » – non pas l'instinct de *devenir* mère, mais ce qui se passe lorsqu'on est aux dernières extrémités : le fait de savoir immédiatement que l'enfant est malade, en danger ou autre. Ce ne sont pas seulement vos cinq sens qui sont décuplés : votre attention est en éveil et vous apprenez rapidement d'expérience, parce que la vie d'un individu en dépend.

Instinct nasal

Tout commence avec le nez, ce canal si basique pour nos sensations que le cerveau limbique émotionnel a également été baptisé *rhinencephalon*, c'est-à-dire « cerveau du nez ». Marcel Proust a reconnu au siècle dernier la puissante interaction entre odeur, goût, émotion et mémoire qu'il épingla dans son fameux épisode de la madeleine. Aujourd'hui, nous savons que nos bulbes olfactifs, où l'odeur est tout d'abord perçue, entretiennent un lien ancien avec l'amygdale, centre de l'instinct, ce qui donne donc aux odeurs le pouvoir souterrain d'enregistrer et déclencher des souvenirs. Les études sur l'homme et l'animal démontrent que cette connexion profonde et mystérieuse est une boussole particulièrement importante pour nous lorsque nous naviguons dans les eaux de la maternité.

D'après Kinsley, un odorat ou une vision améliorés lors de la maternité pourrait le mieux expliquer la performance supérieure de la ratte mère lors du test du criquet. Il a éliminé les modifications d'audition dans une expérience au cours de laquelle les bruits de déplacement de l'insecte étaient couverts par un bruit blanc. Des recherches récentes contribuent à croire que l'odorat d'un mammifère femelle est modifié d'une manière ou d'une autre durant la grossesse et l'accouchement, rendu temporairement plus sensible et discriminant – ou si vous préférez, plus intelligent.

Des cliniciens de l'université de Calgary au Canada ont découvert lors d'expériences sur des souris que, au début de la grossesse, une forte quantité de neurones sont produits dans les lobes cérébraux. Ces cellules migrent ensuite vers les bulbes olfactifs, structures qui interprètent les odeurs, et commencent à fonctionner lors de l'accouchement. C'est clairement un moment clé pour la mère et ses petits : la première rencontre qui détermine la force de leur lien futur. La qualité de ces premières bouffées d'odeur peut conditionner les chances de survie des petits. Et pour les chercheurs canadiens, c'est précisément pour cela que les mères souris acquièrent à ce moment précis ce qui apparaît comme un odorat renforcé. Ils ont conclu que la prolactine, hormone qui apparaît lorsque la souris s'accouple, est responsable du changement. Et pour eux, la même chose se produit chez les humains, qui connaissent une élévation du taux de prolactine lorsqu'ils s'accouplent.

Samuel Weiss, neurobiologiste de cette équipe, appelle la découverte « le premier exemple de la réaction de l'organisme à un phénomène physiologique, que nous pensons lié à de nouvelles cellules cérébrales, lesquelles sont liées à un nouveau comportement ». C'est seulement récemment qu'il a été démontré que le cerveau adulte continue de former de nouveaux neurones. Pourtant, jusqu'à la découverte canadienne, ces neurones étaient considérés comme servant surtout à remplacer les cellules mortes ou déficientes. À présent, déclare Weiss, leur nouveau rôle est clair : elles aident les nouveaux-nés à survivre.

Le rôle capital de l'odeur dans la création du lien est peut-être plus important chez des mammifères comme les rongeurs que chez les humains, qui subissent une puissante pression culturelle pour rester avec leurs jeunes et s'en occuper. (Les moutons négligent les petits si on les a empêchés de les flairer durant la première heure suivant leur naissance.) Pourtant l'odeur est plus importante chez les humains qu'on ne l'imaginait jusque-là.

Jusque dans les années 1990, les scientifiques ont laissé de côté le rôle capital de notre nez dans notre comportement émotionnel, en partie parce que le bulbe olfactif humain est proportionnellement beaucoup plus réduit que chez les autres espèces. S'y ajoutait le fait que les êtres humains étaient dépourvus d'un autre petit dispositif très important chez les autres mammifères, *l'organe voméronasal.* Composé de deux minuscules saillies situées contre la cloison nasale de chaque narine, cet organe sert à détecter et interpréter les composants chimiques d'une odeur corporelle appelés *phéromones.* Aujourd'hui, nous savons que les êtres humains possèdent en fait tout le nécessaire pour détecter et interpréter les messages subtils captés par leur nez et que ces indices peuvent se révéler très importants dans le choix de notre partenaire et l'éducation de nos jeunes. Ils gouvernent souvent notre comportement de manière inconsciente.

On pense ainsi que c'est à cause des phéromones, que l'on a appelé « bouquets biochimiques », que les femmes vivant en étroite cohabitation comme dans les dortoirs de cités universitaires, voient leurs cycles menstruels adopter le même rythme (ce que les scientifiques appellent « unicycle »). Lors de l'accouplement, l'odeur corporelle – « l'alchimie amoureuse » – se révèle capitale dans le choix du partenaire idéal. Dans ce qui est peut-être un mécanisme ancien destiné à dissuader les mammifères de se reproduire avec leurs proches parents, les femelles humaines, tout comme les souris, préfèrent l'odeur des mâles dont le profil immunologique est différent du leur. Les souris le décèlent dans l'odeur de l'urine. Les femmes dans celle de la sueur. Des tests ont montré que les femmes peuvent distinguer entre des t-shirts portés par des hommes différents et les classer comme séduisants ou non, le résultat recouvrant les catégories « génétiquement dissemblables » ou non. Les femmes ont également tendance à avoir un sens olfactif particulièrement renforcé lors de l'ovulation, lorsqu'il est plus facile pour elle de tomber enceintes.

Durant la grossesse, le sens olfactif de la femme commence à jouer un autre rôle vital. D'après des études, tout comme pour une femme qui ovule, la femme enceinte devient plus sensible à la détection et l'interprétation des odeurs. En outre, bon nombre d'odeurs qu'elle tolérait sans peine jusque-là deviennent insupportables. « Je me rappelle être passée près d'une benne à ordures avec une amie enceinte qui s'est mise à presser le pas tellement elle était écœurée, alors que j'ai à peine remarqué l'odeur », raconte Karen Parker, psychologue de l'université de Stanford.

Cette sensibilité accrue est utile durant la grossesse, lorsque vous partagez chacun de vos repas avec un embryon vulnérable. Pour éviter les aliments qui risqueraient de contenir des parasites ou des germes pathogènes, cette réaction à certaines odeurs vous aidera à les détecter. Les aversions alimentaires, qui commencent quelques semaines seulement après la conception, lorsque les organes du bébé commencent tout juste à se former, atteignent généralement un pic quand elles sont le plus nécessaires. Durant cette période, les défenses immunologiques de la femme sont réduites afin d'éviter qu'elle rejette le « corps étranger » de son bébé, mais la rendent en même temps vulnérable aux maladies.

Cette idée que les aversions alimentaires, et même la nausée matinale, puissent être le signe d'une sagesse de l'organisme a été soutenue par la recherche depuis la fin des années 1980. Margie Profet, biologiste évolutionniste à l'université de Californie à Berkeley, fut à l'époque la première à avancer que la nausée matinale pouvait être une adaptation évolutionnaire qui éloignait les femmes enceintes de légumes comme le chou, le chou-fleur et le chou de Bruxelles, qui peuvent contenir des toxines dangereuses pour le fœtus. (La viande, qui tout au long de l'histoire humaine a été particulièrement susceptible de véhiculer des affections, est particulièrement un déclencheur d'aversions.) Le travail de Profet, d'abord controversé, a été mieux accepté à mesure que les scientifiques rassemblant des données mondiales découvraient des variations de la nausée matinale communes à la plupart des femmes enceintes, commençant dès le premier trimestre. Les femmes qui souffrent de nausées sont moins susceptibles de fausse-couche, et celles qui vomissent sont encore plus protégées.

La sensibilité élevée aux odeurs alimentaires semble se dissiper rapidement dès après l'accouchement. Pourtant, le sens olfactif de la mère peut jouer un rôle important durant ses premières interactions avec le bébé, surtout si les mères, comme les souris, subissent une poussée de neurones olfactifs lors de l'accouchement. La raison pourrait être ce que nous appelons *l'empreinte*. L'empreinte est une sensation que l'on se rappelle tout au long de sa vie : la première de toutes celles qui lient les mères mammifères à leurs petits.

L'empreinte est critique chez les brebis : dans un environnement où ils sont entassés et nombreux, ces animaux doivent apprendre à reconnaître leur agneau avant de le perdre dans le troupeau. Les brebis ont également besoin d'empêcher un intrus de les téter à la place de leur petit. Grâce à leur sens olfactif, la plupart reconnaissent leur propre petit dans les trente minutes suivant la naissance. Mais lorsqu'elles sont privées de cette information sensorielle, elles laissent n'importe quel agneau les téter.

Alison Fleming, la psychologue de l'université de Toronto, compare cela à la manière dont certaines mères humaines apprennent rapidement à reconnaître leur bébé par d'autres moyens que la vue, même si elles ont peu de chances de le perdre dans une foule. Une semaine après la naissance, la mère peut généralement distinguer un t-shirt que son propre bébé a porté d'un t-shirt porté par un autre bébé. Même les mères ayant eu peu de contact avec leur enfant avant de passer ce test reconnaissent l'odeur des vêtements de leur bébé entre vingt et quarante heures après l'accouchement, ce qui étaie l'idée que l'odeur joue un rôle capital dans les relations humaines tout comme chez les animaux.

Alison Fleming n'est pas convaincue que les jeunes mères mammifères sentent mieux que les autres, mais pense que quelque chose se produit dans une région ancienne du cerveau lorsqu'une femme a un bébé, quelque chose qui rend l'odeur de l'enfant plus *attirante.* Deux à trois jours après l'accouchement, les jeunes mères humaines sont plus susceptibles d'apprécier l'odeur d'un bébé que les non-mères.

Cet effet ne peut durer que si la mère reste en contact étroit avec son bébé. Chez les rats, la période ne dure que quelques semaines, le temps du sevrage. Mais les parents humains gardent leurs enfants auprès d'eux bien plus longtemps, ce qui peut expliquer pourquoi je trouve toujours aussi enivrante l'odeur de mon fils Joey, qui a aujourd'hui neuf ans.

Entrée audio

La maternité peut également améliorer d'une certaine manière l'ouïe de la femme, bien que ce soit moins évident que pour l'odorat. Par exemple, à l'heure de la rédaction de cet ouvrage, personne n'a découvert la moindre preuve que de nouveaux neurones soient générés dans le cortex auditif, qui est à l'audition ce que le bulbe olfactif est à l'odorat.

Chacune de ces zones est chargée de la perception et de l'interprétation des signaux extérieurs.

Mais ce que les scientifiques savent, c'est que le cerveau féminin est dès le départ plus sensible au son que celui de l'homme. Et beaucoup de mères sont convaincues de devenir rapidement plus sensibles aux bruits de leurs bébés et plus douées pour en interpréter la signification. Vous connaissez sûrement cette sensation : vous êtes dans une fête où tout un tas d'enfants jouent dans la pièce voisine. Vous entendez une série de cris, mais celui qui vous force à vous lever, c'est la voix de votre enfant, suffisamment modifiée pour indiquer que la situation dérape. « Jusqu'alors, je n'avais jamais été capable de différencier les pleurs des bébés », déclare Ulrika Engman Felder, professeur de yoga et jeune mère. « À présent, je sais immédiatement discerner leur âge et si c'est ma petite Anjali ou le bébé d'une autre ».

Jeffrey Lorberbaum fut impressionné de découvrir que tous les parents des deux sexes qu'il testa étaient capables d'identifier le cri de leur bébé parmi d'autres. Cet apprentissage intime commence apparemment très tôt. D'après une étude, presque 60 % des mères se trouvant dans la même chambre d'hôpital que d'autres mères avec leurs nouveau-nés ont déclaré se réveiller en entendant les pleurs de leur enfant dès les premières nuits suivant la naissance, pourcentage qui s'élevait à 96 % pour les nuits suivantes. Une autre étude, dix ans avant l'utilisation de l'IRM, a montré que le rythme cardiaque de la mère change en réaction aux pleurs de son bébé, mais pas de ceux d'un autre.

Cette réaction apparemment « instinctive » commence grâce à des hormones, selon Alison Fleming. Les glucocorticoïdes, hormones du stress, sont élevées chez les jeunes parents, ce qui les rend plus attentifs et plus prompts à réagir. Mais au cours du temps, alors que diminue cette influence chimique, cet instinct primaire des parents n'est plus qu'une question d'acquis et d'habitude. Les mères qui, là encore, sont davantage en contact avec leurs enfants que les pères, sont très tôt exposées à de nombreuses expériences répétitives avec l'enfant; grâce à elles, elles apprennent la différence entre un cri de joie et un hurlement de douleur. Les mères prêtent davantage d'attention à leur enfant à cause d'un sens de la responsabilité plus aigu ou pour des raisons de goût personnel, de pression culturelle ou de leur investissement plus prononcé – qui commence par le fait qu'elles doivent se déplacer pendant neuf mois avec un ventre énorme –, ce qui les rend plus aptes à déceler comment se porte leur enfant. « C'est un peu comme si vous vous prépariez à acheter une voiture, explique Fleming. Brusquement, vous remarquez toutes les voitures autour de vous. La différence, c'est que votre cerveau est mis en action surtout par les indices sonores ».

Tout comme pour son odorat, l'ouïe attentive d'une mère peut la rendre plus perceptive et plus consciente – intelligente – vis-à-vis de l'enfant. Dans des circonstances ordinaires, toutes ces perceptions et tout cet apprentissage font partie d'un contexte général d'attachement à son nourrisson. Plus tard, comme je l'expliquerai dans les chapitres suivants, cet attachement intense peut la rendre plus intelligente vis-à-vis du monde en général, en partie en entretenant un cerveau en éveil alors qu'elle doit relever les différents défis intellectuels incarnés par l'enfant qui grandit.

Vision radar

De toutes les façons dont nous percevons et interprétons notre environnement, la vue nous semble ce qui est le plus « humain » – c'est-à-dire le moins instinctif et le plus rationnel. On croit ce qu'on voit, après tout. Pourtant, dans le cadre de la maternité, vous utilisez peut-être votre vision d'une nouvelle manière plus subtile, notamment au point que certains disent que les mères ont des yeux derrière la tête.

Un changement que vous remarquerez peut-être presque immédiatement, c'est votre manière de regarder votre bébé dans les yeux. La façon dont la plupart des adultes – et en particulier les parents – réagissent au regard d'un enfant est totalement différente de leur comportement habituel. C'est un regard plus profond, plus intense, très proche de celui des amoureux, presque aussi automatique que notre manière d'ajuster le volume et la hauteur de notre voix quand nous parlons aux bébés.

Si votre enfant semble également attirer votre attention d'une manière quasi surnaturelle, c'est également un signe de ce changement fondamental de perception que nous partageons avec les autres mammifères. En Virginie, Kelly Lambert déclare avoir vu des rattes gravides devenir plus attentives aux *stimuli* visuels, du moins ceux qui ressemblaient à des bébés rats :

> « Un jour que je les regardais dans leurs cages, j'ai remarqué que l'une d'elles avait un comportement bizarre. Elle avait délicatement ramassé sa queue dans sa gueule et s'était réfugiée dans un coin de la cage où elle l'avait déposée. Puis elle avait repris ses occupations, de nouveau remarqué sa queue, et recommencé son manège. C'était étrange, mais j'ai très vite compris que les queues des rats étant roses et sans poils, elles évoquent les bébés que l'animal allait mettre bas sous peu. Apparemment, son cerveau était devenu hypersensible aux stimuli rose/sans poils, et du coup, elle ramassait tout ce qui ressemblait à un bébé et le rapportait dans son nid. D'autres scientifiques m'ont depuis confirmé avoir fait la même observation ».

Le cliché très ancien du radar maternel entre particulièrement en jeu lorsqu'il s'agit de détecter un danger dans l'environnement. Lorsque mes enfants étaient bébés et que je vivais encore à Rio, je les emmenais de temps en temps dans un jardin public proche de la maison. L'endroit était charmant mais, tous les matins, j'y trouvais des traces d'activités nocturnes : des préservatifs et des seringues usagés. Du temps où je n'avais pas d'enfants, je ne les remarquais presque jamais. Mais dès lors, je me surprenais à scruter le sol, tout comme l'œil entraîné d'un policier balaie l'intérieur d'une voiture lorsqu'il vous arrête.

Évidemment, la faculté de percevoir et d'interpréter rapidement des menaces est cruciale pour la survie de l'espèce humaine depuis des millénaires. Tout comme nos ancêtres guettaient les tigres à dents de sabre, les piétons d'aujourd'hui sont prêts à faire un bond de côté lorsqu'ils voient arriver un 4 × 4. Pourtant, à ce jour, une seule étude s'est intéressée à l'amélioration de la vision des mères. Assez curieusement, elle fut effectuée par Galen J. Buckwalter, le psychologue de Los Angeles qui a connu une célébrité nationale en étudiant des femmes enceintes se disant atteintes de troubles de la mémoire. « La presse a manqué un détail très intéressant », déclare-t-il. Si ses sujets enceintes semblaient moins capables de répéter à l'envers une liste de mots, elles étaient « incroyablement plus douées » que le contre-échantillon de femmes non enceintes dans les tests de perception visuelle. C'est particulièrement « intéressant », car cette faculté est normalement l'apanage des hommes. Du coup, lorsque vous prenez l'avion, vous n'avez aucune raison de vous inquiéter si votre pilote est enceinte, même si elle oublie votre nom.

Galen J. Buckwalter, qui a une vision plus optimiste du lien entre maternité et ressources mentales que les articles sur son étude ne le laissent entendre, déclare ne pas avoir été surpris par cette découverte. « Il est logique que l'évolution prive les femmes de réserves cognitives essentielles, alors qu'elles sont physiquement très vulnérables à un moment aussi critique que la reproduction », affirme-t-il.

Ce qui touche le cœur et le cerveau

J'ai gardé le meilleur de ce tour de table des sens pour la fin, bien que ce soit peut-être ce qui apporte une telle magie à la maternité. Les bras, les mains et la poitrine d'une mère qui porte, berce et cajole son bébé sont ses moyens de communication les plus chaleureux et les plus directs, tout comme le nourrisson lui répond avec ses lèvres et ses mains en la tétant, avant de pouvoir dire un seul mot. Alison Fleming a démontré cela avec ses découvertes dans le monde des rats. Lors d'une touchante expérience, elle sépara des mères de leurs petits immédiatement après leur naissance, à l'aide d'une feuille perforée en plastique transparent. Cela permettait aux mères et aux petits de se voir, de s'entendre et de se sentir, mais empêchait tout contact. Et, alors que ce qui aurait dû être l'un des piliers de leur future relation s'écroulait, l'intérêt des mères décrut. Dix jours plus tard, elles réagissaient vis-à-vis de leurs bébés comme des rattes vierges : avec crainte et agressivité.

Au contraire, je me rappelle très clairement comment mon jeune fils Joshua à peine né se pelotonnait sur ma poitrine pour dormir, apaisé par le battement de mon cœur et ma chaleur, tandis que, allongée sur le dos, je me laissais enivrer par son odeur. Je ne sais pas comment, mais nous réussissions à dormir toute la nuit sans bouger. Nous nous réveillions au même moment en nous regardant. Alors que j'écris ces lignes, Joshua a maintenant presque six ans mais la sensation me paraît aussi fraîche que si elle avait laissé une empreinte physique.

Et c'était le cas – et cela demande quelques explications à l'aide de l'histoire d'un petit homme. Il ne s'agit pas d'un vrai homme, mais d'un personnage dessiné avec des traits déformés, connu sous le nom d'*homunculus* sensoriel, ingénieuse image qui permet aux chercheurs de comprendre comment le cerveau est connecté avec monde extérieur. Le dessin présente quelles parties du cortex cérébral, cette fine couche ridée composée principalement de cellules spécialisées (la « matière grise ») couvrant les deux hémisphères du reste du cerveau, sont activées lorsque l'organisme reçoit des signaux par le biais des cinq sens. Il a donc des lèvres, des yeux, des doigts et une langue dont les dimensions exagérées représentent l'importance de ces organes dans l'absorption de l'information. En d'autres termes, c'est la topographie du cerveau selon le rôle de chacune des parties du corps qui nous permettent de naviguer dans le monde.

Les études sur l'animal suggèrent fortement que la maternité recompose cette carte du cerveau. Lorsque Joshua était allongé sur ma poitrine, il avait un impact direct sur mon homoncule sensoriel. À la suite des *stimuli* répétés de la tétée et de sa position, ma poitrine, qui n'était jusque-là qu'un attribut esthétique de ma personne, avait acquis un rôle de premier plan dans ma relation nourricière avec un autre être humain – et également dans la manière dont je m'imaginais, interprétais le monde et apprenais à me conduire.

En 1994, deux neurologues, Judith Stern, de la Rutgers University, et Michael Merzenich, de l'université de Californie à San Francisco, fournirent des preuves étonnantes de cet impact en montrant que, dans le cortex d'une ratte mère, la zone consacrée au tronc, ou poitrine, avait en fait doublé de taille lors de l'allaitement. Judith Stern et Michael Merzenich sont convaincus que la même chose se produit chez les humains : « Nous avons démontré la réponse du cerveau à l'expérience, déclare Stern. Et c'était la partie émergée de l'iceberg des transformations possibles du cerveau chez une mère. »

Michael Merzenich, qui a interrompu sa carrière d'enseignant pour développer des programmes thérapeutiques adaptés aux enfants attardés et aux personnes âgées, soulignait que ce qui arrive est surtout une modification dans l'interprétation des perceptions. Lorsque vous touchez votre bébé et qu'il vous touche en bougeant dans vos bras, vous recevez des informations subtiles mais puissantes sur sa personnalité, ses émotions et sa relation avec vous. « Vous recevez un *feedback* plus spécifique et plus frappant en sensibilisant les surfaces du corps impliquées dans ce contact », explique-t-il.

Cerveaux plastiques et élastiques

L'étude de Judith Stern et Michael Merzenich sur les rattes allaitantes occupe une place importante sur l'un des fronts les plus passionnants de la recherche sur le cerveau, inspirée par la prémonition de George Eliot qui déclara au milieu du XIXe siècle : « Nos actes nous déterminent autant que nous les déterminons ». C'est seulement lors de la « Décennie du cerveau », dans les années 1990, que les scientifiques établirent que l'expérience contribue en effet à refaçonner notre organe cérébral. Aujourd'hui, bien qu'il reste encore beaucoup à comprendre sur ce passionnant phénomène, il est largement reconnu que le cerveau humain, que l'on croyait jusque-là immuable une fois à l'âge adulte, peut grandir et changer tout au long de la vie en réponse à de nouveaux *stimuli.*

Alors que naguère, nous devions nous résigner au triste destin d'une perte de ressources cérébrales, régulière avec l'âge, nous savons à présent que de nouveaux neurones et connexions se forment constamment. Ce phénomène est appelé « plasticité ». Ce qui nous stimule nous « recrée » d'une certaine façon, en produisant de nouveaux chemins renforcés entre les synapses. Ces connexions renforcées sont la trace de l'apprentissage. On ne parvient pas toujours à la perfection à force de pratique, mais on change. Et lorsqu'elles doivent s'adapter pour élever un nouvel être humain qui dépend d'elles, c'est peut-être pour les femmes le moment de l'existence où elles sont totalement transformées. « Il y a certaines époques de la vie qui correspondent à des fenêtres dans le développement du cerveau, où il est plus plastique qu'à d'autres. La maternité est de celles-là », déclare David Lyons, primatologue à l'université de Stanford.

Lorsque Judith Stern et Michael Merzenich publièrent leurs découvertes sur la plasticité du cerveau des rattes mères, les implications pour les humains commençaient à peine à devenir un sujet de conversation commun. Pourtant, les idées que sous-tendait cette notion existaient depuis près de deux siècles.

Dès 1819, l'anatomiste italien Vincenzo Malacarne avança que l'expérience pouvait modifier la structure du cerveau. En 1874, Charles Darwin observa que les cerveaux des lapins domestiques étaient plus petits que ceux des lapins sauvages. Il avança que la différence était peut-être due à l'impact d'une existence confinée depuis des générations, privée des *stimuli* de la lutte contre les prédateurs. Puis, au début du XXe siècle, l'Espagnol Santiago Ramon y Cajal, prix Nobel de médecine, déclara que l'« exercice cérébral » pouvait permettre la fabrication de nouvelles connexions entre les neurones.

Une soixantaine d'années plus tard, Marian Diamond et ses confrères chercheurs de Berkeley firent d'importantes découvertes sur l'enrichissement du cerveau des rats par le biais de la stimulation. Dans les années 1980, une autre série d'expériences menées par Michael Merzenich et ses collègues, montra que le cortex moteur d'un singe pouvait se modifier en réponse aux modifications des circonstances. Lorsque Merzenich coupa une connexion nerveuse véhiculant l'information provenant d'une partie d'un doigt, la zone corticale qui en était jusque-là chargée se modifia pour réagir aux autres régions de la main du singe.

Dès les années 1990, on s'enthousiasma encore davantage devant la possibilité que la plasticité du cerveau humain pouvait lui permettre de récupérer après une maladie ou une blessure, voire de continuer à travailler efficacement malgré le vieillissement. Usant des nombreuses nouvelles technologies, les neurologues commençaient à peine à comprendre que le cerveau humain est tout aussi malléable que celui des autres animaux. En 1993, confirmant que les sensations répétitives peuvent changer physiquement le cerveau, Alvaro Pascual-Leone, de l'Institut national pour les affections neurologiques, examina le cortex sensoriel de quinze sujets experts dans la lecture du braille. Il découvrit, comme il s'y attendait, que la zone corticale dévolue aux informations provenant du doigt le plus utilisé pour la lecture était beaucoup plus vaste que celle du doigt d'un sujet voyant.

Selon Michael Merzenich, on peut s'attendre à découvrir des différences similaires en examinant le cerveau d'un horloger expérimenté et la zone dévolue à la vision ; ou celui d'un flûtiste et la zone dévolue à ses lèvres. « Nous sommes tous des spécialistes, déclare-t-il. Chacun affine les mécanismes de son cerveau selon sa spécialité ».

À mesure qu'ils sondaient la question ces dernières années, les chercheurs ont découvert une étonnante plasticité du cerveau dans des régions autres que le cortex sensoriel. Par exemple, grâce à l'IRM, nous savons maintenant que les sujets pratiquant le jonglage – métaphore pour les mères qui travaillent et élèvent des enfants – voient augmenter, au fur et à mesure de leur apprentissage, le nombre de leurs neurones dans des zones du cerveau chargées de stocker l'information visuelle.

Quels changements visibles pouvons-nous attendre de voir dans les tréfonds du cerveau d'une mère ? Les recherches de Craig Kinsley et Kelly Lambert sur les rats et les expériences suisses décrites au chapitre 3 offrent quelques indices, mais pour le moment, nous n'avons guère de données : les études sur les humains qui répondraient à cette question ne font que commencer. Ce que nous savons, c'est que dans la jungle des connexions du cerveau, certaines se renforcent au cours de la maternité, avec la répétition des gestes, et que d'autres s'affaiblissent quand elles ne sont pas utilisées. Des circuits qui s'activent lorsque nous montrons compassion et affection, par exemple, peuvent se renforcer et réagir plus rapidement (voir le chapitre 8). Les neurotransmetteurs, ces messagers chimiques qui parcourent notre cerveau, sont produits en plus grandes quantités, transportant des sensations de plaisir qui renforcent les nouvelles habitudes. Certaines zones – dont peut-être l'hippocampe, puisque nous dépendons encore plus de nos souvenirs – peuvent également se développer.

Merzenich fait remarquer qu'entraîner un cerveau à une seule nouvelle tâche, équivalente en difficulté à l'usage d'une cuillère, produit directement des changements impliquant des milliers, voire des millions, de neurones, tout en modifiant l'intensité de centaines de millions de connexions synaptiques. « La vie d'une mère, explique-t-il, est *remplie* de nouvelles expériences et d'apprentissages qui produisent des myriades de modifications importantes susceptibles de déformer son pauvre cerveau ». En outre, la maternité est une expérience particulièrement intense parce qu'elle implique « l'apprentissage dans des conditions où l'enjeu est élevé, c'est-à-dire précisément de l'espèce qui produit des modifications dans le cerveau. Vous interagissez avec un individu comme jamais encore. En un sens, vous formez un seul individu et c'est très formateur d'avoir un autre individu qui contribue à vous façonner ».

Dans le cas de la ratte mère au cortex sensoriel à la topographie modifiée, Merzenich et sa collègue Judith Stern pensaient que les changements disparaîtraient à mesure que la mère perdrait un contact physique avec son petit. « Comme le pianiste qui ne pratique pas », déclare Stern. En même temps, comme d'autres experts, cette dernière convient que certains types d'apprentissage sont émotionnellement si intenses qu'ils mettent beaucoup plus de temps à disparaître. Pensez à la grand-mère qui berce « instinctivement » un bébé ou qui se rappelle comment langer un nourrisson. « L'analogie est peut-être moins celle du pianiste que celle de la bicyclette : on n'oublie jamais vraiment comment faire du vélo », déclare Robert S. Bridges, un neuroendocrinologiste à la Tufts University qui étudie le comportement maternel depuis plus de trente ans.

Pour les mères humaines, donc, les premiers mois, si émotionnellement chargés, de la vie avec le nourrisson servent potentiellement de fondation à d'autres relations et expériences futures – et sont le début d'un cercle vertueux (ou, si les choses tournent mal, vicieux). « Chaque fois que j'agis ou réagis, je reçois des associations que j'assimile à moi-même, déclare Merzenich. Je fais cela des millions de fois, et dans ce processus, je me crée en tant que contexte d'après toutes mes expériences... Quand je pense, je m'associe à un penseur. Quand j'agis, je m'associe à un acteur. C'est ainsi, de manière inhérente, que nous nous construisons, que nous façonnons notre notion de nous-mêmes et de nos relations à autrui ».

De la même manière, d'après lui, certains changements que subissent les mères seraient « permanents, si l'expérience de la maternité provoque des transformations du comportement qui sont encore utilisées par la suite. Par exemple, si l'attachement à mon enfant cultive mon sens de la compassion positive pour les enfants et la vie en général, j'ai toutes les chances de l'exercer de manière permanente à un niveau qu'entretiendra sa répétition jusqu'à mes derniers jours ».

Les idées de Merzenich sont si polémiques qu'elles en deviennent passionnantes. Reconnu en tant que scientifique, il a été également qualifié de « fanatique » de la plasticité. Pourtant, au début du IIIe millénaire, ses théories ont été validées par une série d'études sur les humains et les animaux. Jeffrey Schwartz, de l'université de Californie à Irvine, par exemple, a signalé que les individus ayant subi une formation pour gérer les TOC, ont modifié leur cerveau à mesure qu'ils modifiaient leur façon de penser. Dès les premiers contacts physiques avec l'enfant, la maternité inaugure en réalité de toutes nouvelles manières de gérer ses relations avec les autres individus. Dans les chapitres qui suivent, j'exposerai ce que cela implique pour le développement des savoir-faire sociaux et de la motivation, ainsi que pour la gestion du stress. Pour le moment, voyons comment les mères peuvent apprendre à accroître leurs ressources et leur concentration ; en bref, comment elles peuvent devenir la ratte qui attrapait le criquet : plus efficaces.

CHAPITRE 5
EFFICACITÉ : COMMENT LA NÉCESSITÉ EST LA MÈRE DU MULTITÂCHE

« J'ai un cerveau et un utérus, et j'utilise les deux. »

PAT SCHROEDER,
PREMIÈRE FEMME AVEC ENFANTS À ÊTRE MEMBRE DU CONGRÈS.

De bonne heure, un matin d'été, Kathy Mayer, médecin et chef régional de médecine clinique du Colorado Permanente, fut arrêtée par un policier pour avoir tourné à gauche alors que la flèche n'était plus pour elle. « Voilà qui va être intéressant », se dit-elle alors que ce dernier s'approchait. Tout en le regardant dans son rétroviseur, la jolie blonde au visage innocent éteignait l'appareil de la taille d'une valise posé sur le siège passager. Comme à son habitude, depuis la naissance de ses jumelles six mois plus tôt et sa promotion à une fonction qui l'obligeait à parcourir constamment Denver, elle utilisait un tire-lait électrique branché sur l'allume-cigare. Il lui arrivait même de conduire avec l'appareil en marche, tout en répondant à son téléphone. Cependant, ce jour-là, elle se contentait de conduire avec l'appareil posé sur son sein, et cela valait mieux, car cela avait suffi à alarmer le policier.

« Il m'a regardée un bon moment, raconte-t-elle. Mon mari m'a dit plus tard qu'il devait croire que j'avais une bombe fixée sur moi. » Comprenant de quoi il s'agissait, le policier parut visiblement gêné, malgré le discret bavoir bleu marine qui couvrait le sein de Kathy Mayer. « Il m'a simplement demandé mes papiers, puis il est revenu et m'a lancé d'une seule traite qu'il me donnait une contravention et que je pouvais contester si je voulais. J'ai trouvé cette situation à mourir de rire. »

Peut-être. Mais le fait que de nombreux États américains interdisent que l'on conduise tout en parlant au téléphone mais pas en utilisant un tire-lait est peut-être le signe d'un vide législatif. Car comme beaucoup de mères le savent, les journées ne comptent que vingt-quatre heures.

Les habitudes de l'esprit multitâche

Tandis que le cliché du « cerveau de mère » suggère que les femmes accumulent les bourdes durant leur maternité, nous sommes peut-être pourtant au sommet de notre efficacité, et pour une bonne raison. Comme aime à le faire remarquer Craig Kinsley, la déesse grecque Artémis présidait à la fois à la naissance et à la chasse – elle était mère et pourvoyeuse. À notre époque moderne, où un mariage sur deux se conclut par un divorce, beaucoup de mères se sentent particulièrement obligées d'élever leurs enfants et de pourvoir financièrement à leurs besoins. Souvent, nos ressources mentales semblent se décupler pour relever le défi, et nous sommes encore plus douées pour faire plusieurs choses à la fois. Lorsque Jeffrey Lorberbaum et Samet Kose interrogèrent vingt-neuf jeunes mères six à huit semaines après l'accouchement, et leur demandèrent d'évaluer comment elles avaient été transformées, elles signalèrent une amélioration importante de leur acuité visuelle et auditive ainsi que leur capacité à être multitâches.

Certes, il y a multitâches et *multitâches*. En 1994, Sheila Gilbride trouvait qu'elle était déjà douée pour faire deux ou trois choses en même temps, mais, lorsqu'elle donna naissance à des triplets prématurés, elle se rendit compte qu'elle avait encore beaucoup à apprendre. « On me faisait des tas de commentaires désobligeants comme : "Si c'étaient les miens, je me suiciderais !" » raconte-t-elle en riant. Au lieu de cela, elle décida de prendre le taureau par les cornes.

Le premier défi consistait à les allaiter, objectif compliqué du fait que le trio devait être nourri toutes les trois heures. « J'étais seule chez moi, mon mari était au travail, et je savais que je devais les allaiter en une seule fois, sinon je ne dormirais jamais », raconte-t-elle dix ans plus tard. Elle préparait donc trois biberons. « J'asseyais Brianna, qui tenait toute seule, sur le canapé, à portée de main, au cas où elle se serait étouffée. Je posais les pieds sur la table basse et j'installais Kayla sur mes jambes, la tête contre mon genou droit et le bras droit autour d'elle. Ryan, qui avait tendance à vomir, était enveloppé dans une serviette, posé contre le genou gauche, mon bras gauche autour de lui. »

Lorsqu'elle me raconta cela, Gilbride était cadre supérieur pour le laboratoire Pfizer dans le New Jersey. Elle avait un quatrième enfant et ses soirées étaient en partie occupées à réviser pour passer un MBA. Mais entre-temps, elle était passée maîtresse dans l'art de la gestion de l'emploi du temps. « Ce qui est remarquable, c'est le fait qu'on survit à tout ça et qu'on en tire des leçons. On fait le ménage dans ses priorités, mais parce qu'on y est bien obligée. » Tout est relatif : récemment, faisant la connaissance d'une mère de quadruplés, elle n'a pu s'empêcher de lui sortir l'éternel refrain : « Je ne sais pas comment vous faites. » Ce à quoi l'autre lui répondit : « Ah, vous les mères de triplés, vous ne savez que vous plaindre », ce qui la fit réfléchir : « C'est vrai. Quand je vois des mères de jumeaux, je me dis que ce n'est rien du tout ».

La sagesse populaire, relayant la théorie de l'Évolution, indique que les femmes, particulièrement les mères, excellent à diviser leur attention. Depuis les plaines de l'époque des chasseurs-cueilleurs du Pléistocène jusqu'aux jardins publics d'aujourd'hui, la capacité d'une mère à combiner les tâches est la clé de la survie de ses enfants. « Regardez deux femmes dans un parc : elles peuvent être absorbées dans une très intéressante conversation tout en étant très attentives à leurs enfants, déclare John Morrison, neurobiologiste et père. Les pères, eux, doivent mobiliser toute leur attention pour suivre leurs enfants, sinon ils tombent de la cage aux écureuils. »

Pourtant, quand nous parlons du talent multitâche des mères, il s'agit généralement de quelque chose d'un peu plus impressionnant que le fait de cuisiner tout en parlant au téléphone. Ce n'est plus du jonglage, c'est un mode de vie impliquant la capacité de se concentrer sur l'essentiel, d'ignorer le reste et d'accomplir bien plus en un temps donné. En un mot, il s'agit d'*efficacité.* « Vous classez mieux vos priorités parce que vous y êtes *obligée* : c'est de la survie pure et simple », déclare Sandy Wells, institutrice et mère de deux jeunes garçons.

Les enfants, comme la peur, ont le don de monopoliser l'esprit. Vous devenez maîtresse en matière de tri dès les premiers jours suivant la naissance de votre enfant, en réagissant à la nécessité de le nourrir, de le faire roter, de l'empêcher de tomber – bref, de tout ce qui lui permet de rester en vie. Si vous avez de la chance, le stress qui vous permet de tenir reste à un niveau élevé, ce que décrit la loi dite de Yerkes-Dodson. Sa forme de fer à cheval met en relation l'attention, que nous considérons souvent comme un stress mental, et la performance mentale. Un peu de stress est indispensable : on n'apprend pas si l'on ne s'intéresse pas. Mais trop de stress fait passer l'apprentissage au second plan. C'est entre les deux que vous êtes au mieux de votre forme.

Les mères qui s'habituent à fonctionner à ce niveau entraînent et aiguisent leur faculté d'attention, capacité mentale que le psychiatre de Harvard John Ratey, expert de l'attention, définit comme « bien plus que simplement remarquer un *stimulus.* Elle implique un certain nombre de processus distincts, depuis le filtrage des perceptions et leur classification jusqu'à l'attribution à chacune d'une charge émotionnelle ». Cette habitude utile peut être renforcée par la décharge de dopamine, qui véhicule une sensation de récompense dans le cerveau et est libérée durant les situations moyennement stressantes (ainsi que durant les activités agréables, comme les relations sexuelles ou un bon dîner), explique-t-il. Il qualifie la dopamine de « neurotransmetteur de l'attention, de l'apprentissage et de la motivation » et pense qu'elle pourrait être le lien entre le plaisir et la mémoire à long terme. « Un taux élevé de dopamine améliore l'attention et vous fait utiliser plus de ressources de la fonction exécutive. Si vous les mobilisez, elles seront disponibles par la suite. »

D'après Ratey, il est raisonnable de penser que les nouvelles mères aiguisent leur attention par ce moyen comme par d'autres : « Quand une mère donne naissance, vous voulez qu'elle soit vraiment intelligente, le plus possible. Qu'elle connaisse son environnement, se rappelle tout sur ses enfants et soit parfaitement opérationnelle. Cela implique nécessairement la faculté de faire plus attention au monde extérieur. »

Vivre l'instant présent avec l'œil sur la pendule

Tout cela ne revient pas à nier que les enfants puissent parfois gâcher votre concentration, surtout si vous êtes au téléphone. Jane Lubchenco, zoologue de l'université d'Oregon, se rappelle que lorsque ses deux garçons étaient petits, elle songeait souvent à la nouvelle de Kurt Vonnegut, *Harrison Bergeron*, qui évoque un futur imaginaire où l'égalité entre êtres humains est contrôlée par un « handicapeur de la République » chargé de vérifier que personne ne tire avantage de ses aptitudes naturelles. Les ballerines trop talentueuses sont forcées de porter des poids, et les individus à l'intelligence supérieure des écouteurs qui diffusent dans leurs oreilles un bruit perçant toutes les vingt secondes. « Mon mari et moi plaisantions en disant que c'était exactement ce que faisaient nos enfants », raconte-t-elle.

Cependant, Jane Lubchenco affirme que sa détermination et celle de son mari à être présents et spontanés avec leurs enfants l'ont au final rendue plus intelligente – c'est-à-dire plus présente, attentive et organisée. « Quand nous étions avec les enfants, nous nous efforcions sciemment de ne pas penser à tout ce qu'il fallait faire, et de nous concentrer sur le temps que nous passions avec eux. Cela revenait à vivre l'instant présent au lieu d'être constamment frustré. » Elle précise qu'elle transposa cette pratique dans son travail. Ayant reconnu que son temps était limité, elle commença à mieux choisir la manière de l'utiliser. Elle écrivit moins d'articles, mais plus denses. « Je rangeais les moins importants dans un classeur pour plus tard parce que je savais que je ne serais jamais capable de m'en sortir et que je comprenais que, au final, cette décision était un excellent choix de carrière. »

La sensation de manque de temps est un aspect fondamental de la maternité. Vos enfants ont tant besoin de vous que vous avez parfois l'impression de ne pas avoir assez de temps pour les satisfaire. Et vous êtes parfois frappée de la vitesse à laquelle ils semblent grandir – preuve patente de la vitesse à laquelle passe le temps. La romancière anglaise Rachel Cusk raconte quel effet cela lui faisait de « racheter » des heures auprès d'une baby-sitter, et de découvrir que « c'étaient des heures dont le tic-tac affolant était audible. Vivre ces heures, c'était comme vivre dans un taxi. Travailler durant ces heures était déjà difficile ; y prendre du plaisir, ou même du repos, était impensable. »

Si votre niveau d'angoisse est élevé, votre capacité à lever le pied est, elle aussi, renforcée. Les mères qui travaillent deviennent souvent des artistes de la gestion du temps à force d'affronter des dates butoirs implacables. « Toute votre journée est conditionnée par le fait que vous savez que vous ne pourrez pas rester au labo tard le soir », déclare Tracey Shorts, neurologue de la Rugers University et mère d'un garçon de quatre ans. « La crèche ferme et il faut que vous alliez chercher votre enfant. »

La célèbre auteur d'*Harry Potter*, J.K. Rowling, raconta dans quelles conditions elle rédigea le premier tome des aventures de l'apprenti sorcier alors qu'elle flirtait avec la pauvreté tout en s'occupant toute seule de sa petite fille. Son secret ? Faire pleinement usage des siestes de son bébé. « Je la mettais dans sa poussette et je la promenais en ville, j'attendais qu'elle s'endorme, puis je fonçais dans un café et j'écrivais le plus vite possible », rapporta-t-elle à un journaliste. « C'est incroyable ce qu'on peut faire quand on sait qu'on a très peu de temps devant soi. Je n'ai probablement jamais été aussi productive depuis, si on compte en mots par heure. »

Beaucoup de jeunes mères remarquent rapidement que toutes les courses et coups de fils n'ont pas besoin d'être réglés immédiatement ou réglés du tout. « Je n'en reviens pas du nombre de bêtises inutiles qui m'obsédaient avant d'être mère », raconte Kathy Mayer, qui joue son rôle de mère tout en travaillant quarante heures par semaine à l'hôpital et dix à vingt heures chez elle.

En avalant ainsi les journées, les mères racontent souvent qu'elles éprouvent un changement dans leurs processus mentaux de base, comme si leurs cerveaux prenaient plusieurs directions à la fois. Comme l'écrit la neurologue Kelly Lambert :

> « J'ai davantage de programmes cognitifs qui travaillent en arrière-plan. Brusquement, sans raison apparente, je me rappelle des choses qui n'ont rien à voir les unes avec les autres. Ces petits rappels ne cessent de pointer leur nez et le plus étrange, c'est qu'ils ne sont pas déclenchés par des *stimuli* évidents, mais qu'ils apparaissent au moment voulu pour que j'accomplisse une tâche précise. Comme si une espèce d'administrateur général m'envoyait un mémo qui surgit sur mon écran d'ordinateur pour me rappeler une réunion. Sauf que je n'ai pas d'alerte sonore qui l'accompagne. Pas encore. »

Ce que le genre peut changer

Alors que la recherche sur le genre se développe depuis les années 1980, certains experts en sont venus à penser que le cerveau féminin est peut-être programmé dès la naissance pour être plus efficace dans l'accomplissement de tâches multiples. Il convient de souligner que la plupart des questions concernant les différences entre cerveaux masculin et féminin sont très controversées. Plus encore, le « Grand Message » des années 1990 – selon lequel changer notre manière de penser et de nous comporter peut produire des modifications concrètes dans le cerveau – complique ce débat. Tout comme dans l'éducation des enfants, nature et culture se combinent dans le développement du cerveau.

Cela dit, il existe quelques distinctions surprenantes entre cerveaux masculin et féminin qui, selon certains scientifiques, conduisent à des différences de pensée entre les deux sexes. La plus évidente est la taille : le cerveau féminin est en moyenne 15 % plus petit que son équivalent masculin. Le sujet est explosif : quelques scientifiques modernes ont avancé que la taille du cerveau est liée à l'intelligence, impliquant que les femmes sont donc en général plus bêtes. D'autres experts remettent en question cette notion en soulignant que les cerveaux féminins sont plus denses en termes de neurones et donc plus efficaces.

D'autres types de comparaison révèlent des différences moindres, mais amènent souvent tout autant de spéculations. La neuroanatomiste Marian Diamond note que le cortex cérébral féminin est en moyenne un peu plus symétrique en épaisseur que celui de la plupart des hommes. Pour elle, cette différence a évolué pour optimiser la faculté des femmes à élever et protéger leur progéniture, rôle qui l'« oblige à suivre plusieurs directions » – absorber l'information provenant de sources multiples, souvent au même moment. « En revanche, déclare-t-elle, le cortex légèrement plus asymétrique des hommes peut avoir évolué de par la division préhistorique du travail, où ses tâches – trouver la nourriture et défendre le territoire – étaient moins diversifiées. »

Bien qu'il reste beaucoup à comprendre sur la relation éventuelle entre structure et fonction, des IRM récentes ont permis d'établir que les femmes semblent en effet utiliser une plus grande partie de leur cerveau par rapport aux hommes, dans le but de réagir à certains *stimuli*. Des chercheurs ont examiné l'activité cérébrale de dix hommes et dix femmes qui écoutaient l'enregistrement d'un roman de John Grisham. Dans tous les cas, les cerveaux des hommes montraient une activité exclusive dans le lobe temporal gauche, tandis que ceux des femmes étaient actifs dans les deux lobes.

Une autre différence physique souvent citée concerne la liaison de fibres nerveuses entre les deux hémisphères. Appelé « corps calleux », c'est une structure en forme d'arc allant de l'arrière à l'avant de la tête. Certaines études ont permis de découvrir que le corps calleux d'une femme est en moyenne légèrement plus épais que chez l'homme à une extrémité, par rapport à la taille totale du cerveau. (Une autre liaison plus petite appelée « commissure antérieure » a été constatée comme de 12 % plus grande chez les femmes.) La taille semble désormais un facteur décisif, alors que de nombreux experts pensent que le cerveau plus généreusement équipé des femmes relaie plus efficacement l'information entre l'hémisphère droit, intuitif, et le gauche, méthodique. Helen Fisher, anthropologue de la Rutgers University et auteur de *Premier sexe : les talents naturels des femmes et comment ils changent le monde*, écrit que « les cerveaux bien connectés des femmes facilitent leur faculté de rassembler, intégrer et analyser des espèces plus diverses d'information », aspect de ce qu'elle a baptisé « pensée en réseau ». Pour elle, les femmes « rassemblent plus de données issues de leur environnement et construisent des relations plus complexes entre les informations. En revanche, les hommes ont tendance à compartimenter – se débarrasser des données mineures et se concentrer seulement sur ce qu'ils considèrent important ».

Mark George, chercheur en IRM à l'université de Caroline du Sud, soupçonne que, en termes pratiques, la différence semble expliquer pourquoi un homme peut rester scotché à la télévision durant un match pendant que sa progéniture s'entre-tue dans la pièce voisine. Il est convaincu que la manière dont les femmes utilisent leur cerveau leur accorde une résilience plus précieuse. « Cela fait presque un siècle que l'on sait que si vous faites une attaque qui endommage une partie du cerveau, les hommes ont tendance à subir plus de handicaps fonctionnels que les femmes », déclare-t-il. « Si vous comparez dix hommes et dix femmes qui ont été victimes d'une attaque, les hommes auront les déficits les plus prononcés, comme l'incapacité de lever un bras ou une jambe, mais pas les femmes, ce qui semble impliquer que les femmes bénéficient d'une distribution plus large de la fonction. Chez elles, ce n'est pas aussi figé. »

Aux courses

En Virginie, Kelly Lambert et Craig Kinsley avancent que les capacités mentales innées de la femme passent à la vitesse supérieure dès qu'elle devient mère. Ils fondent cette affirmation en partie sur des recherches innovantes montrant que des rats et des singes, dès qu'ils se reproduisent, améliorent leurs compétences basiques de mémoire et d'apprentissage – fondamentales pour l'activité multitâche.

Chez les rats, les deux chercheurs ont comparé la performance de femelles « multipares » et « nullipares » – celles qui avaient mis bas, nourri et sevré deux portées par rapport à des rattes d'âge équivalent qui ne s'étaient jamais accouplées – cherchant des friandises cachées dans un labyrinthe à huit bras. L'objectif du test était de se rappeler la localisation de la friandise et les mères apprirent plus rapidement, faisant beaucoup plus de choix corrects dès les six premiers jours.

Depuis, Anne Garrett, l'une des étudiantes de Lambert, a découvert un phénomène similaire dans une petite étude sur des mères ouistitis devant retrouver des friandises cachées dans des sacs de différentes couleurs suspendus à une planche. Les verts contenaient deux bonbons, les bleus, un seul et les rouges, aucun. « C'était un peu comme faire des courses, raconte Lambert. Et les mères semblaient vraiment savoir ce qu'elles faisaient. »

Pour Kinsley, la pression évolutionnaire, favorisant la survie du plus fort, permet d'expliquer la courbe d'apprentissage plus rapide de la mère ratte. Tout en allaitant des portées affamées, les rongeurs doivent être capables de s'éloigner de leur nid – s'orienter dans un espace inconnu – et se rappeler comment retrouver le chemin du retour à temps pour allaiter. « Imaginez que vous ayez une mère qui vient de donner naissance à une douzaine de petits, dit-il. À moins d'avoir la chance d'être située au cœur d'un milieu rempli d'eau et de nourriture, tout ce qui peut la ramener au nid plus rapidement a des chances d'être préservé ou amélioré parce que cela lui donne l'avantage sur une femelle sans petits. » Bien que limitées aux rats et aux ouistitis, les découvertes de Kinsley et Lambert fournissent d'évidence un message optimiste aux humains. Pour eux, la tâche de parent développe le cerveau de la mère et pas seulement lorsqu'il s'agit de s'occuper des enfants, mais aussi de procédés qui lui permettent d'affronter plus efficacement le monde extérieur.

Lorsque les médias américains, européens et japonais se firent l'écho de ces découvertes, beaucoup de mères s'y reconnurent. Les facultés exploratrices améliorées des rongeurs semblaient être une version primitive des expéditions des parents modernes qui vont chercher les couches au supermarché, un chèque à la banque et le journal. Lambert, après cette première étude publiée dans *Nature*, alla jusqu'à concevoir une étude sur les rats destinée à tester tout particulièrement les capacités multitâches des mères. Dans cette expérience, des rattes qui ne se connaissaient pas devaient concourir dans un labyrinthe circulaire d'une cinquantaine de centimètres de diamètre. Après avoir localisé une friandise, elles étaient replacées à leur point de départ. Ensuite, non seulement elles devaient se rappeler la localisation de la récompense, mais également répondre à la pression sociale, c'est-à-dire vaincre leurs concurrentes. Il se trouve que les mères multipares découvrirent la friandise sur 60 % des essais, les unipares 30 % et les nullipares, seulement 7 %.

Les chercheurs de Virginie estiment que les améliorations de mémoire qu'ils ont découvertes chez les rattes mères découlent d'un processus en deux temps : la préparation lors de la gravidité, puis la présence stimulante des petits. N'oubliez pas que le cerveau de la femelle gravide baigne dans des hormones qui modifient son mental, notamment de grandes quantités d'œstrogène. Les chercheurs savent depuis longtemps que c'est très probablement à cause de cette hormone que surgissent les forêts d'épines dendritiques que Kinsley et Lambert ont découvertes dans le cerveau de leurs rattes gravides. Catherine Wolley, neurobiologiste de la Northwestern University qui a également examiné les hippocampes des rattes, a découvert que les épines dendritiques augmentaient notablement durant la phase du cycle menstruel des rattes où le taux d'œstrogène est le plus élevé, moment qui, sûrement pas par hasard, est celui où l'animal est le plus fertile et a le plus besoin de son intelligence pour trouver un partenaire. Enfin, John Morrison, neurologue, a découvert que chez les singes, l'œstrogène augmente le nombre de synapses dans la partie du cortex qui traite de l'attention et des tâches complexes.

Selon lui, durant les années où la femme porte des enfants, l'œstrogène est capital pour la rendre plus attentive. « Si l'œstrogène peut aider les femmes non seulement à avoir un taux élevé de reproduction, mais également à élever leur progéniture avec succès, il aura donc une pression évolutionnaire énorme », avance-t-il. Le taux élevé d'œstrogène dans le cerveau d'une femme enceinte aurait-il donc des effets bénéfiques à long terme ? Pour lui, c'est possible, et pour Kinsley, c'est probable, et c'est pourquoi, au lieu de considérer une femme enceinte comme un « incubateur de fœtus » lent et poussif, Kinsley considère la femme « avec un cerveau semblable à un dragster surpuissant, dont les roues patinent d'impatience, qui attend le signal du départ pour s'élancer en grondant sur la piste ».

Les aérobics du cerveau

Le signal du départ, dans cette métaphore, est donné par un afflux d'odeurs, sons, sensations et panique générale incarnés par l'enfant. Anne Lamott compara un jour son nourrisson à un radio-réveil se déclenchant au hasard toutes les deux ou trois heures, et constamment réglé sur une station de hard-rock. Toutes ces stimulations exercent une force puissante sur la plasticité du cerveau et, si vous avez de la chance, constituent une source d'enrichissement, parce que de nouveaux défis fournissent un exercice sain à vos méninges.

Lorsque Kinsley et Lambert examinèrent les cerveaux de rattes tardivement gravides, ils constatèrent que le taux normal de remplacement des cellules avait ralenti, phénomène qui pouvait expliquer pourquoi les femmes enceintes éprouvent une certaine diminution du cerveau. Mais le processus reprit et augmenta immédiatement après la mise bas lors de l'allaitement. Par rapport aux rattes nullipares, les rattes allaitantes possédaient en outre plus de cellules gliales, qui soutiennent les neurones en important l'énergie et en évacuant les déchets, et jouent peut-être également un rôle dans le traitement de l'information.

Était-ce simplement l'expérience qui faisait la différence ? Les chercheurs de Virginie trouvèrent une corroboration lorsqu'ils comparèrent les facultés de mémoire de trois groupes de rattes : mères, vierges et mères adoptives – les mères adoptives étant des femelles vierges passant suffisamment de temps avec des petits pour ne plus avoir peur d'eux et commençant même à adopter un comportement maternel en les léchant, les toilettant et les protégeant. Le but de ce test était de trouver des friandises cachées dans un des huit puits d'un labyrinthe circulaire, puis de se rappeler par la suite l'itinéraire pour y retourner. Une fois de plus, les mères biologiques furent les meilleures. Mais les mères adoptives décrochèrent la deuxième place. Même sans forte dose d'hormone, la simple interaction avec les petits semblait les rendre plus efficaces. Cette découverte corroborait l'idée de l'enrichissement : la stimulation vous rend plus intelligente.

Voyons maintenant les faits au quotidien. Il vaut la peine de noter, que contrairement à l'être humain contemporain, un rat en cage a peu de stimulations. La différence entre être un rat en cage tout seul et un rat en cage avec des petits est tout à fait significative, tout comme la modification qui s'ensuit dans le cerveau. Cela posé, le cerveau humain, tout comme celui du rat, peut être considéré comme un groupe de muscles : soit on les utilise, soit on en perd l'usage. Ceux que l'on utilise et la manière de procéder contribuent à définir notre identité. La plupart des parents sont pratiquement forcés à utiliser certaines compétences mentales, constamment et répétitivement, durant la croissance de leurs enfants. « C'est un peu comme l'apprentissage d'une langue étrangère, dit Michael Merzenich. Quand vous apprenez une langue étrangère, vous apprenez toute une culture, sa musique, sa littérature. Dans le cas présent, votre apprentissage concerne toute la race humaine. »

Ajoutez à cela que contrairement aux défis mentaux des études ou d'un travail, il est beaucoup plus difficile de travailler mentalement durant une longue période quand on est constamment sur la brèche à s'occuper d'enfants tout en se demandant comment trouver le temps de tout faire. Vous êtes généralement *forcée* de répondre aux exigences de l'enfant, et cela d'une manière qui devient de plus en plus complexe avec le temps.

Les enfants vous obligent continuellement à exercer vos méninges dans une suite de tests progressifs et vous savez qu'à la moindre défaillance, vous risquez d'en subir les conséquences dans l'avenir. Vous n'êtes peut-être pas habile de vos mains quand il faut monter le rail de sécurité d'un berceau, par exemple, mais vous l'apprenez quand même.

Devoir expliquer des choses à un enfant aide également les parents à penser de manière plus inventive. Lorsque James Dillon, le psychologue de Géorgie, interrogea des parents et enseignants sur l'avantage retiré du contact avec les enfants, 11 % des parents et 47 % des enseignants proposèrent des anecdotes que James Dillon classa comme liées à la « flexibilité cognitive », ou capacité de penser les choses d'une nouvelle manière et que les interviewés qualifièrent eux-mêmes d'augmentation de l'intelligence. Les enfants pensent généralement selon des images concrètes, contrairement au raisonnement plus abstrait des adultes. Leur enseigner peut obliger les adultes à mieux prendre en compte cette différence et à expérimenter avec un style de pensée plus direct. Une institutrice raconta à James Dillon que pour enseigner la multiplication, elle utilisa un sac de billes pour montrer aux enfants que multiplier trois par trois revenait à faire la somme de trois groupes de trois billes. « Et en fait, avant de faire cela, je n'avais jamais pris conscience de ce qu'était vraiment la multiplication. Maintenant, la notion est en moi, pas seulement dans ma mémoire. »

Cela signifie souvent que vous commencez à penser d'une manière plus spontanée, processus qui se met en place pour de nombreuses mères lorsqu'elles sont obligées de trouver ce qui peut faire cesser l'enfant de pleurer. « Avec un bébé, la majeure partie de votre temps se passe en activités spontanées, exigeant que vous puisiez à l'aveuglette dans votre sac à malices et que vous trouviez sur-le-champ une réaction qui convient », écrit Daniel Stern, professeur de psychologie de l'université de Genève, dans son livre *La Naissance d'une mère.* « Certaines femmes s'adaptent facilement à ce mode de vie, mais pour d'autres, c'est très difficile de fonctionner dans un domaine où les règles changent constamment et qu'elles connaissent mal. Cependant, même si vous avez des difficultés, les réactions spontanées font petit à petit partie de votre nouvelle identité. »

Les enfants présentent en permanence à leurs parents des casse-tête, et vous comprenez que vous allez être harcelée jusqu'à ce que vous trouviez la bonne réponse. Ce harcèlement ne risque-t-il pas de vous laisser au final plus affaiblie qu'enrichie ? Et en cas d'enrichissement, ne risque-t-il pas d'être spécialisé uniquement dans le domaine des enfants, tout comme les chauffeurs de taxi connaissent sur le bout des doigts les petites rues et les raccourcis ? Ou bien existe-t-il un moyen d'affûter son équipement pour pouvoir l'utiliser hors de chez vous ? Pour connaître les réponses à ces questions, je me suis tournée vers Fred Gage, neurologue à l'Institut Salk d'études biologiques de La Jolla.

En 1998, Gage fit une percée dans l'histoire de la neurologie en contrant la notion selon laquelle on naît avec un stock de neurones qui ne progressera pas durant la vie. Il prouva, d'abord avec des rats, puis des humains, que les cellules cérébrales sont constamment renouvelées dans les zones du cerveau chargées de la mémoire et de l'apprentissage, leur utilité finale dépendant de la qualité et de la quantité de stimulations provenant de votre environnement. Pour me répondre, Gage dénombra quatre facteurs qui peuvent augmenter les chances qu'une expérience d'apprentissage donnée améliore le cerveau. La situation doit être totalement *nouvelle*. Elle doit vous *mobiliser* activement. Elle doit être *affective*, c'est-à-dire vous engager émotionnellement. Enfin, la stimulation doit être *complexe* et donc vous obliger à relever un défi.

Nouvelle, mobilisante, affective et complexe. Si pénibles, épuisantes et ennuyeuses que soient les *tâches ménagères*, je sais que lorsque je m'arrête pour passer du temps avec mes enfants, un moment magique m'attend. Et plus je le vis, plus je le recherche. Tout comme d'autres scientifiques, Gage estime qu'une fois que le cerveau se modifie pour réagir à un stimulus donné, il répond différemment au défi suivant. Pour les mères comme pour n'importe qui, cela peut produire un cercle vertueux ou vicieux, selon les défis spécifiques et votre manière de les relever. « Ce que nous faisons, en tant qu'individus, c'est nourrir notre cerveau, déclare Gage. Nous maîtrisons bien plus que nous ne le pensons ce que nous sommes. »

Puissance grise

Craig Kinsley et Kelly Lambert testèrent des rattes mères jusqu'à la sénilité, et ils découvrirent un fait remarquable. Les progrès de la ratte en apprentissage et mémoire, comme démontrés dans le labyrinthe, duraient jusqu'à vingt-quatre mois, soit dix-huit mois après leur dernière portée, ce qui équivaut à quatre-vingts années humaines. Les rattes qui avaient eu plus d'une portée étaient toujours en tête. Comme le dit Craig Kinsley : « On peut peut-être vieillir dignement lorsqu'on a eu une progéniture nombreuse qui vous a beaucoup exposée aux œstrogènes et aux stimulations des jeunes. »

Si vous croyez à un dessein intelligent dans la nature, qu'il soit orchestré par Dieu ou l'évolution, le scénario de Kinsel tient debout, surtout allié aux découvertes d'autres chercheurs étudiant des grands-mères humaines très éveillées. L'idée de base, baptisée « hypothèse de la grand-mère », est que les grands-mères mènent une longue existence et ont besoin d'être dynamiques et intelligentes longtemps après la ménopause, précisément pour aider les enfants de leurs enfants à survivre. L'archétype, ce sont les grands-mères des Hadza, groupe d'un millier de nomades du nord de la Tanzanie, qui vivent de chasse et de cueillette, tout comme nos ancêtres il y a environ un million d'années. Kristen Hawkes, anthropologue à l'université d'Utah, a découvert que les vieilles femmes Hazdas fournissaient bien plus de nourriture que la plupart des autres membres du groupe, ce qui la conduisit à penser que « l'hypothèse de la grand-mère nous permet d'envisager très différemment pourquoi les êtres humains modernes ont brusquement été capables d'aller partout et de tout faire », dit-elle. « Cela peut expliquer pourquoi nous avons dominé la planète. »

Nous savons donc maintenant qu'il y a quelque chose dans la reproduction qui semble préserver l'intelligence des femelles jusqu'à un âge avancé, du moins chez les rats. Et nous savons qu'au moins dans un groupe d'humains, les vieilles femmes ont de bonnes raisons d'être intelligentes. Une autre chose semble claire chez de nombreuses grands-mères modernes : elles s'appuient sur leurs petits-enfants pour rester intelligentes car ils leur permettent de demeurer en contact avec le monde extérieur. À moins de faire très attention, vieillir peut vous conduire à adorer le train-train quotidien. « Pensez à quelqu'un de quatre-vingts ans qui a l'occasion de déménager dans un autre quartier de la ville, déclare Michael Merzenich, l'expert en plasticité du cerveau. Ce serait absolument génial pour le cerveau de cette personne qu'elle déménage et relève tous les défis que cela implique. Mais d'ordinaire, les gens préfèrent éviter de changer. »

Une fois de plus, cependant, l'amour d'un grand-parent peut se révéler plus fort que la résistance au changement, fournissant la force mentale nécessaire pour se frotter à de nouvelles technologies, par exemple. Comme le dit Sara Ruddick, auteur de *Pensée maternelle* et elle-même grand-mère, « Les grands-parents de mon cercle social, âgés aujourd'hui d'au moins la cinquantainc, ont connu la maladic ct lc dcuil. Dans ce contexte, les grands-parents ont le besoin et le désir d'expériences qui leur permettent de rester curieux et de s'intéresser au monde qui va leur survivre. »

Pour les grands-mères tout comme pour les mères, les enfants constituent une attirance vers le monde extérieur, rempli de défis intellectuels et d'obligations sociales. Comme les chercheurs l'ont découvert, ce monde social est particulièrement bénéfique pour notre cerveau, en modérant le stress et en encourageant la résilience. C'est le sujet du chapitre suivant.

CHAPITRE 6

RÉSILIENCE : RÉDUIRE LE STRESS, DÉVELOPPER L'ASTUCE

> « Alors que les petites lèvres se resserrent fermement sur son téton et aspirent, la petite tête tressaute, comme un poisson que son mouvement ferre à l'hameçon. Mais en cet instant, lequel des deux est vraiment pris ? »
>
> SARAH BLAFFER HRDY, *Les Instincts maternels.*

S'il vous est arrivé de nourrir un bébé au sein – et cela sans vous débattre avec votre soutien-gorge et votre téléphone tout en piaillant parce que ses premières dents vous mordillent –, vous savez qu'il y a peu d'activités plus intimes. Votre rythme cardiaque ralentit, votre température s'élève et le temps semble suspendu. Vous lui caressez la joue, il gargouille et soupire et vous vous perdez dans son regard fascinant.

Ce genre de communication est unique au monde. Pourtant, pour beaucoup de nouvelles mères, c'est aussi une nouvelle manière de devenir « accro » à une relation. « La maternité, comme le dit Erica Jong, m'a permis de prendre conscience que je faisais partie de la race humaine. »

Lorsque j'avais la trentaine et que j'étais journaliste, je vivais seule à Mexico. Un jour semblable à bien d'autres, j'étais restée toute la journée dans mon bureau à réécrire un article. Mon seul contact humain était le bruit que faisait en passant devant ma porte Eloisa, une farouche Nicaraguayenne, mère de trois enfants, qui habitait chez moi quand j'étais en déplacement et qui m'aidait à faire le ménage. Chaque fois, Eloisa, qui ne comprenait absolument pas comment on pouvait décider de vivre en recluse, faisait exprès encore plus de bruit. Et vers le soir, je l'entendis marmonner : *Es terrible !*

Peut-être que c'était terrible, même si je regrette encore aujourd'hui cette solitude. Le fait est que c'était *possible*, alors qu'aujourd'hui, ce ne l'est plus. Mère de jeunes garçons, ma journée est souvent bruyamment troublée par leur présence, celle de leurs copains, de leurs rats apprivoisés, et par le fait de savoir que je vais bientôt devoir, pour leur bien ou le mien, entrer en contact avec toute une communauté de gens dont je recherche ou paie les faveurs, notamment enseignants, pédiatres, autres mères, entraîneurs de natation et spécialistes des rats apprivoisés. Je trouve une grande consolation dans cette étude qui me laisse penser que cela pourra peut-être me rendre plus intelligente.

La sociabilité, comme nous le verrons au chapitre 8, peut être une forme d'intelligence en soi, impliquant des compétences considérablement sous-estimées jusqu'à récemment. La célèbre étude sur les infirmières, portant sur plus de cent milles Américaines et financée par les Instituts nationaux de santé, a montré qu'appartenir à un réseau social fort est lié à un meilleur fonctionnement mental. Une autre étude de l'université du Michigan, sur plus de trois mille adultes, démontre que les gens qui entretiennent un réseau social élevé, qu'ils passent du temps avec d'autres ou au téléphone, ont une mémoire et des compétences cognitives meilleures.

Cela est sans doute dû, au moins en partie, à la simple stimulation du cerveau produite par l'interaction avec des tiers. Beaucoup de faits tendent également à confirmer que passer du temps avec d'autres peut – au mieux – réduire le stress. Nous savons depuis des années que la réduction du stress contribue à la santé physique, diminuant le risque de maladies cardiaques et de diabète, et même renforçant le système immunitaire. Ce qui est nouveau, c'est la confirmation croissante que la diminution du stress peut également aider le cerveau, à court comme à long terme. Et plus nouveau encore, le fait que les mères – qui, selon le vieux cliché du « cerveau de mère » apparaissent comme rien de plus que des *victimes* du stress – semblent posséder certains avantages dans la diminution du stress. Pour mieux comprendre cela, nous devons nous pencher sur une hormone peptidique fondamentale dans la maternité, l'*ocytocine*. C. Sue Carter, neurologue comportementale et autorité sur le sujet, déclare que la principale contribution de cette hormone est qu'« elle nous relie au monde social ». Mais des découvertes récentes remarquables prouvent que l'ocytocine peut améliorer mémoire et apprentissage, par le biais de modifications à long terme du cerveau.

« L'hormone du câlin »

L'ocytocine, dont le nom est formé à partir de deux mots grecs signifiant « naissance rapide », a été découverte en 1906 par l'Anglais Sir Henry Dale, qui comprit qu'elle pouvait accélérer le travail en stimulant les contractions utérines. Un siècle plus tard, les scientifiques commencent seulement à mesurer les pouvoirs de cette hormone, avec, entre autres, l'espoir qu'elle puisse un jour être utilisée comme antidépresseur, arme contre l'Alzheimer ou même – selon un chercheur particulièrement optimiste – pour combattre la pollution et la pauvreté dans le monde.

L'ocytocine agit de deux manières. Produite par l'hypothalamus, elle est libérée dans le sang par l'hypophyse et permet non seulement de stimuler le travail, mais aussi de déclencher les montées de lait dès que le bébé commence à téter. Dans le cerveau, l'ocytocine agit comme un neurotransmetteur qui transporte l'information le long des synapses et modifie émotions et comportements, provoquant l'apaisement et, selon certains chercheurs, cimentant les liens sociaux.

Les campagnols de prairie mâles à qui l'on administre cette substance se transforment de célibataires coureurs en maris et pères attentifs. Des souris génétiquement modifiées pour ne pas être influencées par l'ocytocine ne parviennent pas à reconnaître leurs congénères. Les rats réagissent à l'administration d'ocytocine en devenant plus grégaires, moins peureux et plus curieux. Chez les humains, le taux d'hormone atteint des sommets durant l'orgasme.

Mais il est certain que le rôle le plus vital de l'ocytocine concerne le domaine de l'attachement mère-enfant. Chez les nouvelles mères confrontées pour la première fois à leur bébé, l'hormone, qui aide à déclencher le comportement maternel, est « l'équivalent endocrinien des chandelles, de la musique douce et d'un verre de vin », écrit Sarah Blaffer Hrdy. Chez les rats, des femelles vierges à qui l'on administre « l'hormone du câlin » oublient peur et hostilité pour lécher, soigner et protéger le moindre bébé rat dans son voisinage. Chez les humains, l'ocytocine combinée avec des peptides opioïdes endogènes – substances que l'on pense responsables de l'« ivresse » éprouvée par les marathoniens et également libérées dans l'interaction mère-enfant – peuvent contribuer à expliquer pourquoi un adulte normalement sensé est capable de rester des heures à gazouiller devant un bébé, et donc contribuer à l'apparition de nouvelles générations.

Votre sensibilité à l'ocytocine est l'un des changements les plus importants de la nouvelle mère. Chez les rattes gravides, de nouveaux récepteurs de l'hormone apparaissent dans l'utérus, le tissu mammaire et le cerveau. Chez les humains, des récepteurs semblables ont été découverts dans les tissus mammaires et utérins, et il est donc raisonnable de penser qu'ils existent également dans le cerveau.

À l'Institut Karolinska de Suède, Kerstin Uvnas-Moberg, autorité mondiale en la matière, a procédé à des expériences au début des années 1990 et a montré que les femmes allaitantes tendaient à être moins sensibles aux hormones de stress. Entre trois et six mois après l'accouchement, des femmes ayant allaité pendant au moins huit semaines déclaraient être moins anxieuses et moins tendues physiquement, moins soupçonneuses et s'ennuyer moins. Lors de tests, elles se montraient également plus calmes et plus sociables que des mères d'âge comparable non allaitantes. En outre, Kerstin Uvnas-Moberg a démontré que le degré de tendresse de ces nouvelles mères pouvait être prédit par le taux sanguin d'ocytocine, qui était peut-être lié à son taux dans le cerveau.

D'autres scientifiques ont découvert des signes similaires de diminutions du stress chez les femmes allaitantes. Une équipe de chercheurs menée par Margaret Altemus, professeur de psychiatrie de la Cornell University, a « stressé » dix mères allaitantes et dix femmes non allaitantes en leur demandant de courir sur un tapis de course. L'équipe a découvert que les femmes allaitantes libéraient seulement moitié moins des trois hormones du stress, par rapport aux non-allaitantes. Beaucoup, sinon la plupart, des scientifiques, pensent que ces différences perdurent une fois l'allaitement terminé. Mais selon Kerstin Uvnas-Moberg, un changement permanent s'est opéré. Elle fonde cette conviction sur des recherches montrant que les humains et les autres mammifères réagissent plus promptement, physiquement et émotionnellement, à leur deuxième enfant qu'au premier. C'est un peu comme quand on est déjà monté sur un grand-huit et qu'on sait à quoi s'attendre : la différence semble profondément ancrée et même influencer les montées de lait, qui sont généralement plus faciles à gérer au deuxième enfant. « Avec le premier bébé, quelque chose se passe qui vous transforme pour toujours », dit Kerstin Uvnas-Moberg. En fait, des chercheurs français ont découvert que les neurones qui produisent l'ocytocine dans le cerveau du rat sont restructurés par la naissance et l'allaitement. D'autres cliniciens ont démontré que des rats exposés à une quantité élevée d'ocytocine durant leurs premiers jours présentent une moindre réactivité permanente au stress, ainsi qu'une tension artérielle plus basse. Ce sont quelques-unes des raisons pour lesquelles Kerstin Uvnas-Moberg est convaincue que le cerveau de la mère est définitivement transformé durant l'accouchement et l'allaitement, rendant peut-être son système nerveux moins réactif. « Votre système anti-stress est activé, dit-elle. Vous êtes définitivement protégée. »

L'avantage des mamans

Dans les premières années du IIIe millénaire, deux études en laboratoire ont fourni des indices permettant de soutenir l'idée qu'une mère qui doit apprendre autant et aussi vite bénéficie peut-être de l'aide d'un cerveau plus performant.

L'une de ces études a été effectuée en 2003 à l'université d'Okayama, au Japon, où une équipe menée par Kazuhito Tomizawa a injecté de l'ocytocine dans le cerveau de souris qui n'avaient jamais mis bas. Après quoi, suivant la piste de Craig Kinsley et Kelly Lambert, l'équipe testa un groupe de ces souris dans une tâche d'apprentissage spatial où les rongeurs devaient trouver de la nourriture dans un labyrinthe radial à huit bras. Les souris dopées à l'ocytocine se rappelèrent mieux dans quels bras se trouvaient les friandises. Les chercheurs injectèrent ensuite un inhibiteur d'ocytocine dans le cerveau de souris ayant mis bas plusieurs fois : la performance des sujets déclina.

Kazuhito Tomizawa et ses collègues publièrent leur découverte dans la revue *Nature* en avril 2003. Ils déclarèrent avoir découvert quelque chose appelé potentialisation durable à long terme (L-LTP), dans l'hippocampe des souris ayant reçu les injections d'ocytocine, ainsi que chez celles qui avaient mis bas plus d'une fois. La L-LTP est un marqueur physiologique de la formation de mémoire à long terme, impliquant une augmentation de l'efficacité des synapses traitant l'information. C'était donc une grande nouvelle. Enthousiaste, Kazuhito Tomizawa spécula que l'ocytocine pourrait un jour constituer une thérapie des pertes de mémoire comme celles qui se produisent dans la maladie d'Alzheimer. « Les lecteurs des deux sexes ont à présent une raison supplémentaire de libérer une partie de leur précieuse ocytocine endogène », écrivirent trois chroniqueurs scientifiques.

La même année, Tracy Shors, la neurologue comportementale de Rutgers présenta ses propres découvertes montrant que les nouvelles mères semblaient protégées du stress qui endommagerait sans quoi leur mémoire – phénomène qu'elle soupçonne d'être dû à l'ocytocine. Dans ses travaux précédents, Tracy Shors avait montré que les rattes vierges apprenaient moins efficacement après des périodes de stress. Elle connaissait également des études démontrant que les femmes allaitantes réagissent moins au stress. Aussi conçut-elle un test avec des rattes mères, qu'elle stressa en les confinant dans un tube de plexiglas transparent ; puis, utilisant une technique pavlovienne classique, elle stimula leurs paupières avec une infime impulsion électrique tout en leur faisant entendre une sonnerie. Lorsqu'elle mesura le temps qu'il fallait aux rattes pour apprendre à cligner des yeux en entendant la sonnerie, elle découvrit que les mères apprenaient plus vite que les non-mères stressées de la même manière.

Pour Tracy Shors, ce « système de réaction unique en son genre » contribue à empêcher les nouvelles mères d'être dépassées, les aidant ainsi à mieux s'occuper de leur progéniture. Son intuition sur « l'hormone du câlin » est fondée sur le fait que l'ocytocine empêche la libération des hormones du stress appelées glucocorticoïdes. Ces substances sont l'une des causes de dégâts à long terme de l'hippocampe. En particulier, elles diminuent la capacité des cellules à survivre aux traumatismes des attaques cérébrales.

Le biologiste de Stanford Robert Sapolsky, expert international du stress et auteur de travaux précurseurs sur les glucocorticoïdes, pense lui aussi qu'il est possible que l'ocytocine soit un cadeau de la nature aux mères mammifères. Il illustre cela par une anecdote sur les oiseaux migrateurs. Des oiseaux qui migrent régulièrement de Baja en Arctique peuvent rester dans des températures glacées sans la moindre élévation de leur taux d'hormones de stress. « C'est étonnant, déclare-t-il. Et pourtant, quand vous y pensez, c'est normal pour ces oiseaux. S'ils avaient une réponse élevée au stress, ils n'auraient pas survécu. » Il soupçonne que tous les animaux possèdent des mécanismes innés pour affronter leurs environnements, et que l'ocytocine a cette fonction chez les mères mammifères, en modérant le niveau élevé de stress pour qu'il n'interfère pas – ou pas trop – avec leurs fonctions mentales. « D'une certaine façon, les mammifères ont conçu ce mécanisme, parce que la cognition est un avantage quand on doit s'occuper de petits. »

Il reste beaucoup à apprendre sur l'ocytocine et le cerveau humain. Bien qu'il soit relativement simple d'en mesurer le taux sanguin, l'hormone ne peut pas traverser ce que l'on appelle la *barrière méningée*; en conséquence, les scientifiques ne peuvent savoir si les taux sanguin et cérébral sont comparables. Des scientifiques allemands ont récemment mené des expériences avec des pulvérisations nasales pour administrer l'ocytocine dans le cerveau. Mais à l'heure où j'écris ces lignes, le pulvérisateur n'est pas disponible aux États-Unis et les chercheurs américains devront trouver un autre moyen, sans quoi ils auront du mal à recruter des volontaires.

Pourtant, les difficultés de l'étude sur l'ocytocine sont peut-être simplement l'une des raisons pour lesquelles l'hormone a mis tant de temps à devenir célèbre. Une autre pourrait être l'histoire des problèmes inhérents à la physiologie féminine, reléguée au second plan derrière celle des hommes qui, pendant des décennies, ont dicté la direction des recherches. Une conséquence de ce préjugé pourrait être des lacunes persistantes dans notre compréhension de la différence de gestion du stress entre hommes et femmes.

Le coût du stress, et pourquoi les hommes paient davantage

Depuis le début des années 1930, le modèle dominant de la réaction au stress pour les humains et les autres animaux est le célèbre syndrome « combattre ou fuir » défini par Walter Cannon, physiologiste de Harvard. Celui-ci a démontré comment des hormones peuvent aider l'organisme à affronter le type d'urgences subies par les êtres humains durant toute leur histoire, comme les agressions d'autres individus ou de prédateurs animaux. La peur met en branle organisme et cerveau par le biais de deux systèmes distincts. D'abord, l'épinéphrine – également appelée adrénaline – et sa cousine, la norépinéphrine, sont libérées dans la circulation sanguine pour augmenter le rythme cardiaque et élever la tension artérielle. La circulation augmente dans les muscles, que vous allez probablement devoir utiliser. Vos pupilles se dilatent. Votre système nerveux sympathique a été activé, vous préparant à détaler en mettant en attente des fonctions non urgentes comme la digestion, le stockage des graisses et même votre système immunitaire. Ensuite, la glande surrénale, juste au-dessus des reins, libère des glucocorticoïdes, dont l'action durable vient soutenir la première réponse d'urgence.

Walter Cannon a inventé le terme *stress* pour décrire ce processus, et intitula son ouvrage de 1932 *La Sagesse du corps*. Pourtant, à la même époque, un autre scientifique, Hans Selye, commençait à conceptualiser le stress d'une manière plus proche de notre vision actuelle : quelque chose qui, parce qu'excessif, peut vous rendre malade. Hans Selye découvrit que ses rats de laboratoire développaient des ulcères à l'estomac, des gonflements de la glande surrénale et des réductions des tissus immunitaires. Il se rendit compte qu'il les avait maltraités involontairement en leur en faisant subir trop durant les expériences, ou en les laissant tomber accidentellement. En conséquence, suivant une intuition, il commença *intentionnellement* à les mettre dans des situations inconfortables en les exposant à des températures extrêmes ou les forçant à faire de l'exercice. Les rats contractant les mêmes affections, Hans Selye en conclut que le stress en était la cause.

Aujourd'hui, la plupart des scientifiques en conviennent : trop de soucis, de stress et de peur peuvent nuire à une bonne santé. Pourtant, c'est seulement à la fin des années 1990 que nous avons commencé à comprendre la différence de gestion du stress entre hommes et femmes. « Dire que le stress prépare votre organisme à se comporter en mâle dans la savane, c'est ignorer la moitié des données et c'est un préjugé historique », déclare Sapolsky, de Stanford, soulignant que des dizaines d'études scientifiques confirment d'« énormes différences entre les deux sexes ». Ces nombreuses études comportementales démontrent entre autres que les femelles, nettement plus que les mâles, réagissent au stress non pas en combattant ou en fuyant, mais en cherchant un soutien auprès de leurs congénères.

Cette réaction s'appuie davantage sur le système parasympathique, le système « du calme et des liens » chargé des fonctions physiologiques considérées non urgentes, comme la croissance et la cicatrisation, et qui sont mises en sourdine lorsque vous vous préparez à l'action. Déclenché en partie par l'ocytocine, il réduit la libération d'hormones de stress, diminue la tension artérielle et aide à la digestion. Comme l'écrit Kerstin Uvnas-Moberg, il inspire « l'amitié au lieu de la colère ».

Que les femelles soient plus enclines que les mâles à gérer ainsi le stress est une idée soutenue avec enthousiasme ces dernières années par Shelley E. Taylor, professeur de psychologie de l'université de Californie à Los Angeles. Dans un article très remarqué et publié en 2000, Shelley E. Taylor et cinq de ses collègues posaient l'idée que, par rapport aux hommes, la plupart des femmes réagissent au stress moins selon le modèle « combattre ou fuir » qu'avec un modèle alternatif qu'elle baptisa « soigner et aimer. » Taylor relie les abondantes données comportementales aux recherches pionnières sur l'ocytocine et les opioïdes endogènes, et le rôle apparemment plus important que ces substances apaisantes jouent dans la vie d'une femme. Au moins une étude a permis de découvrir que, chez les rats, la libération d'ocytocine en réaction au stress est plus élevée chez les femelles que chez les mâles. Certains experts pensent que cela arrive parce que l'hormone sexuelle féminine, l'œstrogène, renforce les effets de l'ocytocine. « Si vous administrez de l'ocytocine à des femelles durant cinq jours d'affilée, elles présentent une diminution de la tension artérielle qui dure pendant les trois semaines suivantes, déclare Kerstin Uvnas-Moberg. Chez les mâles, l'effet dure moitié moins longtemps. »

Calmer et soigner

Les enfants sont la raison principale pour laquelle le modèle de réaction au stress féminin a évolué, avance

Shelley E. Taylor. Tout au long de l'histoire humaine, les femmes ont dû non seulement se défendre mais aussi protéger leur progéniture. Donc, sauf lorsqu'il n'y avait pas d'autre possibilité, il n'y avait aucune raison d'affronter un prédateur. Une mère qui attaquait risquait sa vie, laissant ses enfants sans protection. Fuir n'était pas une meilleure solution, comme peut en attester quiconque a déjà essayé de traîner précipitamment un petit enfant dans un supermarché. Non, pour ces mères préhistoriques, la meilleure tactique était de calmer leur progéniture et de disparaître dans l'environnement. En d'autres termes : soigner.

Étant donné qu'hommes et femmes ont historiquement des besoins différents, il semble raisonnable de supposer que chaque sexe a évolué différemment dans sa réaction physiologique au stress, avance toujours Shelley E. Taylor : l'homme se prépare à l'action, la femme se calme. « Si, en tant que mère, vous fuyez devant un prédateur menaçant mais laissez votre bébé sans protection, ses chances de survie sont clairement faibles, écrit-elle. En conséquence, les réponses au stress qui favorisaient à la fois la survie de la mère et de l'enfant avaient toutes les chances d'être transmises par l'hérédité. »

À l'heure où la peur des licenciements massifs a remplacé celle des tigres à dents de sabre, la réponse « soignante » de la femme au stress est toujours d'actualité, selon Rena Repetti, psychologue clinique de l'UCLA qui a consacré son attention au stress qui affecte les parents exerçant un emploi. Dans une étude de la fin des années 1990, Rena Repetti a demandé à des parents de lui raconter comment ils traitaient leurs enfants préadolescents après une journée stressante au travail, puis elle a comparé leurs réponses à la version d'un enfant de chaque famille.

Elle a ainsi découvert que lorsque les pères avaient subi un conflit avec des collègues ou des supérieurs, pères et enfants déclaraient que le père était le moins à l'écoute de l'enfant. La plupart du temps, ils se dérobaient. Les mères, selon les déclarations des mères et des enfants, étaient plus à l'écoute après une journée stressante. Elles semblaient plus intéressées, affectueuses, joueuses et impliquées. Elles *soignaient.* « Avoir des enfants ou jouer le rôle de parent peut protéger certaines femmes de sources de stress au travail et ce résultat pourrait expliquer *comment* cela se produit, conclut Rena Repetti. Un accroissement de l'implication positive avec les enfants peut refléter un processus de gestion du stress protégeant les parents de ses effets néfastes. »

Quand il s'agit de bébés, l'allaitement peut être une manière particulièrement efficace pour les mères de se calmer. Avant d'entendre parler du travail de Rena Repetti, Kathy Mayer, l'interne mentionnée au chapitre 5, utilisait consciemment l'allaitement comme stratégie de lutte contre le stress.

« Si un message que j'écoute sur mon répondeur en rentrant me stresse, je me dis que je vais bientôt être à la maison et allaiter mes enfants, passer du temps avec eux, et que j'y répondrai plus tard, déclare-t-elle. C'est quelque chose qui me calme et m'éclaircit les idées si je suis tendue, et qui parfois m'empêche d'avoir des mots que je pourrais regretter. »

Si beaucoup de mères sont frustrées par l'allaitement – la célèbre journaliste italienne Oriana Fallaci parle même de « torture » –, d'autres déclarent que, une fois qu'elles en ont maîtrisé le procédé, l'expérience est aussi enrichissante pour l'esprit que la méditation, et qu'elle les apaise en leur enseignant à vivre pleinement le moment présent. Sue McDonald, la sage-femme qui m'a guidée durant ma première grossesse, se rappelle une amie d'enfance qui était devenue une pianiste acharnée mais colérique. « Elle m'a raconté qu'avoir eu son bébé a été un don du ciel, explique McDonald. Un jour qu'elle s'en occupait, elle marmonna : “Vite, il faut que je répète !", quand cela l'a frappée. "Un instant. Songe à ce que tu fais, où tu es." Cela lui a donné une toute nouvelle perspective. »

Alchimie sociale

Outre cette proximité, un autre trait de ce que Daniel Stern, professeur de psychologie genevois, appelle « l'état d'esprit maternel » est le besoin d'un réseau d'autres mères expérimentées qui peuvent fournir un soutien pratique et psychologique. Du jour au lendemain, votre environnement social peut se retrouver transformé. Votre propre mère et votre belle-mère vous semblent brusquement plus intéressantes, non seulement de par ce qu'elles vous apprennent (« C'est où, la fontanelle, au fait ? Il doit dormir sur le ventre ou sur le dos ? Il ne devrait pas déjà commencer à parler ? ») mais aussi pour leur compréhension de votre situation. Vous partagez soudain un lien très fort avec d'autres mères ; mais les hommes, y compris votre mari, peuvent vous sembler moins passionnants. « On nous laisse livrés à nous-mêmes », se plaignait un vieil ami de mon mari.

Dans une étude menée à Boston, Daniel Stern demanda à de nouvelles mères quelle sorte et quelle quantité de contacts elles avaient entre elles après la naissance de leur bébé, et il fut surpris par l'« énorme » quantité de contacts quotidiens qu'elles entretenaient avec d'autres mères plus expérimentées. « En moyenne, chaque nouvelle mère avait plus de dix contacts différents par jour avec d'autres mères, sous la forme de visites ou de coups de fil, pratiquement un par heure de veille », écrit-il.

Eleanor Bigelow, une quadragénaire mère de deux enfants de moins de trois ans, découvrit son propre cercle de mères quand elle quitta son travail après plusieurs années stressantes comme vice-présidente d'un grand cabinet financier de San Francisco. Jusque-là, elle avait surtout fréquenté des hommes durant la journée, savourant cette camaraderie macho. À présent, son principal contact social était composé de mères qui se retrouvaient avec leurs bébés les unes chez les autres pour bavarder et comparer leurs expériences. « Je me sens moins folle et moins seule quand je me soulage auprès d'une mère qui comprend ma situation, déclare-t-elle. Nos discussions abordent des questions familiales comme l'éducation des enfants, la religion, l'école, etc., le genre de choses qui n'intéressent pas les célibataires. Grâce à cela, je sens que mes amitiés sont plus enrichissantes et plus axées sur la famille. J'ai l'impression que nous sommes toutes dans la même galère et que nous nous entraidons. Le réseau des mères vous soutient beaucoup. »

Et pourquoi cela ? Peut-être que dans sa vie, sauf peut-être l'enfance, la vieillesse ou la maladie, aucune femme ne dépend autant des autres ; et comme le fit remarquer un jour l'écrivain Fay Weldon, « la faiblesse avouée est l'étoffe même des grandes amitiés ».

Avouer ses faiblesses est un tabou dans la plupart des milieux professionnels, mais c'est un refrain touchant chez les mères surchargées. Une conscience partagée – de l'ampleur des enjeux, de nos efforts comme de nos échecs fréquents – nous lie comme rien d'autre. C'est bien simple, je n'imagine pas un homme ou une femme seuls entretenir une amitié comme celle que je partage avec Elizabeth Share, une collègue mère de deux jeunes garçons qui habite à quelques rues de chez moi et que je vois rarement. Au lieu de cela, nous nous écrivons par email et nous tentons maladroitement de nous parler au téléphone. Voici une scène typique : je prépare le dîner, mon mari est encore à son bureau ; un enfant est dans son bain, l'autre devant l'ordinateur. Mon ordinateur est aussi allumé, dans l'espoir risible que, durant les quelques minutes où les enfants seront occupés à autre chose, je puisse mener quelques recherches. Les garçons braillent à peu près toutes les deux minutes. J'appelle Elizabeth et j'entends ses deux garçons brailler derrière elle.

« Je n'ai pas le temps de te parler pour l'instant », crié-je.

« Moi non plus ! » répond-elle sur le même ton.

Elle rappelle dix minutes plus tard et c'est le même refrain de part et d'autre. C'est comme si nous étions en train de nous noyer et que nous apercevions chacune l'autre qui se débat. Pourtant, d'une certaine façon, c'est extrêmement réconfortant et c'est un peu remontées que nous retournons à nos corvées respectives.

Des réseaux féminins denses peuvent d'évidence aider les femmes à devenir plus intelligentes et efficaces dans leur tâche de mère. Une fois que les enfants sont en âge d'aller à l'école, les commérages vont bon train sur les enseignants, les petits durs de la cour de récréation ou les activités extra-scolaires. Lorsque le réseau fonctionne à plein, ce ne sont plus des futilités que vous échangez, mais des faveurs et des conseils utiles, voire de l'aide en cas d'urgence. Chez d'autres primates, cela fait une énorme différence : une étude menée sur seize ans, portant sur des babouins sauvages, et publiée en 2003, a démontré que le degré de sociabilité favorisait considérablement le taux de survie des petits. En d'autres termes, plus la femelle babouin se montrait sociable – plus elle passait de temps avec d'autres femelles au moment de l'épouillage, par exemple –, plus son petit avait de chances de survivre à sa première année. « Les animaux sociaux le sont pour de bonnes raisons », fait remarquer Susan Albert, biologiste de la Duke University qui a participé à cette étude.

Les scientifiques ont émis la théorie selon laquelle le réseau de la mère babouin créait un environnement positif pour les petits et les protégeait d'éventuels prédateurs. Pour les mères humaines, le fait de comprendre instinctivement tout le bénéfice de l'appartenance à une communauté peut expliquer pourquoi tant d'études montrent la tendance des femmes à rechercher un soutien social en cas de stress, comme l'écrit Taylor, pour qui donner naissance est « l'une des différences les plus fiables entre les sexes ».

Cette différence est logique dans le contexte de répartition des tâches qui dure depuis le début de l'histoire de l'humanité. Alors que les hommes partaient chasser le mammouth, les femmes devaient coopérer plus étroitement, surveiller les enfants des autres, tout comme aujourd'hui, pour donner aux autres mères la possibilité de guetter les dangers, partir cueillir des fruits ou prendre le temps de respirer un peu.

À mesure que ce comportement devenait un mode de vie, nos cerveaux ont pu évoluer pour le renforcer, en raffinant un système de distribution de récompenses chimiques qui aujourd'hui pousse les femmes à rechercher l'amitié des autres femmes. Nous savons déjà, d'après les IRM de Jeffrey Lorberbaum, que les mères, contrairement aux pères, réagissent aux pleurs de leurs bébés en mettant en action les « centres de récompense » du cerveau – renforcement de l'activité de soins. Quelque chose de similaire pourrait avoir lieu dans le cas des amitiés féminines, comme le suggère une étude intrigante, mais non publiée, présentée à la réunion annuelle de la Société de médecine comportementale en 1999. Dans cette étude, Jarry Jamner, psychologue à l'université de Californie à Irvine, a administré à vingt-quatre femmes et vingt hommes des cachets de naltrexone, une substance qui inhibe la circulation sanguine d'opioïdes pendant au moins vingt-quatre heures. Les participants tenaient tous un journal qui a révélé des différences radicales de réactions entre hommes et femmes. Le comportement des hommes est resté *grosso modo* le même, mais les femmes ont diminué leurs contacts sociaux, y compris les coups de fil à leurs amies et le temps passé avec elles, déclarant qu'elles n'éprouvaient plus le même plaisir à leur fréquentation. Les femmes, mais pas les hommes, déclarèrent également se sentir moins éveillées.

L'intérêt de Jarry Jamner avait été éveillé par la preuve chez les animaux que le comportement social a pour conséquence la libération d'opioïdes endogènes, que l'on pense capables de renforcer la sociabilité avec une sensation de plaisir. Ses recherches soulèvent une hypothèse : les liens sociaux pourraient en fait être, de manière innée, plus gratifiants pour les femmes que pour les hommes.

À ce jour, nous ne disposons que de ces maigres indices pour comprendre les fondements neurochimiques des liens sociaux entre les femmes. Ce n'est tout bonnement pas un domaine privilégié de la recherche. Mais Barry Keverne, professeur de neurologie comportementale de l'université de Cambridge, qui a mené des recherches approfondies sur la biochimie du comportement maternel et des liens sociaux chez les moutons et les singes, écrit qu'il a découvert des similitudes : « La biologie est incroyablement conservatrice. Si vous avez un mécanisme qui sert à renforcer le lien mère-enfant, il y a des chances qu'il serve en plusieurs occasions. »

Faites confiance à votre ocytocine

L'ocytocine joue-t-elle un rôle dans les amitiés féminines? À la date de rédaction de cet ouvrage, rien ne le prouve directement. Pourtant, alors que les chercheurs de nombreuses disciplines commençaient à s'intéresser de plus près à cette hormone, ils ont fait d'intrigantes découvertes et formulé quelques théories. Certains avancent qu'une carence en ocytocine dans le cerveau peut être un facteur d'autisme, trouble génétique qui rend impossibles les relations avec autrui. Et une remarquable expérience en 2003 a permis de démontrer la relation étroite, chez les adultes sains, entre le taux sanguin d'ocytocine, les liens sociaux et la confiance.

Dans cette étude, Paul Zak et ses confrères recrutèrent un groupe de volontaires qui ne se connaissaient pas, leur versèrent dix dollars et les associèrent deux par deux. Les équipes jouèrent à un jeu informatique dans lequel chaque personne avait la possibilité d'envoyer à son partenaire la totalité, une partie ou rien de cette somme. Chacun était informé que la somme envoyée, quelle qu'elle soit, serait triplée : ainsi, si un joueur envoyait ses dix dollars, son partenaire en recevait trente. Le partenaire pouvait ensuite décider de renvoyer une partie de l'argent, mais sans aucune obligation. La première personne avait donc l'occasion d'envoyer un signal de confiance dans cette relation temporaire, et le partenaire, de l'accepter ou non.

Une fois que les joueurs eurent pris leur décision, Paul Zak et ses collègues prélevèrent des échantillons sanguins pour mesurer le taux d'ocytocine. Ils découvrirent que les joueurs qui avaient reçu les plus fortes sommes, une démarche leur indiquant que leur partenaire leur faisait confiance, avaient le taux le plus élevé, et étaient donc plus confiants, puisqu'ils partageaient plus d'argent avec leurs partenaires. Paul Zak se déclara surpris de la force de la réaction hormonale, surtout dans un environnement de laboratoire stérile, où les joueurs n'avaient affaire qu'à des ordinateurs. « L'effet de l'ocytocine sur les interactions de personne à personne doit donc être très forte », nota-t-il.

Paul Zak appelle cette approche d'avant-garde *neuro-économie*, discipline qui s'attache aux processus neuronaux dans la prise de décision financière. Selon lui, les différences de confiance et de taux d'ocytocine d'une nation à une autre contribuent à expliquer les différences en matière de réussite et de niveau de vie. Il est partisan que les dirigeants du monde entier améliorent les taux d'ocytocine en promouvant l'allaitement au sein et, en un sens, étant plus confiants eux-mêmes, en investissant davantage dans des entreprises destinées à améliorer les conditions de vie, comme l'éducation ou la lutte contre la pollution. « À tous égards, les pays où règne le plus la confiance ont un marché boursier plus florissant et des revenus plus élevés », déclare-t-il.

Dans ce grandiose scénario, la confiance, le lien social et l'ocytocine apparaissent comme une combinaison intelligente. Mais j'ai découvert un exemple tout aussi convaincant plus près de moi. En 1961, mes parents et leurs quatre enfants quittèrent Minneapolis pour la Californie. C'était mon père qui avait décidé de quitter la ville où vivaient nos quatre grands-parents et nos amis d'enfance, et ce fut à ma mère de former une nouvelle communauté. Ses deux fils avaient à l'époque sept et neuf ans et, comme elle me le raconta des années plus tard, elle refusait qu'ils fassent leur bar-mitsva dans une synagogue vide. Elle se mit donc à la tâche, rejoignit l'association des femmes, leva des fonds, joua le taxi et confectionna des gâteaux qu'elle offrit. Très vite, elle se forma un large cercle d'amies, dont la plupart étaient les parents des camarades de classe de ses enfants. Non seulement les deux bar-mitsvas furent bondées, mais aujourd'hui, avec ses enfants âgés d'une quarantaine d'années, elle continue de voir régulièrement ces mêmes amies qui avaient répondu à son besoin de soutien, alors que nous, ses enfants, avons depuis longtemps oublié nos camarades de l'époque. Chaque fois que je vois des statistiques montrant que les femmes vivent en moyenne sept ans de plus que les hommes, je songe à ma mère et à sa sociabilité.

Toute cette vie d'amitiés lui a-t-elle permis d'être aussi sage et calme ? Ou bien Kerstin Uvnas-Moberg a-t-elle raison en disant que l'expérience neurochimique directe d'avoir eu quatre enfants a modifié son cerveau et l'a protégée du stress ? Ou bien les deux facteurs se combinent-ils ? Nous ne pouvons que spéculer sur ces liens. Les preuves s'accumulent déjà cependant pour soutenir qu'un mode de vie basé sur le modèle « soigner et aimer » réduit le stress et que les hormones qui l'alimentent sont bénéfiques pour le cerveau et l'organisme. De nombreuses études ont démontré que les liens sociaux diminuent les risques de maladies dues au stress en abaissant la tension artérielle et le rythme cardiaque. En fait, les bénéfices physiologiques de la sociabilité sont tellement reconnus depuis quelques années que certains cabinets médicaux interrogent leurs nouveaux patients sur la fréquence de leurs relations amicales.

Pour les mères comme pour les autres, se montrer sociable est donc une sage décision. Pourtant, alors que nous reconnaissons la tendance élevée des mères à se montrer sociables, coopératives et confiantes, il importe de ne pas oublier qu'elles peuvent aussi être les plus férocement motivées et compétitives qui soient.

Chapitre 7
Motivation : la force mentale de l'amour maternel

« Grâce à l'amour profond,
on parvient au courage. »

Lao Tseu,
VIe siècle av. J.-C.

Olivia Morales est une personne à part parmi les autres mères de l'école élémentaire de ses enfants, dans une banlieue résidentielle de San Francisco. Jeune, célibataire, et Mexicaine, elle ne parle que très peu l'anglais et gagne sa vie comme femme de ménage dans un hôtel.

En 1999, quand elle vivait avec ses parents dans la petite ville mexicaine frontalière de Mexicali, Olivia Morales fit le pari de tenter sa chance aux États-Unis. Ses enfants avaient huit et six ans, et leur père les avait quittés depuis des années. Elle gagnait vingt dollars par semaine comme ouvrière dans une usine d'assemblage d'ordinateurs, et cela ne suffisait pas pour payer la scolarité de ses enfants. Elle décida donc d'emprunter 1 500 dollars pour acheter de faux papiers d'immigration, confia ses garçons à ses parents et prit un car pour les États-Unis. « Je n'avais pas de bagages, juste un petit sac avec soixante dollars et mon rouge à lèvres », explique-t-elle dans la cuisine du deux-pièces qu'elle partage avec une autre famille d'immigrés. « Et j'avais tellement peur qu'on me le vole que je n'ai pas dormi – je le serrais contre moi. »

Cependant, tout se passa bien et trois ans plus tard, elle avait amassé suffisamment d'argent pour payer un passeur et faire venir ses enfants. « Ici, ils parleront deux langues et ils apprendront à se servir d'ordinateurs, dit-elle. Ils auront un avenir et plus de possibilités que je n'en ai eues. »

Olivia Morales est loin d'être la seule à prendre des risques aussi grands pour ses enfants. Durant les trente dernières années, des milliers de femmes venues du Mexique, d'Amérique Centrale et des Antilles ont courageusement affronté les mêmes périls pour passer la frontière et améliorer ainsi les conditions de vie des leurs. Leur voyage est une illustration comme une autre de l'énorme motivation qui anime les mères.

La motivation est une composante clé de l'*intelligence émotionnelle*, définie par Peter Salovey, psychologue de Yale qui a forgé ce terme en 1990. Daniel Goleman, auteur du best-seller *L'Intelligence émotionnelle*, appelle « motivation positive » cette « aptitude maîtresse » qu'il définit comme la faculté de s'armer d'enthousiasme et de confiance, dont font preuve les athlètes olympiques, les musiciens virtuoses et les grands maîtres d'échecs. Chez les mammifères, le besoin d'être auprès de ses petits et de les défendre est peut-être le facteur le plus motivant. Lors d'une expérience menée en 1930, des scientifiques séparèrent des rattes de leurs portées avec un grillage électrifié. Ils découvrirent que les mères étaient plus prêtes à supporter des décharges électriques pour retrouver leurs petits que d'autres rats, qui privés de nourriture, de boisson ou de sexe, n'acceptaient pas de prendre de risques pour atteindre l'objet de leur désir.

Les mères humaines connaissent elles aussi ce besoin irrépressible d'être avec leurs enfants, de les nourrir et de les protéger. « Si les mères agissent aussi généreusement et courageusement, ce n'est pas parce que c'est bon pour elles, mais parce qu'elles aussi ont eu des mères qui ont agi ainsi avec elles, et que c'est parce que ces mères ont agi ainsi que davantage de leurs enfants ont survécu, avec le même système de gènes qui est responsable de ce comportement », fait remarquer Randolph Nesse, théoricien évolutionniste de l'université de Michigan. Nous partageons un système de fonctionnement avec d'autres mammifères et il semble avoir la faculté de modifier notre existence pourtant sophistiquée. Longtemps après que le taux des hormones de l'attachement a diminué, de nombreuses mères humaines demeurent plus disciplinées, audacieuses et, à bien des égards, ambitieuses, des qualités qui font l'intelligence la plus fondamentale.

« S'occuper d'un bébé est une mission constante », déclare John Ratey, le psychiatre d'Harvard, précisant que ce genre de motivation peut améliorer la concentration d'un individu et le protéger des distractions. Ratey, expert en troubles de l'attention, déclare qu'une femme qu'il traitait se rendit compte qu'elle souffrait de ce trouble seulement lorsque son enfant atteignit l'âge de trois ans et fut confié à une crèche. « C'est là qu'elle a compris que quelque chose était différent. Elle avait pris l'habitude de s'acquitter d'une mission. Et au final, elle décida de reprendre ses études et de passer un doctorat. »

« Propriété de la tâche » et responsabilité

Tanja MacKenzie, « adolescente en révolte » ne cessait, selon ses termes « de commettre des méfaits et de sortir tard sans écouter [ses] parents ». Elle buvait, fumait de la drogue et déclare qu'elle avait une si piètre image d'elle-même qu'elle se sentait « vulnérable aux garçons ». Puis, à seize ans, MacKenzie tomba enceinte et toute sa vie fut bouleversée. Vivant dans un foyer pour jeunes mères, elle se consacra à son enfant pendant deux ans tout en suivant des cours obligatoires. Ensuite, elle reprit ses études à mi-temps et finit par se mettre à son compte comme couturière chez elle pour pouvoir consacrer plus de temps à son enfant. Cette grossesse adolescente fut, selon ses termes, « la meilleure chose qui pouvait [lui] arriver ». Elle habite à présent au Canada dans l'Ontario, est mariée et mère de trois enfants. « Cette maternité m'a forcée à prendre ma vie en mains et à avoir conscience de mes actions et de leurs conséquences sur autrui... Être responsable d'un autre être humain a donné un but à ma vie. »

La réussite de MacKenzie, appuyée par un remarquable système d'aide sociale, n'est malheureusement pas la règle. Les mères adolescentes demeurent un grave problème parce qu'un grand nombre d'entre elles, surtout celles issues de milieux défavorisés manquant d'aide sociale, sont si négligentes que, en tant que groupe démographique, leurs bébés ont une espérance de vie moindre. Pourtant, la détermination de MacKenzie est plus répandue qu'on pourrait le penser. « Nous entendons les mots "mères adolescentes" et nous imaginons le pire », déclare Sue Hagedorn qui, dirigeant l'École de puériculture de l'université de Colorado, a pu observer des centaines de jeunes mères au cours des dix dernières années. « Mais j'ai vu la plupart s'organiser et vraiment bien se débrouiller. La maternité semble leur donner un sens des responsabilités qu'elles n'auraient jamais eu sans quoi. »

En effet, pour beaucoup de femmes, la maternité constitue une première expérience de prise de pouvoir – celui de créer une vie et de la défendre. Et tout pouvoir implique une responsabilité.

Les principales compagnies d'assurances reconnaissent le lien entre la responsabilité d'un enfant et une plus grande autodiscipline. En Californie, la State Farm Insurance offre une grosse réduction de prime aux conducteurs mariés et à ceux – mariés ou non – qui ont la charge d'enfants. L'idée est que l'obligation de veiller sur un enfant rend l'assuré plus prudent. Et bien que ce soit un cliché de dire que les bébés encouragent les parents à « se fixer » et à devenir plus matures, c'est seulement ces dernières années, avec la multiplication des études sur les mécanismes de la maternité, que les chercheurs en ont trouvé des preuves.

Au milieu des années 1990, alors qu'elle sondait des étudiantes mères sur le soutien économique et social dont elles bénéficiaient, Pam Sandoval, professeur à l'université d'Indiana, interrogea vingt-huit femmes qui avaient eu un enfant au lycée ou à l'université, et apprit que la plupart d'entre elles considéraient la maternité comme un moteur qui avait organisé leur vie. « Avant d'avoir mon enfant, je n'étais pas du tout responsable », déclara l'une d'elles, une Afro-américaine célibataire tombée enceinte entre le lycée et l'université. « Je ne pensais qu'à moi et à la musique. Quand j'ai eu ma fille, ça a été comme si je devais me comporter en modèle. Je devais être responsable et, du coup, fini de jouer. Avoir mon bébé m'a fait reprendre mes études, je voulais pouvoir lui dire : "Regarde, j'ai un diplôme, je peux m'occuper de toi." »

Sharon Hays, professeur de sociologie à l'université de Virginie, a recueilli des témoignages similaires auprès de femmes à faibles revenus et vivant en milieu urbain. « Pour beaucoup d'elles, se prostituer et dealer n'était pas grave, jusqu'au moment où elles ont eu un enfant », déclare-t-elle. Mais une fois que l'enfant arrive, continue-t-elle, les problèmes moraux prennent toute leur dimension, peut-être en partie parce que les mères commencent à mieux se respecter. Elles disent que cela a fait d'elles des gens meilleurs, plus adultes. Et le fait est que pour des femmes à faibles revenus, la maternité est l'accomplissement central de leur vie, c'est une évidence. Si vous voulez être stimulée, vous sentir mieux dans votre peau, avoir l'impression de faire quelque chose d'important, ce n'est pas d'être serveuse dans un fast-food qui va vous combler ».

Si élever un bébé améliore l'image de soi pour une mère, c'est probablement parce que cela l'oblige à devenir « la chef ». Daniel Stern, psychologue genevois spécialisé dans l'étude des mères, qualifie ce phénomène de « propriété de la tâche ».

« Vous devez prendre des décisions éclair, écrit-il dans *La Naissance d'une mère*, même quand vous êtes confrontée à une nouvelle situation et que vous ne savez pas vraiment quoi faire. C'est un peu comme être un P-DG, un policier en service ou un médecin urgentiste. Tous les yeux se tournent vers la personne qui a l'autorité et on s'attend à ce qu'elle sache ce qu'il faut faire… Vous détenez la responsabilité, si bien que réussite comme échec vous incombent, même s'ils sont dus aux autres ».

Si les réussites sont plus nombreuses que les échecs, une mère peut se sentir plus compétente de manière générale, et être par conséquent disposée à relever de nouveaux défis. Ce fut le cas de Lori Willis, trente-trois ans, qui déclare avoir découvert, à la naissance de son fils, qu'elle pouvait faire preuve d'une force incroyable, même après son divorce. « C'est incroyable, votre vie bascule et vous parvenez à tenir le coup pour l'enfant », raconte Lori Willis, qui décida de poser sa candidature pour un nouveau poste à responsabilité comme coordinatrice administrative d'un programme de formation de la Faculté de médecine d'Harvard, où elle obtint de travailler dix heures par jour, quatre jours par semaine, afin de bénéficier d'une journée supplémentaire avec son bébé. « On devient plus mature quand on a un enfant. On prend la vie plus au sérieux », déclare-t-elle.

Selon Ravenna Helson, la psychologue de l'université de Californie à Berkeley, chez les étudiantes diplômées du Mills

College qu'elle a étudiées durant les quarante dernières années, la qualité de l'expérience maternelle était sans conteste liée aux changements dans leur personnalité. Si elles étaient comblées par leur rôle de parent, elles avaient tendance à devenir plus inventives, moins craintives et plus « dominantes » – c'est-à-dire plus concentrées et assurées – dans d'autres domaines de leur vie. Mais si leur expérience était négative, ces qualités étaient moindres.

Sans peur

Lorsque le fils de Susan Galleymore, Nick, soldat dans l'armée américaine, fut envoyé à l'âge de vingt-six ans en Irak, elle ne dormit pas de la nuit, hantée par des visions de son fils mutilé ou tué. Mais elle se lassa rapidement de cette situation d'impuissance et prit la décision de faire seule les milliers de kilomètres qui la séparaient de son fils afin de prendre elle-même de ses nouvelles. Elle arriva à sa base avec un carton de friandises. « Hé, Nick, ta *mère* est là », annonça l'un des camarades de son fils. Susan Galleymore, qui a depuis décidé de canaliser son énergie dans la rédaction d'un livre sur les parents de soldats en temps de guerre, raconte : « Mon fils est là-bas, et c'est mon devoir de savoir ce qu'il affronte et ce qui va lui arriver ».

La bravoure de cette femme était autant un cliché qu'un fait remarquable. Comme pour l'histoire d'Olivia Morales et de la ratte de laboratoire traversant un grillage électrifié, il s'agit non seulement d'un voyage et de retrouvailles mais également de surmonter sa peur. Dans les premiers stades de la relation mère-enfant, cette faculté, tout comme les autres capacités du cerveau transformé d'une mère, semble mobiliser autant des hormones que l'expérience. Et comme d'habitude, c'est chez les rats que c'est le plus évident.

Timides par nature, les rats préfèrent généralement longer les murs et se terrer dans des coins sombres plutôt que s'aventurer à découvert, où ils pourraient être pris par un renard ou un rapace. Mais les rattes mères sont obligées de voir plus loin pour trouver de la nourriture pour leur portée, tâche qui les force à explorer de nouveaux territoires. À l'apparition de la maternité, la ratte fait montre de ce qui apparaît comme une diminution de la peur, changement qui dans son univers se traduit en intelligence, car en prenant plus de risques, raisonnablement, elle peut aider à la survie de ses petits.

Pour tester cette hypothèse, Craig Kinsley et Kelly Lambert, les chercheurs virginiens, placèrent trois groupes de rattes – vierges, gravides et jeunes mères – au milieu d'un enclos circulaire pour mesurer combien de temps elles demeureraient dans une position aussi inconfortable. Les vierges restèrent environ cinq secondes avant de se réfugier le long de la paroi, mais les rattes mères y restèrent le plus longtemps, environ une centaine de secondes en moyenne. Les femelles gravides ou allaitantes avaient moins tendance à se figer de peur et explorèrent la zone avec une plus grande assurance. Elles se dressaient plus souvent sur leurs pattes arrière pour pouvoir inspecter les environs et gravissaient plus facilement les obstacles placés sur leur chemin. « J'ai affronté ce genre de situations au cours de ma carrière, raconte en riant Kelly Lambert. Des moments où on se dit, je m'en fiche, j'y vais quand même ».

Cherchant ce qui pouvait se passer dans le cerveau de ces rattes pour qu'elles deviennent aussi téméraires, les deux scientifiques procédèrent à une autre expérience. Ils soumirent un groupe à un stress intense en les forçant à rester dans un tube de plexiglas transparent au milieu d'une pièce violemment éclairée. Après quoi, ils « sacrifièrent » leurs sujets et disséquèrent leurs cerveaux. Inspectant les « centres de la peur » – dont l'amygdale et des parties de l'hippocampe –, ils recherchèrent une protéine appelée c-fos, produite lorsque les neurones de la peur sont actifs. Ils découvrirent une différence patente entre mères et non-mères. Les centres de peur des rattes mères avaient été nettement moins mobilisés.

Bien qu'il nous reste beaucoup à découvrir sur le passage de timide à téméraire, deux hormones maternelles semblent en être les deux artisanes. L'ocytocine, décrite au chapitre 6, peut diminuer le stress tandis qu'une autre hormone, la prolactine, atténue angoisse et peur.

Surnommée « hormone du parent », la prolactine tire son nom de son rôle dans la lactation. Son taux augmente durant la grossesse et s'élève encore dès que le bébé tète, envoyant un signal encourageant à l'hypothalamus et à la thyroïde de la mère. Chez les mères allaitantes, le taux de prolactine secrétée dans le sang peut être multiplié par huit par rapport à son niveau normal. Pendant ce temps, l'hormone agit également dans le cerveau, car elle est, comme l'ocytocine, un neurotransmetteur. « Cette hormone est fascinante, déclare Inga Neumann, neurobiologiste de l'université allemande de Regensburg ayant participé à certaines des rares études sur la prolactine chez les humains. Dans le sang, cette hormone gouverne la sécrétion du lait, mais, dans le cerveau, elle affecte le comportement, rendant les animaux plus courageux, et même prêts à risquer leur vie ».

La prolactine a été identifiée au début des années 1930 par Oscar Riddle, qui découvrit que son injection chez des pigeonnes les rendait « couveuses ». Depuis, d'autres chercheurs ont découvert que l'hormone semblait également rendre les oiseaux courageux. Des taux élevés de prolactine ont été découverts chez des oiseaux se livrant à un comportement parental particulièrement audacieux : lorsqu'un prédateur approche le nid, la mère, le père ou les deux jouent le rôle de leurre, feignant une blessure en tombant sur le sol afin de détourner l'adversaire de leurs œufs.

La prolactine opère également des miracles sur les rats. Des rattes vierges dans le cerveau desquelles elle était injectée, comme les mères intrépides de l'expérience de Craig Kinsley et de Kelly Lambert, se révélèrent plus disposées à explorer des parties brillamment éclairées d'un labyrinthe. Durant la grossesse, l'impact de l'hormone sur la timidité naturelle d'une femelle vierge joue un tôle particulièrement vital, car la crainte innée du rat à l'égard de ce qu'il ne connaît pas englobe également les petits. Comme nous l'avons déjà vu, une ratte femelle nullipare ou qui a eu le temps de s'adapter aux petits essaie de les manger, de les ensevelir ou de les protéger. Mais dès qu'elle a eu une portée, cette peur disparaît, lui permettant de passer de dévoreuse de petits à mère dévouée. En outre, une fois qu'une ratte a subi ce changement hormonal et s'est occupée d'une portée, elle demeure pendant longtemps plus prompte à réagir de manière maternelle aux petits d'une autre ratte. Ce phénomène, appelé « mémoire maternelle », semble également présent chez les primates, fournissant une preuve irréfutable d'une transformation à long terme du cerveau.

À ce stade, il est utile de répéter cette évidence : le courage n'est pas toujours une preuve d'intelligence. Les rattes sauvages allaitantes étaient majoritaires dans les pièges disposés par des chercheurs universitaires dans des rues, précisément parce qu'elles avaient un tempérament plus aventureux que les autres. Le voyage de Susan Galleymore en Irak aurait également pu mal se terminer, tout comme celui d'Olivia Morales. Kathryn Rodriguez, une militante des droits de l'homme qui surveille la frontière américano-mexicaine à Tucson, déclare que beaucoup de mères immigrantes échouent de manière tragique : « Nous voyons de plus en plus de mères tenter de traverser et périr dans le désert », déclare-t-elle.

Malgré tout, si certaines mères rattes sont prises dans des pièges, d'autres survivent et se multiplient en trouvant de nouvelles sources de nourriture. Aux dernières nouvelles, Susan Galleymore était rentrée chez elle sans encombre et rédigeait son livre, et les enfants d'Olivia Morales apprenaient l'anglais et faisaient leurs devoirs sur leur ordinateur.

Une autre mère pour la guerre

Au-delà de la simple audace, les mères mammifères sont en fait plus connues pour une forme de courage différent : l'agression des intrus. La littérature scientifique regorge d'anecdotes de rongeurs et de primates se déchaînant pour affronter les menaces envers leurs progénitures. On déconseille toujours aux enfants de ne pas s'interposer entre une chatte ou une chienne – même parfaitement docile – et ses petits. Et c'est tout à fait raisonnable, quand on sait à quel point les nouvelles mères sont obsédées par la survie de leurs enfants.

La plupart des animaux se doivent d'être vigilants à l'égard des inconnus. Les rongeurs et les primates mâles ont la mauvaise habitude de tuer les petits d'un autre mâle lorsqu'ils ne sont pas encore sevrés. Privée de stimulation de lactation, la mère recommence à ovuler et donne alors la possibilité au mâle tueur de perpétuer sa lignée avec elle. Les mères rongeurs affrontent également des menaces venant d'autres femelles qui peuvent tuer des petits lorsqu'elles luttent pour les meilleurs emplacements de nid, scénario qui rappelle les rivalités pour s'approprier un logement situé auprès des meilleurs établissements d'une carte scolaire.

L'anthropologue Sarah Blaffer Hrdy put observer l'agression maternelle de près un après-midi où son fils l'appela chez elle pour lui demander de nourrir son python de quarante-cinq centimètres. Elle déposa donc dans la cage de l'animal une souris qu'elle avait prise au piège. Une heure après, elle revint et découvrit la souris, hérissée et furieuse, face au serpent apparemment terrorisé et blotti dans un coin. Sarah Blaffer Hrdy ne comprit pas comment la souris avait réussi cet exploit, mais décida qu'elle avait gagné sa liberté et la relâcha. C'est seulement plus tard qu'elle comprit la raison de l'héroïsme de l'animal : une fois déposée dans la cage du python, elle avait mis bas et sa portée était cachée dans un coin de la cage du serpent.

Scientifiques et observateurs profanes sont fascinés par ce genre d'anecdotes, sans doute parce qu'elles contredisent le stéréotype de la Madone pacifique. Beaucoup d'entre nous s'accrochent à ce cliché malgré les nombreuses preuves du contraire. « La réalité, affirme Sara Ruddick, qui inventa le concept de *pensée maternelle*, est qu'une mère est constamment plongée dans le conflit, tant avec ses enfants qu'avec un monde “extérieur” hostile à ses intérêts et aux leurs. »

Chez les humains, ce comportement plus agressif peut se remarquer dans les premiers jours suivant l'accouchement, quand les maris sont le plus fréquemment la cible privilégiée de la colère maternelle. À Toronto, Alison Fleming a noté que les femmes connaissent souvent une diminution de leurs « sentiments positifs » envers leurs conjoints durant les semaines suivant l'accouchement. Pourtant, ce sont peut-être les hormones qui en sont la cause. Une petite étude très polémique d'un groupe de chercheurs de l'université de Padoue a corrélé un taux élevé de prolactine et l'agressivité éprouvée après l'accouchement.

Tandis que les femmes font preuve d'une nouvelle agressivité durant cette période, elles découvrent avec surprise que cette colère peut parfois se révéler efficace, voire intelligente. En un mot, la maternité est une formation accélérée à l'affirmation de soi. Même la femme la plus timide se rend rapidement compte que son existence risque de se retrouver bouleversée si elle n'établit pas une certaine autorité sur un bébé récalcitrant. Et même des femmes habituellement passives peuvent prendre le taureau par les cornes pour le bien de leurs enfants. Une fois que l'on commence à prendre l'habitude de dire ce qu'on pense et à faire plier son monde, il est souvent difficile d'y renoncer.

Chez les animaux, l'agressivité maternelle dure rarement longtemps. Culminant durant l'allaitement, elle s'observe peu souvent chez la mère quand ses petits ne sont pas auprès d'elle. Pourtant, chez les humains, qui restent tardivement avec leurs enfants, un vestige de cette férocité peut subsister longtemps après le sevrage des enfants.

L'agressivité d'une mère peut prendre plusieurs formes, jusqu'à se dresser contre la société et l'autorité. On ne compte plus les « associations des mères contre... » la violence, l'ivresse au volant, les jeux vidéo, etc. D'autres luttent contre la peine de mort, la pauvreté, la guerre – les causes sont innombrables.

Durant mes voyages en Amérique Latine dans les années 1990, j'ai pu voir le plus audacieux de tous, celui des Mères de la Place de Mai, en Argentine. Le groupe était formé de dizaines de femmes, venant de tous horizons, dont les fils et filles avaient disparu, enlevés par des soldats et des brigades d'extrême-droite durant la dictature qui régna sur ce pays de 1976 à 1983 et fit trente mille victimes. Pendant des années, ces mères souffrirent d'ignorer si leurs enfants étaient morts ou encore en vie. Elles commencèrent par chercher des réponses de manière traditionnelle en interrogeant les commissariats ou en engageant des avocats. Puis elles optèrent pour l'audace et organisèrent à cette époque répressive une pression internationale sur les chefs de la junte. Chaque jeudi après-midi, vêtues de noir et portant des foulards blancs, les Mères firent le tour de la place située devant le palais présidentiel. Elles devinrent rapidement le symbole du défi à la dictature le plus puissant et le plus visible. « Nous en avions assez de tirer les sonnettes, d'être trompées, abandonnées et marginalisées », expliqua la présidente du groupe, Hebe de Bonafini.

Avec le temps, la mission des Mères dépassa leur but initial et elles devinrent les défenseuses de toutes les victimes du pays. Elles bravèrent les menaces de mort et même les disparitions de certaines d'entre elles. Et, une fois qu'une forme de démocratie fut rétablie avec un gouvernement offrant un pardon aux officiers militaires, les Mères continuèrent leurs marches de protestation. Lorsque je les rencontrai, elles étaient moins nombreuses, mais elles continuaient leur veillée hebdomadaire, protestant contre tous les excès, depuis la corruption jusqu'aux bavures policières, leur détermination toujours intacte.

Évolution de l'ambition

Il existe peu d'expériences qui puissent, comme la maternité, conduire une femme à faire le point sur ses priorités et rediriger ses énergies. Certaines décident de lever le pied dans une carrière professionnelle trop exigeante. Certaines se découvrent une nouvelle passion pour leur travail. D'autres essaient de le rendre plus compatible avec leur nouvelle vie de mère. Pourtant, bien que le cliché du « cerveau de mère » nous conduise à croire que les femmes sont moins ambitieuses et se mettent en retrait quand elles deviennent mères, tout laisse à penser qu'elles sont au contraire plus acharnées.

« Dès que Chelsea est née, mon ambition s'est concentrée sur moi et ce qui me survivrait, raconte Rayona Sharpnack. Je pensais déjà à deux générations plus tard, à ma fille et ses enfants, ce qui a relevé encore plus les enjeux ».

Rayona Sharpnack, ancienne sportive professionnelle, professeur dans le secondaire et consultante, fonda son entreprise, l'Institute for Women's Leadership, lorsque sa fille avait quatre ans. Elle a depuis formé des centaines de femmes cadres. Et son dynamisme dans sa carrière comme dans sa vie de mère n'a rien de surprenant quand il est envisagé dans notre contexte évolutionnaire, selon Sarah Blaffer Hrdy.

Durant la majeure partie de l'histoire de l'humanité, l'ambition de la mère consistait à « avoir des enfants qui survivent et prospèrent », déclare Sarah Blaffer Hrdy. « Lutter pour l'influence était génétiquement programmé dans le psychisme des primates femelles à l'époque lointaine où statut social et maternité convergeaient totalement ». En conséquence, les mères sont tout aussi susceptibles que d'autres femmes ou des hommes de rechercher un statut dans leurs domaines de prédilection. Chez les primates, notamment les ouistitis, tamarins et certains babouins, cette tendance se révèle lorsque des femelles dominantes harcèlent leurs subordonnées, obligeant parfois les individus inférieurs à retarder leur ovulation ou à avorter spontanément. Et dans les sociétés tribales d'Amérique du Sud, les mères cherchent des amants qui deviennent des « pères secondaires » pour leurs enfants, apportant un surcroît de nourriture et de ressources pour leur permettre de survivre.

Aujourd'hui, le fait est que des millions de mères dans les cultures occidentales modernes, même si elles adorent leurs enfants et désirent rester avec eux, n'ont guère d'autre choix que de lutter pour l'influence dans un marché du travail compétitif où seul leur salaire peut protéger leurs enfants. Le recensement américain de 2000 a mis à jour le chiffre record de dix millions de mères célibataires vivant avec des enfants de moins de dix-huit ans (elles étaient trois millions en 1970), ce qui implique des responsabilités financières plus importantes que jamais pour les mères. Malgré tout, depuis que les femmes ont pénétré en force le marché du travail, la presse abonde en articles sur la « tendance » des mères à renoncer à leurs ambitions et devenir femmes au foyer.

La plupart, sinon la totalité, des femmes mentionnées dans ces articles appartiennent à une minorité privilégiée dépendant financièrement soit de la famille soit du conjoint. Lorsque, en 1980, le *New York Times* fit sa une en annonçant « De nombreuses jeunes femmes déclarent désormais choisir la famille plutôt que leur carrière », les femmes interviewées étaient des étudiantes de grandes universités qui, malgré leurs doléances, suivaient des études de médecine ou l'équivalent. D'autres articles suivirent avec l'intention d'expliquer « pourquoi les femmes renoncent ». Pourtant, comme le raconte l'écrivain Susan Faludi dans son livre *Retour de manivelle : la guerre muette contre les femmes américaines*, lorsqu'elle interrogea l'auteur de l'article, il concéda que la tendance décrite n'existait pas et que le taux d'abandon était à peu près le même pour les hommes que pour les femmes.

Si l'on considère que durant ces années, la récession a rendu la situation difficile sur le marché du travail pour les mères comme pour tout le monde, il n'y avait pas de quoi qualifier le phénomène de révolution. Et n'oublions pas que cette diminution concernait principalement des femmes qui avaient la possibilité matérielle de renoncer à leur carrière. Chez les mères afro-américaines et celles qui n'avaient pas de diplômes universitaires, le pourcentage de mères travaillant augmenta légèrement durant la même période.

En outre, le « retour au foyer » de mères dynamiques et aux ressources importantes est souvent la preuve d'un changement plutôt que d'une diminution de l'ambition, comme le décrivait fort bien un article du *New Yorker* traitant de femmes comme Sera, à « l'évidente réussite », qui avait donné naissance en six ans à quatre enfants et les avait inscrits dans des cours de danse, de gymnastique, de dessin, d'échecs, de voile et d'espagnol.

Renoncer à sa carrière peut donc mener à une existence tout aussi compétitive et ambitieuse, sinon davantage. Pourtant, pour chaque mère privilégiée qui fait ce choix, beaucoup d'autres, comme Sharpknack, parviennent à insuffler une nouvelle énergie dans leur vie professionnelle.

L'une d'elles se fait aujourd'hui appeler Vaschelle. Elle quitta un mari épousé à dix-neuf ans qui la maltraitait et emmena sa fille de trois ans dans une petite île de l'archipel d'Hawaii, où elle devint conseillère pour les victimes de violences domestiques, mit sur pied une florissante entreprise de massages et finit par devenir photographe *freelance* autodidacte. « Il fallait que je fasse quelque chose de ma vie pour le bien de ma fille, explique-t-elle. Nous ne pouvions compter sur personne ».

Pour d'autres femmes, déjà absorbées par leur carrière lorsqu'elles sont devenues mères, la nouvelle mission à la maison peut devenir plus enrichissante que le travail. « Comme je veux que mes enfants soient fiers de moi, nous parlons constamment de mon travail », explique Rhonda Staudt, ingénieur à New York et mère de trois enfants. L'une de ses plus grandes contributions fut en 1999 la direction d'une équipe d'innovation qui parvint à créer un centre de fabrication ne produisant pas de déchets. Cette année-là, se souvient-elle, une équipe de cadres d'autres entreprises visitèrent l'usine. Leur guide entreprit d'expliquer que cet exploit avait été accompli parce que les ingénieurs adorent relever des défis impossibles.

« Je levais les yeux au ciel en me disant : OK, c'était peut-être le cas des hommes », raconte-t-elle. Pourtant, quand le guide se tourna vers elle et lui demanda pourquoi elle s'était donné tant de mal pour atteindre cet objectif écologique, elle perdit toute son assurance et fondit en larmes en expliquant : « Je suis une mère ».

« C'était comme s'ils m'avaient demandé qu'elle était mon *essence*, poursuit-elle. Je suis une mère. Bien avant de le devenir, je savais que j'en serais une. Et je veux que mes enfants grandissent dans un monde accueillant, et soient responsables – pas seulement vis-à-vis de leur famille ou de la religion, mais dans leur manière de vivre, vis-à-vis de l'impact qu'ils auront sur le monde ».

D'ailleurs, si l'on considère les organisations écologiques qui prolifèrent aujourd'hui, elles sont remplies de mères qui travaillent. L'une des raisons les plus évidentes est que les associations sont généralement plus amicales et plus souples que le monde du travail. Mais une autre est l'idéalisme. « Femmes et mères s'emparent de ce mouvement », déclare George Basile, scientifique du Natural Step, un groupe de San Francisco qui conseille les entreprises pour atténuer leur empreinte écologique. « Elles sont simplement une sensibilité différente et c'est peut-être grâce à cela que nous observerons enfin de véritables changements ».

Pour beaucoup de femmes, le désir de passer du temps avec leurs enfants – souvent allié à un souci de l'avenir que procure la maternité – insuffle de la créativité dans leur vie professionnelle. Confrontées à un changement dans leur vie personnelle, elles tiennent à en voir un dans le cadre professionnel.

Ce fut le cas avec Sarah Blaffer Hrdy, qui, mère de trois enfants, abandonna la recherche de terrain sur les primates, exigeant des déplacements constants, pour l'enseignement et la recherche aux États-Unis sur les êtres humains, ce qui lui permettait d'avoir une vie de famille. Elle écrivit deux livres très remarqués qui consolidèrent sa réputation. Pourtant, certains de ses collègues, constate-t-elle, considèrent qu'elle a « laissé tomber la recherche ».

Anne Gelbspan connut une transition plus longue et plus difficile après sa maternité. Née en Suède, elle menait jusque-là une existence faite de voyages et d'aventures. Elle dirigeait une entreprise de textiles au Moyen-Orient, traversa l'Iran et s'établit pendant un temps dans un village d'Afrique du Nord. Elle rencontra alors son futur mari, le reporter Ross Gelbspan, et prit un aller simple pour New York. Elle donna naissance à deux filles en deux ans et demi, après quoi elle se retrouva piégée dans le petit appartement familial pendant que son époux était en déplacement. Pour ne rien arranger, ses deux enfants étaient insomniaques.

« J'ai commencé à déprimer. Je ne savais pas du tout dans quoi je m'étais engagée ». Elle se rendit compte que son seul refuge était de quitter l'appartement avec les enfants et d'aller à Central Park. Là, elle pouvait fréquenter d'autres mères, échanger des astuces sur les siestes, l'alimentation, les baby-sitters. Cela devint si vital pour elle qu'elle finit par utiliser cette idée pour transformer sa vie. Elle s'inscrivit à des cours de psychologie environnementale puis, après avoir déménagé à Boston, considéra son lieu de vie avec un regard neuf. « Nous étions bien situés, avec un parc non loin de l'appartement, mais nous étions à cinq minutes de Roxbury, un quartier beaucoup plus défavorisé. Je sais que, avant de devenir mère, je ne l'aurais pas remarqué. Je n'avais pas un tel besoin d'une communauté, je m'étais toujours sentie très indépendante ».

Son inspiration la conduisit finalement à une carrière de bénévole dans l'immobilier social dans une association de Boston. Elle y combine une sensibilité pour l'architecture héritée de sa jeunesse en Suède, où, dit-elle « le bien commun est accepté par tous », avec son énergie d'entrepreneur et son intuition de mère. Ses filles, devenues adultes, partagent cette conscience sociale, l'une travaillant pour l'association caritative Oxfam et l'autre étudiant la finance et la responsabilité des entreprises.

Bonaparte parla un jour du « courage de deux heures du matin », qu'il qualifiait de « courage sans préparation », celui de l'homme qui improvise. Il pensait aux soldats et non aux mères, mais l'image leur convient tout autant. Remplies de l'immense amour qui leur inspire du courage, de nombreuses mères apprennent à s'adapter rapidement à de nouvelles circonstances, prenant des risques jusque-là inimaginables, et devenant plus audacieuses. Pourtant, alors que l'expérience apprend aux mères la valeur de la motivation et de l'assurance, nous exerçons le plus souvent d'autres formes d'intelligence sociale, dont l'empathie et la gestion optimiste de crise.

CHAPITRE 8
INTELLIGENCE ÉMOTIONNELLE : COMMENT LA MATERNITÉ NOUS INCULQUE DES TALENTS SOCIAUX

« Imaginer la maternité permit d'imaginer toute relation de pouvoir, toute relation intense… Loin de me priver de réflexion, la maternité me donna de surprenants nouveaux sujets de réflexion et la motivation de m'y pencher sérieusement. »

JANE SMILEY,
Les mères peuvent-elles penser ?

Au milieu des années 1990, dans un laboratoire de neurologie de Madison, dans le Wisconsin, des moines bouddhistes d'Asie du Sud-Est subirent une série d'IRM pour permettre à des chercheurs américains de percer à jour le secret de leur considérable capacité d'empathie. Ces « athlètes olympiques de la méditation », comme les appelle Richard Davidson, psychologue de l'université de Wisconsin, consacrent chaque jour des heures à des exercices contemplatifs, comme imaginer des événements qui les irritent pour les transformer ensuite en empathie. Cette pratique assidue en fait des maîtres de calme. Et c'est à eux que je pense alors que j'entends les cris de mon fils Joey, à qui j'ai refusé une seconde part de dessert. Il utilise une expression que je n'ai connue qu'à mon adolescence et que je n'aurais jamais appliquée à ma mère. En cet instant, il ne me semble plus du tout mignon et je sens que quelque part dans mon cerveau se prépare une contre-attaque, et que je vais lui débiter tous les sacrifices que j'ai faits pour lui, depuis arrêter le café durant ma grossesse jusqu'à me lever à 7 heures du matin dimanche dernier.

Nos regards se croisent. Je respire un bon coup. Et je lui dis que je l'aime, que je vois qu'il est en colère, mais que son langage est inacceptable et qu'il doit réfléchir avant d'agir. Mentalement, je me félicite en me disant que mon exemple mature et maîtrisé – je n'ai pas haussé le ton – servira un jour à Joey. Certes, je ne réussis pas toujours mon coup. Mais aujourd'hui, je sens que j'ai fait des progrès pour améliorer mon « intelligence émotionnelle », capacité dont la valeur a été étudiée et reconnue ces vingt dernières années plus qu'à tout autre époque.

L'idée que nous avons des « intelligences multiples » qui vont bien au-delà du simple QI a été introduite en 1983 par Howard Gardner, psychologue à Harvard. Sa liste des sept types d'intelligence va par ordre croissant de la capacité à comprendre mots et nombres – intelligences linguistique et logique – jusqu'à la faculté de se comprendre et de comprendre les autres – intelligences *intrapersonnelle* et *interpersonnelle*. Sept ans plus tard, Peter Salovey, psychologue à Yale, et son collègue John Mayer forgèrent le terme d'*intelligence émotionnelle*, la définissant comme « la faculté de surveiller ses sentiments et ses émotions comme ceux des autres, de les distinguer et d'utiliser cette information pour guider sa réflexion et son action ». Ces facultés, que l'on qualifiait autrefois de « bon caractère », peuvent contribuer au renforcement d'amitiés et de mariages et, apparemment, à une meilleure santé physique, le tout rendant la vie plus agréable. Nous avons également la preuve qu'elles peuvent constituer un avantage sur le lieu de travail, notamment dans des métiers nécessitant beaucoup de contacts personnels comme l'enseignement, la médecine et la vente. Elles s'améliorent avec la pratique – et il y a peu d'occasions plus intenses et répétitives pour cela que la tâche de parent.

Il se trouve que Davidson, collègue du chercheur Jack Nitschke, travaille autant avec les mères que les moines. Les deux groupes – les moines, consciemment, les mères le plus souvent inconsciemment – éprouvent régulièrement des émotions positives comme l'amour et l'empathie, qui sous-tendent l'intelligence émotionnelle et, selon certains experts, peuvent, avec l'expérience, être facilement déclenchées sur commande. « L'amour ainsi que les autres émotions positives, ne sont pas statiques, mais peuvent être acquises comme des savoir-faire, avance Davidson. Ce sont des compétences pas différentes de celles que vos pouvez acquérir en faisant du vélo ou en apprenant un autre type de comportement moteur plus complexe. Si vous les pratiquez, elles augmentent en force et en fréquence ».

C'est exactement pour cette raison que l'intelligence émotionnelle – ou « IE » – est probablement le principal domaine dans lequel la maternité peut vous rendre plus futée. Votre amour pour votre enfant est une motivation sans égale à vous y entraîner. En outre, en élevant des enfants, vous avez des occasions continuelles de déclencher de l'empathie, ingrédient de base de l'IE, tout en cultivant émotionnellement des techniques intelligentes comme la modération, la résolution de conflits et la « réévaluation », terme de neurologie qualifiant la gestion de crise que nous pratiquons lorsque nous réexaminons des impressions négatives sous une lumière plus positive.

Chaînes d'amour

L'amour maternel est souvent considéré comme l'émotion la plus pure. Pourtant, une perspective plus analytique suggère que c'est un mélange d'égoïsme et de désintéressement, d'hormones et d'expériences qui nous attache si farouchement à nos enfants. C'est cette force puissante et complexe qui nous fait nous donner autant de mal et nous inspire comment les manipuler pour leur bien. Au cœur de l'amour d'une mère se trouve une sorte de désir d'immortalité. Une partie de moi, ancienne et presque aveugle, veut que mes gènes se reproduisent, Joey leur servant de véhicule. Et cette reproduction sera moins facile si Joey hurle sur un partenaire potentiel l'insulte dont il vient de me gratifier.

Cette pulsion évolutionnaire, appuyée par un ensemble d'hormones de l'attachement et de neurotransmetteurs de récompense, fait des miracles en liant mères et bébés dès le premier instant. Dans une tribu bolivienne, les parents changent de nom à la naissance de chaque enfant, adoptant une version du nom du nouveau-né. Chez les parents américains, un sondage portant sur des couples avec des bébés de moins de trois mois a montré que 73 % des mères et 66 % des pères trouvaient leur enfant « parfait ». Quand je relis le journal que je tenais à l'époque, je trouve des observations particulièrement embarrassantes comme : « Ses longs doigts sont indubitablement le signe du génie ! »

James Leckman, chercheur à l'université de Yale dont nous avons discuté le travail au chapitre 3, est fasciné par ce phénomène et, dans les IRM des mères, il a cherché la confirmation du lien qui, selon lui, existe entre amour parental et expérience mystique. (Des IRM précédentes suggèrent que les expériences spirituelles mobilisent un réseau comprenant l'amygdale, les lobes pariétaux et le cortex frontal droit, que l'on a surnommé « module de Dieu ».) Comme le fait remarquer James Leckman, religion et rôle de parent impliquent l'une et l'autre la transformation, voire l'idéalisation de ce que l'on considère comme le plus important dans la vie, un objet de concentration exclusif, un désir de réciprocité et l'impression de vivre un événement impossible à décrire.

« Nous avons tous connu des situations d'impuissance et de désespoir où quelqu'un de supérieur apparaît et nous vient en aide. Sinon, nous ne serions pas là aujourd'hui. Et tout cela est arrivé avant que nous ayons des mots pour l'exprimer ». Ces sentiments puissants contribuent à expliquer la remarquable impression d'accomplissement qui conduit la plupart des parents à se dévouer pour leurs enfants durant les nuits blanches de leur petite enfance, les épreuves fatigantes de leur jeunesse et les épuisantes crises d'adolescence. Il est fort probable, du moins dans les premiers temps, qu'ils mobilisent le circuit de « récompense » du cerveau qui, comme nous l'avons vu au chapitre 3, active une attente agréable lorsque les mères voient leurs enfants ou entendent les cris de leurs bébés. Dans une remarquable expérience utilisant un scanner miniaturisé, Craig Ferris, psychiatre à la faculté de Médecine de l'université du Massachusetts, a découvert qu'un circuit semblable est activé quand les rattes mères s'occupent de leurs petits. « Le comportement qui active le système de récompense est probablement répété, puisque la récompense est un renforcement positif, déclare Ferris. L'activation d'une sensation de plaisir chez la mère est peut-être partiellement la raison pour laquelle les rattes mères se lient à leurs petits, et cela se produit peut-être également chez d'autres espèces ».

Selon Michael Merzenich, l'expert en plasticité cérébrale de San Francisco, chez les humains également, l'allaitement au sein – ou même ce qu'il appelle le simple contact ventral entre mères et bébés – peut fournir le ciment de ce lien durable. Il décrit l'allaitement au sein comme une sorte de rupture temporaire de l'identité de la mère et de l'enfant qui affecte leurs deux cerveaux. « À ce stade, le bébé et la mère sont unis et cela contribue simplement à l'idée que la mère se fait d'elle-même. Si vous vous demandez d'où provient l'empathie, c'est de cette interaction qu'elle naît. Et elle peut tout à fait s'étendre à d'autres individus. C'est une drogue dure que malheureusement un homme ne pourra jamais connaître de la même manière et c'est peut-être pour cela que les hommes et les femmes ont une conception différente d'autrui ».

Intelligence émotionnelle – le B.A.-BA

Les expériences intimes et répétitives comme les câlins, l'allaitement, la toilette, que la plupart des mères vivent avec leurs bébés reviennent à un cours accéléré sur les réactions d'un autre individu. Avoir un bébé, c'est également comprendre à quel point votre plaisir personnel ou même votre simple tranquillité peut dépendre du bien-être d'un autre individu, et, en conséquence, c'est apprendre au plus vite comment entendre et gérer les sentiments d'autrui.

Cette révélation vous arrive avec des pouvoirs particuliers, à un moment où vous êtes probablement plus vulnérable que jamais émotionnellement et physiquement. Accoucher est, pour beaucoup de femmes, la première expérience de totale perte de contrôle. Accablée par la nausée matinale, vous vous imaginez facilement ce que cela peut être de subir une chimiothérapie. Trimballée dans un fauteuil roulant, vous avez un aperçu de la vieillesse. Et vous vous trouvez plus réceptive et disponible à l'influence d'autrui.

En même temps, vous vous rendez compte que vous « rétablissez votre homéostasie hédonique », comme le dit James Leckman : tout ce que vous faites ou oubliez de faire influencera votre futur enfant, qui à son tour vous influencera le moment venu. « Brusquement, vous devez capter les sentiments d'un autre individu de la manière la plus fine qui soit, dit Yale Salovey. C'est une formation intense et renforcée ».

Qu'est-ce qui constitue ces renforcements ? Tout, depuis les coups de pieds que donne le futur bébé en pleine nuit jusqu'au moment où vous percevez une vague preuve d'intelligence émotionnelle chez vos enfants. Le lendemain de la scène dramatique du dessert, j'étais dans la cuisine avec Joey et je me plaignais de la mauvaise humeur d'un interlocuteur que je venais d'avoir au téléphone. Joey écouta, puis il suggéra platement, en imitant j'espère, ma tentative de la veille avec lui : « Peut-être qu'il avait eu une journée encore plus pénible que la tienne ».

Au début, vous ne percevez pas très bien vos progrès. Vous partez de l'hôpital avec un fardeau qui ne vous regarde même pas, ne s'intéresse qu'à vos tétons et ne s'exprime que par des cris. À vous de deviner selon le ton, la hauteur et le volume du cri qu'il a faim, qu'il s'est sali, qu'il est fatigué, qu'il s'ennuie ou qu'il souffre de quelque chose que vous n'imaginez même pas malgré toutes vos lectures. Parfois, il n'y a même pas de bonne réponse et vous n'avez plus qu'à veiller jusqu'à l'aube en chantonnant, en l'allaitant, en le berçant et en changeant ses couches jusqu'à ce que l'un de vous capitule d'épuisement.

Tout cet entraînement accéléré sur les caprices et les indices de l'enfant contribue à développer votre rôle de mère. Votre nouvelle sensibilité peut finir par vous permettre de mieux percevoir les sous-entendus de vos interlocuteurs. Mais vous n'étudierez jamais personne d'aussi près : deux semaines après l'accouchement, les mères déclarent en moyenne passer presque quatorze heures par jour mobilisées exclusivement par leur bébé. (Les pères passent moitié moins de temps en moyenne.) « Vous devez vraiment faire attention au moindre détail – clignement d'yeux, tonicité, explique Barry Lester, professeur de pédopsychiatrie et spécialiste du développement de l'enfant à la Brown University. Quand un bébé pleure, si vous le prenez dans une position, il se calme ; dans une autre, c'est pire. Tout cela vous apprend à être plus sensible au comportement d'autrui en général ».

Progressivement, tout comme vos bras s'endurcissent à force de porter un bébé qui s'alourdit jour après jour, votre cerveau s'entraîne à mesure que vos enfants évoluent. Vous évoluez avec eux, réagissant à leurs besoins changeants en mobilisant des capacités différentes en vous. Une fois que l'enfant commence à parler, par exemple, vous vous surprenez à adopter la manière de parler compatissante que les scientifiques appellent le « maman ». Les parents haussent instinctivement la voix d'une octave, tout en ralentissant le débit, en utilisant un vocabulaire simplifié et répétitif qu'ils adaptent à la compréhension de l'enfant. Non seulement les bébés réagissent plus agréablement et plus attentivement à ce style de langage, mais il semble qu'il soit parfaitement adapté pour qu'ils apprennent efficacement à parler. Une étude japonaise sur des nourrissons de six mois a permis de découvrir que les bébés sourds comme les entendants réagissaient mieux à la langue des signes quand les gestes étaient exagérés de la même façon. Au contraire, un test sur des mères déprimées a mis en évidence le fait qu'elles étaient incapables de modifier leur manière de parler quand elles s'adressaient à leurs enfants, ce qui a conduit les chercheurs à spéculer qu'une pratique insuffisante du « maman » pouvait expliquer que les mères déprimées transmettent parfois leurs problèmes émotionnels à leurs enfants.

Bien sûr, dès que les enfants peuvent former des phrases, ils deviennent pour leur mère un véritable système de contrôle, attirant constamment l'attention sur les faiblesses et les défauts de caractère, tantôt en protestant, tantôt en les imitant de manière gênante, et presque toujours avec ce mélange puissant d'amour et de châtiment.

Anne Lamott a décrit cette dynamique dans un passage frappant concernant ce conflit avec son fils Sam :

> « La peur, c'est le pire – cette peur de ce que vous pensez secrètement être et que vous lisez dans les yeux de votre enfants. Mais au-delà de cette peur, je trouve toujours résilience, capacité à pardonner et même grâce. La troisième fois que Sam m'a appelée l'autre nuit, j'ai explosé dans la salon... J'étais allongée sur le canapé, les mains sur le visage... et au bout d'une minute, Sam s'est glissé dans la pièce parce qu'il avait besoin de me voir, de câlins... comme la petite araignée qui se glisse entre les pattes poilues de sa mère la tarentule, parce qu'elle sait qu'elle est là, quelque part ».

La compassion ou l'empathie : le cœur de la maternité

Dan Batson, professeur de psychologie spécialisé dans l'étude de l'empathie à l'université du Kansas, la qualifie de « réaction émotionnelle orientée vers un tiers suscitée par la perception du bien-être de l'autre et cohérente avec elle ». En d'autres termes, l'empathie est plus altruiste que le simple partage de sentiments que l'on appellera plus justement « contagion émotionnelle ». Ainsi, c'est également une émotion plus consciente et volontaire, qui peut être le fondement de la confiance et de la coopération, et qui est donc vue à juste titre par Yale Salovey et d'autres comme une composante de l'intelligence émotionnelle.

Bien qu'elle puisse être vue comme un trait typiquement humain, l'empathie se trouve également chez d'autres espèces de mammifères. Dans une étude, des chercheurs suspendirent un rat albinos à un harnais et un autre rat, voyant son congénère en détresse se débattre, appuya sur une barre afin de le libérer. Dans une autre expérience, un singe rhésus était formé à tirer sur une chaîne pour obtenir de la nourriture. Cependant, constatant que ce geste envoyait une décharge électrique à un autre singe dont il voyait le visage, il préféra s'abstenir et subir la faim pendant plusieurs jours plutôt que de faire souffrir un autre.

Certes, toutes les mères n'éprouvent pas de l'empathie et très peu l'éprouvent constamment. Cependant, pour la plupart d'entre nous, l'empathie conditionne les premiers jours avec nos bébés lorsque nous essayons de comprendre leurs besoins et de les satisfaire. À mesure que nous pratiquons répétitivement cette émotion, elle influence notre cerveau – expliquant peut-être pourquoi, dans l'étude suisse du chapitre 3, les cerveaux des parents sont plus actifs que ceux des non-parents quand ils entendent un bébé crier. « Le cerveau change quand vous adoptez un nouveau comportement ou que vous opérez selon un cadre logique différent, ou encore lorsque vous êtes en phase d'apprentissage émotionnellement chargé, affirme Michael Merzenich. Tout cela produit des modifications du cerveau qui se renforcent à mesure que cette conduite est reproduite ».

Où un IRM pourrait-il situer ces modifications ? Pour le moment, les scientifiques n'ont que des théories fondées sur les rudiments de ce qu'ils comprennent de l'équipement du cerveau. Imaginez par exemple ce qui pourrait se produire quand un bébé sourit et que sa mère lui sourit à son tour. Les parents partagent constamment l'humeur de leurs enfants : ils frémissent quand leur fils se fait vacciner, sourient quand leur fille ouvre son cadeau d'anniversaire.

Nous savons depuis un certain temps que si un individu prend telle expression, il éprouvera l'émotion correspondante. On sait que sourire rend les gens plus heureux. Et imiter l'expression d'autrui, consciemment ou non, est une manière particulièrement efficace d'« attraper » cette émotion, comme l'ont récemment découvert des scientifiques.

À l'aide d'IRM, une équipe de neurologues de l'UCLA a étudié les réactions de onze sujets regardant des images représentant les expressions faciales de six émotions : bonheur, tristesse, colère, surprise, dégoût et peur. À certains sujets, il était demandé d'imiter les expressions représentées ; à d'autres, de simplement les observer. Les chercheurs découvrirent que l'imitation, tout comme la simple observation, activaient un circuit assez similaire dans le cerveau mobilisant des zones du cortex responsables du mouvement ainsi que deux centres émotionnels importants : le cortex insulaire et l'amygdale. Mais l'imitation produisait un niveau d'activité supérieur à la simple observation.

Marco Iacoboni, directeur de cette étude, avait déjà découvert que les zones corticales activées dans cette expérience sont importantes dans l'imitation. Elles sont reliées au système limbique par le cortex insulaire, qui, selon lui, pourrait être la station de relais clé dans la traduction de l'imitation en émotion.

Marco Iacoboni soupçonne que ce circuit peut être endommagé ou renforcé, affectant ainsi la capacité d'empathie du sujet. Spécifiquement, le fait d'imiter et d'être imité en retour peut contribuer à renforcer les circuits neuronaux actifs dans l'empathie. Chez les enfants autistes, qui sont connus pour être dépourvus de cette faculté, être imité encourage un comportement plus amical, fait-il remarquer. « Ils se rapprochent de vous, ils vous touchent davantage », déclare-t-il. De la même manière, une mère qui échange constamment des expressions avec son enfant pourrait aussi renforcer sa capacité à comprendre les émotions de son enfant, et, au final, celles des autres individus.

« Je crois que lorsqu'on est plus empathique avec son enfant de manière répétitive, on le devient également avec les autres, affirme Marco Iacoboni. Le mécanisme neurophysiologique utilisé est le même... Donc, ces régions du cerveau deviennent plus réactives aux *stimuli*, ce qui signifie probablement que vous imiterez les autres de façon plus automatique. Vous stimulez les actions des autres, vous continuez d'être empathique, et cela devient un cercle vertueux ». Comme d'autres scientifiques étudiant les émotions « positives », Marco Iacoboni pense qu'une partie fondamentale de l'équipement empathique du cerveau s'appuie sur une espèce de cellule nerveuse spécialisée récemment découverte dans le cortex moteur. Ces neurones, baptisés « miroirs », s'activent, que vous agissiez ou que vous vous contentiez d'observer quelqu'un en mouvement. Deux conditions semblent rendre cette réaction plus intense : la proximité émotionnelle de l'individu observé et le fait que vous ayez agi ou éprouvé une émotion semblable dans le passé.

Tania Singer, chercheuse à l'University College de Londres, a supervisé les IRM de seize femmes qui, pour ces deux raisons, étaient censées avoir une réaction empathique particulièrement élevée. Les seize sujets furent scannés deux fois. La première fois, chaque femme reçut une décharge électrique douloureuse à la main droite en regardant un moniteur qui l'avertissait de l'imminence de la décharge et de son intensité. Lors de la seconde IRM, elles étaient scannées alors que leurs maris recevaient la décharge. Elles pouvaient voir l'avertissement sur l'écran, mais pas le visage de leur conjoint.

L'étude des IRM de Tania Singer montra que la même partie du cerveau des femmes s'activait dans un cas comme dans l'autre. Elles déclarèrent qu'elles n'avaient pas éprouvé la même douleur, mais ressenti le même niveau de détresse. Comme dans l'étude de Marco Iacoboni, Tania Singer révéla une activité dans le cortex insulaire, ainsi que dans le cortex cingulé antérieur, qui est assimilé à un système d'alarme attirant l'attention du cerveau sur un brusque changement déplaisant dans l'environnement physique ou émotionnel. Cette région s'active en réaction à la douleur et également quand la mère entend pleurer son bébé.

L'intelligence émotionnelle appliquée

Au début des années 1970, le célèbre pédiatre T. Berry Brazelton, alors à la Faculté de médecine de Harvard, étudia les interactions des mères et de leurs nouveaux-nés. Il remarqua qu'une femme était particulièrement douée pour lire les expressions de son bébé et anticiper lorsqu'il avait besoin d'un répit dans cette intense communication.

Elle se détendait dans son fauteuil et souriait doucement, réduisant les autres activités telles que gestes et vocalisation, attendant qu'il fasse de nouveau attention à elle. Lorsqu'il le faisait, elle commençait lentement à ajouter un comportement à un autre, comme si elle testait jusqu'où il pouvait les comprendre. Elle sentait également son besoin de réagir. Elle vocalisait, puis elle attendait sa réaction. Quand elle souriait, elle attendait qu'il lui sourie pour recommencer à sourire. Ses mouvements étaient soigneusement calqués sur l'attitude de l'enfant et, s'il s'agitait, elle retournait calmement s'asseoir. Elle semblait lui enseigner comment étendre ses propres capacités de stimulation et lui permettre de se calmer pour apprécier l'environnement.

Environ 90 % de la communication humaine est une émission muette – haussement de sourcils, froncement des lèvres, inflexion chaleureuse ou sarcastique d'un salut, démarche plus ou moins enjouée. Durant la majeure partie de ses deux premières années, l'enfant se repose presque totalement sur les expressions, les gestes et les vocalisations. Les parents responsables sont devenus des experts en décodage.

Dans les années 1970, une autre étude de Harvard fournit les premiers indices sur les bénéfices que les mères elles-mêmes pouvaient retirer de telles interactions et devenir plus intuitives émotionnellement avec les adultes comme avec leurs enfants. Robert Rosenthal, chercheur en psychologie, avait développé un test appelé « profil de sensibilité non verbale ». Il montra à des volontaires une vidéo d'une jeune femme exprimant une série d'émotions marquées – haineuse, jalouse, désolée, maternelle – sans aucun indice verbal.

Dans une phase de l'expérience, Robert Rosenthal fit passer le test à huit mères ayant un enfant ne parlant pas encore et à six autres femmes mariées mais sans enfant. Il découvrit que les mères possédaient un net avantage, vérifié dans une répétition de l'expérience six mois plus tard. Le chercheur précisa qu'il ne pouvait affirmer que c'était la maternité en soi qui rendait ces femmes émotionnellement plus perceptives. Il reconnut qu'il y avait toujours la possibilité que les femmes les plus émotionnellement perceptives soient plus enclines à devenir mères. Cependant, il avança comme conclusion : « Les enfants semblent "éduquer" non verbalement leurs parents ».

Beaucoup des mères que j'ai interrogées en conviennent et plusieurs donnent des exemples. Par ailleurs, Susan Kostal, journaliste et mère de trois enfants, me raconta qu'elle avait appliqué à un adulte cette sensibilité non verbale apprise auprès de ses enfants. D'après elle, ses trois filles l'avaient rendue simplement plus réceptive : « Quand le comportement de quelqu'un semble anormal, explique-t-elle, c'est généralement qu'il est malade ou qu'il va accomplir quelque chose qui va bouleverser sa vie. Je ne remarquais pas cela avant d'avoir mes enfants, mais quand on est mère et qu'on travaille, quelqu'un qui tombe malade, cela modifie votre existence pendant quarante-huit heures ».

Cette extra-sensibilité à autrui explique peut-être pourquoi beaucoup de mères développent également une expertise dans un domaine lié à l'empathie, mais plus réfléchi. C'est la théorie de l'Esprit : l'art de deviner ce que pense quelqu'un de totalement différent de soi. On dit que lorsque deux animaux se regardent dans les yeux plus de dix secondes, ils s'apprêtent à se battre ou à s'accoupler. À quoi doit s'ajouter une troisième possibilité, celle où l'animal en question se demande ce qui a pu passer par la tête de son rejeton quand il a dessiné sur le mur, oublié de manger ou s'est fait faire ce tatouage. Comme l'empathie, la théorie de l'Esprit implique de lire les émotions d'autrui à partir d'indices principalement non verbaux : une lueur dans le regard, la manière de garder les mains dans les poches, par exemple. Mais alors que l'empathie implique une intention d'aider, la théorie de l'Esprit est plutôt une approche distante et cognitive.

Paul Ekman, psychologue de l'université de Californie à San Francisco, est connu pour avoir créé un outil remarquable pour quiconque veut devenir expert en la matière. Il a répertorié des milliers de minuscules expressions faciales qui donnent des indices sur ce que pensent et éprouvent les individus. La faculté de lire ces fugaces « micro-expressions » durant à peine un quart de seconde et impliquant des combinaisons diverses de quarante-trois muscles faciaux est fondamentale pour juger de la sincérité d'un interlocuteur. Paul Ekman n'a pas étudié si les parents étaient meilleurs que les non-parents dans ce domaine, mais affirme que, comme pour la plupart des savoir-faire émotionnels, on peut améliorer sa capacité à déchiffrer avec la pratique.

Pour une mère qui s'exerce à la théorie de l'Esprit, il est important de ne pas oublier que son enfant est dans une dimension totalement différente de la sienne parce qu'il n'est pas encore un adulte. « Je me répète toujours qu'ils ne sont pas encore totalement myélinés », disait toujours mon frère Jim, psychiatre, en observant son fils de cinq ans piquer une crise parce qu'il avait égaré un jouet. Jim faisait allusion à la

« matière blanche » cérébrale : la gaine de myéline lipidique, semblable à celle des fils électriques, qui protège les axones, ces prolongements fibreux des neurones transmettant l'information entre les synapses. Dans l'enfance, cette isolation, encore mince, produit des connexions neuronales plus rapides. Ce qui pourrait expliquer l'impulsivité des enfants et leurs comportements plus risqués, surtout quand on considère également que le cortex préfrontal, cette partie la plus récente du cerveau humain chargée d'établir les priorités et de réduire les impulsions, est la dernière à devenir mature. Le temps que cette région du cerveau soit totalement développée, l'enfant a atteint vingt ans et vous aurez découvert bien d'autres occasions de pratiquer trois autres savoir-faire émotionnels très utiles.

Modération, résolution de conflit et gestion de crise

Au quotidien, en tant que parent, vous avez toutes les chances d'apprendre trois techniques spécifiques que vous pouvez employer utilement avec autrui.

La première est la modération. Bien que ce soit l'une des tâches les plus difficiles du rôle de parent, vous aurez beaucoup d'occasions de la pratiquer si vous avez avec votre enfant une relation normale – c'est-à-dire sujette aux conflits. Il a été démontré que les mères d'enfants de deux à trois ans émettent un ordre ou expriment la réprobation en moyenne toutes les quatre-vingt-dix secondes et que les conflits entre parents et jeunes enfants surviennent à un taux moyen de 1,5 à 3,5 par heure.

La capacité d'une mère à la modération peut être mise à l'épreuve en ces occasions. À moins d'avoir des enfants modèles, vous vous retrouverez fréquemment en train de hurler, de tempêter et de maugréer, toutes sortes d'impulsions que vous savez devoir contrôler. Vous pouvez vous consoler en sachant que, ce faisant, vous exercerez vos lobes frontaux.

Les scientifiques ont fait au XIXe siècle de grandes découvertes dans la compréhension du rôle de cette région cérébrale grâce à un malheureux ouvrier des chemins de fer nommé Phineas Gage. En septembre 1848, Gage survécut à un atroce accident au cours duquel une tige métallique traversa sa tempe et endommagea gravement son lobe frontal gauche. Il se remit suffisamment pour reprendre le travail plusieurs mois après, mais ses chefs remarquèrent qu'il avait beaucoup changé. « Gage n'était plus Gage », disaient ses amis. Jusque-là efficace, poli et discipliné, il était devenu impatient, capricieux et grossier, incapable de réfréner ses impulsions. Son médecin conclut : « L'équilibre entre ses facultés intellectuelles et ses tendances animales semble avoir été compromis ».

Bien que les lobes frontaux soient l'une des zones les plus actives du cerveau, même chez les gens qui ne sont pas parents d'enfants agités, la modération mobilise sans doute aussi d'autres zones. Par exemple, les bouddhistes parlent de l'art de « reconnaître l'étincelle qui précède la flamme » quand ils apprennent à maîtriser leurs émotions – art qui implique probablement des mécanismes plus sophistiqués qu'un simple coup de frein à l'envie d'étrangler ou de râler.

Si vos lobes frontaux sont temporairement hors d'usage, vous aurez la possibilité de pratiquer une technique intelligente émotionnellement plus raffinée : la capacité de résoudre les conflits et d'arrondir les angles. À la Faculté de médecine de Harvard, Edward Tronick, psychologue spécialiste dans le développement, a procédé à des expériences où des mères devaient rester assises devant leurs bébés sans réagir. Les enfants, naturellement, réagissent violemment à ce comportement mutique. Ils haussent les sourcils, se détournent, reviennent vers leur mère, sourient ou font sembler de tousser. Mais au final, la plupart sombrent dans la tristesse. La mère doit donc se reprendre et interagir de nouveau pour essayer d'arranger les choses. Selon la manière dont la relation a progressé jusqu'alors, certains bébés continuent d'être vexés, refusant de pardonner, mais d'autres réagissent positivement au stimulus de la mère.

« C'est une grande leçon pour les adultes », déclare Lester, qui a observé de près mères et bébés interagir dans sa clinique. Comme nous le savons tous, peu de relations sont exemptes de conflits. C'est pourquoi Lester ajoute : « Ce qui permet la réussite d'une relation, c'est la *réparation*, et il est évident que cela peut se transposer dans le monde des adultes. Si vous en êtes capable avec votre enfant, vous pouvez le faire avec votre conjoint ».

Dans les moments de conflits comme de paix, et surtout lors des campagnes politiques, une troisième compétence émotionnelle peut se révéler fort utile : la réévaluation ou gestion de crise. Forme d'optimisme raisonné, la réévaluation consiste à « changer la manière dont nous pensons pour changer ce que nous éprouvons », explique Kevin Ochsner, neurologue de l'université de Columbia qui a étudié les mécanismes du cerveau.

Pour gérer nos émotions, préalable indispensable pour gérer celles d'autrui, la capacité à considérer la situation sous son meilleur jour est capitale. Joan Didion, observatrice érudite de la culture américaine, écrivit naguère que « nous nous racontons des histoires afin de vivre ». Kevin Ochsner et ses collègues ont étudié sur IRM la facilité de réévaluation de volontaires regardant des photos dérangeantes tout en entendant un commentaire les présentant sous un jour plus positif. Par exemple, une image montrait un groupe de femmes pleurant devant une église, scène pouvant facilement faire penser à des obsèques. Mais les volontaires étaient informés qu'un mariage y avait lieu et que ces femmes pleuraient en réalité de joie. D'après les résultats de ces expériences, Kevin Ochsner est convaincu que le cortex préfrontal est responsable de cette fonction de gestion des émotions et atténue en fait l'activité de l'amygdale lorsque l'individu essaie de donner un côté positif à une situation désagréable.

En quoi cette manière de penser est-elle « intelligente » ? Principalement parce que l'optimisme est un agent motivateur, ce qui en fait un élément clé de l'intelligence émotionnelle. Le psychologue Martin Seligman, qui a beaucoup écrit sur le sujet et, en particulier, sur « l'optimisme appris », a découvert que les courtiers d'assurances optimistes vendaient 37 % de polices de plus durant leurs deux premières années en fonction que les vendeurs pessimistes. L'optimisme pousse les parents à s'occuper de leurs enfants en les convainquant qu'ils en toucheront un jour les « dividendes émotionnels ». Enfin, il aide les gens à rebondir après un échec.

Les études des dernières années ont montré que les individus déprimés présentaient une activité élevée de l'amygdale et une activité diminuée dans le cortex préfrontal, ce qui conduit Kevin Ochsner à se demander s'ils sont de par leur constitution moins aptes à utiliser les réseaux de réévaluation. Serait-il possible de stimuler ces réseaux par des substances chimiques afin de produire une vision du monde plus optimiste ? se demanda-t-il. Ou bien est-ce possible avec simplement un entraînement assidu du genre dans lequel les mères s'engagent ? La science n'a pas encore fourni les réponses à ces questions. Pourtant, un large consensus est établi sur l'opinion de Davidson et Ekman : les gens peuvent améliorer leurs compétences émotionnelles par un effort conscient. Ekman, qui a travaillé avec des moines bouddhistes, comme Davidson, qualifie respectueusement le Dalaï-lama de « Mozart de l'esprit ». Et il ajoute : « Nous ne pouvons pas tous être Mozart, mais nous pouvons tous être des musiciens. »

L'intelligence émotionnelle en évolution

Tandis que les mères humaines, tout au long de l'histoire, s'occupaient de leurs enfants et leur apprenaient à s'entendre avec les autres, augmentant ainsi leurs chances de leur donner des petits-enfants par la suite, quelque chose d'encourageant se produisait pour notre espèce : au cours des siècles, nous sommes devenus cognitivement plus complexes, plus empathiques et plus optimistes.

Paul MacLean, le chercheur du NIH, a avancé que le comportement des mères était guidé par l'évolution sociale des animaux depuis les reptiles, qui ne prennent pas le temps de couver leurs œufs, jusqu'à la mère humaine actuelle, qui commence à se soucier de l'entrée à l'université de son enfant dès qu'elle entend son premier battement de cœur. Bien que la stratégie de ceux qui sont situés au bas de l'échelle de l'évolution soit encore de maximiser le nombre d'œufs fertilisés, les mères humaines investissent leur temps et leur énergie dans une quantité relativement faible d'embryons, que leurs cerveaux plus volumineux et leur enfance plus longue permettent de mieux préparer à naviguer dans un environnement social de plus en plus complexe.

Le bébé humain arrive dans le monde avec un cerveau du quart de la taille future adulte, ce qui permet à sa tête de passer sans peine lors de l'accouchement, mais le laisse totalement dépendant à sa naissance. Le reste du développement de ce cerveau aura lieu hors du ventre de la mère : la plupart des bébés peuvent compter passer plusieurs années promenés en poussette et landau et sur une formation rigoureusement surveillée. Ce fait est au cœur de notre culture de plus en plus soucieuse de former ses jeunes.

Le saut quantique évolutionnaire qui a rendu cela possible s'est produit le jour où le sein d'une femelle reptile a secrété une goutte d'un liquide précurseur du lait maternel, explique

Sarah Blaffer Hrdy. Cela marqua la fin de la méthode reptilienne d'éducation à la chacun-pour-soi. « Il n'y avait rien dans l'origine de la lactation qui indique qu'elle aurait un jour un rapport avec l'évolution de l'intelligence, mais cela a pourtant été le cas », écrit Hrdy. L'allaitement a progressivement obligé les mères à rester auprès de leur progéniture, forgeant une relation sociale intime absolument sans équivalent jusque-là. Les longues périodes d'intimité, comme l'écrit Hrdy, fournirent « l'occasion et la nécessité pour que "l'intelligence sociale" évolue ». Et, tout au long de la majeure partie de l'histoire humaine, l'intelligence sociale, bien que n'étant pas la seule, a été de loin la plus importante.

Ce changement n'a pas seulement affecté les bébés ; progressivement, mais massivement, il a augmenté les exigences que subissaient les mères. Après neuf mois de grossesse, les femmes s'investissaient durant des années pour nourrir, soigner et protéger des enfants dépendants, avec des responsabilités croissantes qui ont probablement transformé le rôle de parent en véritable gymkhana. Selon Cort Pedersen, professeur de psychiatrie à l'université de Caroline du Nord à Chapel Hill et expert pionnier en matière de comportement maternel, « être un parent signifiait que vous ne pouviez plus vous limiter à donner naissance, mais que vous deviez trouver de la nourriture pour votre enfant et le protéger des dangers de l'environnement. C'est évidemment bien plus compliqué que d'avoir à simplement s'occuper de soi-même. Étant donné ce fait, il n'est pas surprenant que devenir un parent ait augmenté les capacités mentales ».

Selon une nouvelle voie de recherche, les mères pourraient ouvrir la voie de l'évolution de l'intelligence et du comportement social non seulement par leur attitude attentionnée, mais aussi grâce à leurs gènes mêmes. Avec des expériences sur des souris spécialement croisées, Barry Keverne, de l'université de Cambridge, a montré que les gènes hérités de la mère ont davantage d'influence sur les plus récentes portions « exécutives » du cerveau – celles qui sont la clé de l'interaction sociale – que ceux du père. Les souris génétiquement modifiées pour ne pas recevoir l'influence génétique maternelle donnaient naissance à des souriceaux au corps plus volumineux et au cerveau plus petit. Celles qui subissaient la modification opposée produisaient le résultat inverse : des bébés avec des cerveaux plus volumineux et des corps plus menus.

L'évolution, bien sûr, se produit sur des millénaires, et non des heures. Pourtant, dans le domaine de la vie de chaque parent, il y a des chances d'assister à de grands progrès à mesure que nous cherchons à corriger les erreurs de nos propres parents et à apprendre des besoins de nos enfants. En leur enseignant, nous accomplissons la tâche plus difficile de nous enseigner à nous-mêmes. Et les bénéfices potentiels de cet apprentissage ne sont en aucun cas limités aux mères biologiques.

TROISIÈME PARTIE

BON, ET ALORS ?

Chapitre 9
Papas poules et autres altruistes : la récompense des substituts

« Une bonne partie de ce qui donne à la maternité sa force n'est pas l'amour désintéressé d'autrui, mais une occasion de connaître et d'aimer un moi transformé. Les hommes ont également cette possibilité, car il n'y a rien de plus universel que l'idée de transformation. »

Gordon Churchwell,
Mémoires non censurés de la grossesse d'un homme.

Quelques minutes après la naissance de leurs bébés, un groupe de vingt nouveaux pères tenaient leurs enfants contre leur poitrine nue. Vingt autres se contentaient de regarder leurs épouses étreindre leurs enfants. Deux semaines plus tard, on demanda aux pères, qui participaient à une étude sous le contrôle de l'Institut Karolinska de Stockholm, de parler de leurs nouveaux enfants. « La différence était très impressionnante, déclare Kerstin Uvnas-Moberg, la neuroendocrinologiste présentée au chapitre 3 qui menait l'expérience. Ceux qui avaient tenu les enfants contre leur peau disaient, par exemple : "Mon bébé est ce qu'il y a de plus fabuleux au monde." Les autres étaient également positifs, mais ils n'utilisaient pas des termes aussi radicaux. Plutôt : “C’est un beau petit garçon et j’espère qu’il aura une belle vie.” » Les termes utilisés étaient clairement chargés d’une valeur émotionnelle différente.

Bien que la recherche sur le cerveau maternel demeure d’avant-garde, des scientifiques ont d’ores et déjà commencé à étudier comment les pères et « alloparents » – autres personnes jouant ce rôle – peuvent être changés, jusque dans leur biochimie, par le contact intense avec les enfants. L’idée rend la théorie de l’écrivaine Sara Ruddick, développée dans les années 1970 particulièrement prémonitoire, car, comme elle le déclare : « J’ai toujours écrit sur la maternité sans perdre de vue les hommes. » Si les mères pensent différemment, affirme-t-elle, « c’est en raison du travail que nous avons fait ». Pères, parents adoptifs et même bénévoles sans enfants s’engagent dans un travail similaire et il y a tout à penser qu’ils en retirent certains des bénéfices.

Ce qui les réunit, c’est un certain altruisme, dont font preuve beaucoup de pères. Et comme le découvrent les chercheurs, les activités altruistes, allant des soins à un enfant au bénévolat dans une banque alimentaire semblent dynamiser la santé physique et mentale.

Dans *Bien vieillir*, fondé sur cinquante ans de données de l’Étude sur le développement adulte de Harvard, George E. Vaillant, psychiatre et chercheur à Harvard, rapporte que la pratique de l’aide à autrui fait partie des facteurs prédictifs les plus nets de santé et de longévité. En 2003, un rapport basé sur l’étude sur cinq ans de 423 couples âgés, conduit par Stéphanie L. Brown, psychiatre de l’université de Michigan, conclut que ceux qui ne fournissaient *pas* de soutien émotionnel ou concret aux autres avaient deux fois plus de risques de mourir durant le cours de l’étude.

La corrélation entre altruisme et bonne santé est si nette dans cette étude comme dans bien d’autres, que de nombreux chercheurs travaillent actuellement à identifier la biologie de ce lien, comme nous le verrons plus en détail à la fin de ce chapitre. Il suffit pour le moment de dire que l'altruisme fait partie de la réaction saine aux défis de la vie que le psychologue Erik Erikson a qualifié de « générativité » – et qu'il percevait clairement comme le but le plus intelligent de l'âge mûr. La générativité s'exprime selon lui le plus nettement dans l'éducation des enfants. Pourtant, il souligne que les parents ne sont pas tous génératifs, ni les non-parents incapables de l'être. Il considère cette qualité comme un choix conscient, conseillant aux individus d'âge mûr de « mettre de côté les pensées concernant la mort et de mettre en balance sa certitude avec l'unique bonheur durable : accroître, par tous les moyens possibles, la bonne volonté et l'ordre supérieur dans votre domaine d'influence. »

Le cerveau de père

La transformation générative des hommes égoïstes brusquement forcés à un contact intime inévitable avec de jeunes enfants a formé le cœur d'un nombre étonnamment élevé de films récents comme *Profession : père au foyer*. Mais il est encourageant de se dire que le phénomène n'est pas simplement né sous la plume de scénaristes à l'imagination enfiévrée. Des experts en développement de l'adulte et beaucoup de pères eux-mêmes affirment que les enfants peuvent susciter de grands progrès dans les domaines de la « générativité » et de l'intelligence émotionnelle de base. Ed de St. Aubin, psychologue de la Marquette University qui a étudié plus de trois cents adultes de tous horizons, déclare que les hommes qui ont des enfants sont en moyenne plus génératifs que les hommes qui n'en ont pas. Selon lui, la différence est bien plus prononcée qu'entre les mères et les non-mères, même si les mères sont les grandes gagnantes. Pour lui, cette variation entre les sexes est due au fait que dès l'enfance, les femmes sont socialisées de manière plus intense pour devenir des nourricières. Ainsi, même si elles sont sans enfants, elles cherchent souvent un débouché pour leur comportement génératif. « Beaucoup d'hommes ont besoin de devenir pères pour cela, précise-t-il. Cela les projette hors d'eux-mêmes, alors qu'ils ont passé la majeure partie de leur vie à maximiser leurs forces et leur sens de l'autonomie. La paternité les ouvre à autrui. » Pour lui, une partie du processus oblige les adultes à exprimer et expliquer leurs valeurs, après quoi les mettre en pratique devient plus naturel. « C'est pour cela que vous voyez beaucoup d'adultes retourner à l'église quand ils ont des enfants », déclare-t-il.

Scott Coltrane, sociologue et expert en paternité, souligne que la réalité dépasse depuis longtemps les scénarios d'Hollywood. Dans notre société contemporaine, des millions de pères dévoués passent de plus en plus de temps à s'occuper de leurs propres enfants et se trouvent intimement transformés par cette expérience. En tant que groupe, les pères humains sont un modèle d'attention paternelle, comparés aux 90 % du monde des mammifères où les mâles ont l'habitude de s'éclipser après la conception. Le comportement humain a toujours été supérieur et il ne cesse de s'élever, même si beaucoup d'hommes, en pratique, ont toujours tendance à filer. En même temps, la culture humaine est également transformée, même si ce changement est encore trop lent pour beaucoup de femmes qui supportent toujours le fardeau de cette charge, travaillant à la fois à l'extérieur et au foyer.

« Deux choses surviennent en même temps », déclare Coltrane, professeur à l'université de Californie à Riverside et auteur de *Père de famille : paternité, ménage et égalité des sexes.* « Il y a de moins en moins de vrais pères, mais les pères présents mettent de plus en plus la main à la pâte. » En d'autres termes, depuis l'entrée massive des femmes sur le marché du travail, le taux de mariages a chuté, celui des divorces a augmenté, et en conséquence, l'homme moyen passe moins de temps avec ses enfants qu'avant. Pourtant, dans les familles qui restent unies, le père moyen passe plus de temps avec ses enfants qu'il n'en a jamais passé depuis que les chercheurs ont commencé à recueillir les données. En moyenne dans les années 1960 et le début des années 1980, selon Coltrane, les pères s'occupaient de leurs enfants à hauteur d'un tiers du temps que leur consacraient les mères. Dès la fin des années 1990, ce taux était passé à deux tiers en semaine et quatre cinquièmes le week-end. Les chiffres du recensement montrent qu'un père sur quatre s'occupe des enfants en bas âge alors que la mère travaille. Pendant ce temps, plus de deux millions d'enfants sont élevés principalement par leur père.

Quantité de ces pères qui participent ont déclaré à Coltrane que leurs enfants les ont changés de manière positive. Par rapport à leur propre père, ils déclarent avoir plus tendance à embrasser leurs enfants et leur dire qu'ils les aiment. Et beaucoup affirment qu'ils se sont mis à travailler sur leurs problèmes personnels, notamment à contrôler leurs colères, en passant du temps avec leurs enfants. Coltrane est convaincu que les hommes ont moins de mal à révéler leurs vulnérabilités avec de jeunes enfants, dont l'affection semble plus inconditionnelle que celle de leur conjointe. « La plupart des hommes rechignent à admettre qu'ils ont la moindre faiblesse, mais selon les pères, le travail familial les a littéralement forcés à affronter différents problèmes personnels ou relationnels, et la plupart ont accueilli positivement cette possibilité. »

Si la recherche sur les souris peut éclairer le comportement humain, les pères qui s'impliquent pourraient gagner là certains des avantages d'apprentissage et de mémoire que la maternité apporte aux rattes mères. La clé semble être le degré d'implication avec les enfants. En 2004, Kelly Lambert, la chercheuse virginienne, compara la souris de Californie, biparentale, *(P. Californicus)* avec la souris sylvestre *(P. Maniculatus)* dont le mâle se désintéresse de sa progéniture. Elle découvrit qu'après les avoir mis en présence d'un souriceau étranger, la souris de Californie se montrait comparativement moins craintive et plus aventureuse, et également plus disposée à s'occuper du petit. Lambert constata le même type d'amélioration chez les ouistitis biparentaux. Les pères, qui ont tendance à être particulièrement attachés à la famille – les femelles ont toujours deux petits, ce qui oblige les pères à jouer les baby-sitters – retrouvaient plus facilement l'emplacement de friandises cachées.

Chez les rats, où ce sont les mères qui s'occupent principalement des petits, les pères adoptifs connaissent une croissance de cellules cérébrales après avoir été mis en présence de nouveau-nés pendant plusieurs jours. Le phénomène est semblable à celui qui survient chez les mères rattes adoptives, sauf qu'elles connaissent une croissance cellulaire supérieure d'un rapport de 16 pour 1. « Les pères semblent plafonner », nota Kinsley, collègue de Lambert.

Après avoir entendu parler de tous ces pères mammifères intelligents, je retournai à mes notes d'entretiens avec des pères humains particulièrement engagés, et je remarquai que certains m'avaient déjà déclaré être devenus plus efficaces et moins angoissés. Gary Harrington, avocat à mi-temps et scénariste travaillant chez lui afin de s'occuper de ses deux enfants pendant que sa femme travaille dans son cabinet d'avocats de San Francisco, est aussi multitâche que beaucoup de mères de ma connaissance.

Tous les hommes ne trouvent pas aussi gratifiant de s'occuper d'enfants : c'est malheureusement évident d'après le nombre d'entre eux qui abandonnent leurs familles.

L'alchimie du parent

Les anecdotes sur la nausée du matin masculine et la prise de poids empathique – connues sous le nom de syndrome de la couvade, du verbe *couver* – sont connues depuis longtemps. Pourtant, c'est seulement en 2000, grâce à des recherches novatrices de deux scientifiques canadiens, que nous avons appris que de nombreux hommes semblent en fait partager les petits désagréments biochimiques de la grossesse. Ces futurs pères sont sous l'influence de certaines des mêmes hormones, mais à un degré moindre. Apparemment, c'est ainsi que la Nature rappelle aux hommes qu'ils ont un rôle de père à tenir.

Le taux sanguin de prolactine – « l'hormone du parent », associée à l'allaitement et à la diminution de l'angoisse – s'élève chez les futurs pères, tout comme celui de l'œstrogène, la bien connue « hormone femelle », selon les découvertes d'Anne Storey, psychologue de l'université de Terre-Neuve, et Katherine Wynne-Edwards, biologiste de la Queens University d'Ontario. On constate également un doublement du taux de cortisol, connu comme l'hormone du réflexe fuir-ou-combattre, mais à laquelle Wynne-Edwards attribue également un rôle dans l'attention. Le cortisol pourrait donc expliquer la révélation que Mark George éprouva la première fois qu'il traversa un aéroport après le début de la grossesse de sa femme. « C'était incroyable, raconte-t-il. Je suis souvent dans des aéroports, mais je n'avais jamais remarqué le nombre d'enfants qu'on y croise. Du jour au lendemain, je me suis surpris à me demander d'où ils sortaient tous. »

D'une manière ou d'une autre, certains des profonds changements chimiques intervenus chez la future mère s'étaient étendus à son conjoint, mais comment ? La réponse la plus probable est les phéromones, ces subtils messagers biochimiques qui sont d'autant plus efficaces entre individus proches depuis longtemps. Plus un couple est proche, plus l'homme a de chances de connaître un changement hormonal, provoquant des symptômes de grossesse comme la nausée et la prise de poids. Fait remarquable, neuf hommes sur dix, dans deux études, présentaient au moins l'un des deux symptômes. Selon Storey, les pères qui ne vivent pas avec leur épouse ne peuvent connaître ce genre de changement. « Il y a probablement plusieurs manières de devenir de bons parents, dit-elle, mais peut-être est-ce le fait d'être ensemble durant la grossesse qui aide un peu le couple. »

Cette altération chimique du père se poursuit et parfois s'intensifie une fois le bébé né. À ce stade, chez l'homme, le taux de testostérone – cette hormone mâle intrinsèquement liée à la compétition et à l'agression physique et sexuelle – chute d'un tiers. Au cours de l'histoire de l'humanité, ce changement a probablement aidé les hommes à se calmer et les a empêchés de s'en aller au moment où leurs partenaires avaient le plus besoin d'eux. Et si on définit comme « intelligent » un état d'esprit qui vous permet, à vous et votre enfant, de survivre, c'est certainement de ce point de vue que la paternité a rendu les hommes plus intelligents. Un taux élevé de testostérone augmente le mauvais cholestérol, accroissant les risques de maladies cardiaques chez l'homme. Il contribue également à un comportement dangereux, comme durant la « tempête de testostérone » qui frappe au moment de la puberté masculine, période durant laquelle les hommes ont quatre à cinq fois plus de risques de mourir que les femmes, notamment d'accidents de la circulation, homicide ou suicide.

Le taux de l'hormone apaisante de la paternité peut fluctuer tout comme chez les mères, selon le contact d'un père avec son enfant. Par exemple, son taux de testostérone chute tandis que celui de prolactine augmente en flèche, lorsqu'il tient un nouveau-né qui pleure ou même une poupée qui pleure. L'ocytocine peut également être impliquée, même si, comme nous l'avons noté au chapitre 6, son influence semble être plus forte chez les femmes. Uvnas-Moberg soupçonne que c'est l'ocytocine qui est responsable des différences de comportement dans son étude où les pères étreignaient leur bébé à même la peau.

En 2002, alors qu'elle comparait des pères et des non-pères, Alison Fleming découvrit que les pères présentaient une réaction plus intense – accélération du rythme cardiaque et modification des taux hormonaux – quand ils entendaient pleurer leur enfant. Par rapport aux non-pères, ils déclaraient également se sentir plus compatissants et éveillés. Il se trouva que les sujets les plus compatissants et attentionnés présentaient le taux de testostérone le plus bas.

Il se peut, mais ce n'est qu'une théorie, que chez les pères impliqués, le niveau élevé de prolactine sanguine provoque un cercle vertueux. À mesure que le père soigne son enfant, son taux de prolactine augmente l'activité des neurotransmetteurs comme la dopamine et la béta-endorphine, multipliant la sensation de plaisir et l'incitant à continuer.

Pourtant, une autre hormone entre en jeu dans cette situation : la vasopressine, similaire en structure à l'ocytocine. Nous savons cela d'après l'étude des campagnols de prairie, rongeurs au comportement conjugal exemplaire. Les mâles s'accouplent pour la vie avec leur premier partenaire et en conséquence, ne quittent pas les nids, en pères attentionnés et protecteurs. Immédiatement après la naissance de leur portée, l'expression du gène vasopressine augmente chez le mâle, mais pas chez le campagnol de Pennsylvanie, espèce distincte dont le mâle est un coureur presque incorrigible. « Presque », car en 2004, des chercheurs ont découvert qu'en implantant un gène qui déclenche les récepteurs de la vasopressine dans le cerveau, l'animal pouvait être « reprogrammé » en époux fidèle et père apparemment affectueux. L'esprit s'emballe devant les implications potentielles dans la guerre des sexes chez les humains.

Les hormones paternelles retournent progressivement à leur niveau normal quelques mois après la naissance de l'enfant. Pourtant, selon son degré d'implication durant la grossesse, l'accouchement et la mouvementée période postnatale, l'homme est sans conteste transformé. Alison Fleming en a trouvé une preuve en constatant que des pères de plus de deux enfants présentaient en moyenne quand ils s'occupaient de leurs enfants une production de prolactine plus élevée que les pères d'un premier enfant. En outre, les chercheurs de Harvard cités au chapitre 8 ayant testé des mères pour leurs compétences non verbales, découvrirent que les pères avaient également fait des progrès – bien que moindres – dans ce domaine de l'intelligence émotionnelle. « Si les pères se mettent à passer plus de temps à s'occuper des enfants, nous pouvons attendre des progrès similaires à ceux des femmes », conclurent-ils avec optimisme.

Familles étendues

« Je n'ai pas trouvé l'homme de ma vie, mais je me suis rendu compte que je n'avais pas pour autant à renoncer à mon rêve d'avoir un enfant », déclare Laurie-Ann Barbour qui, à quarante et un an, a adopté une petite Vietnamienne de quatre mois. Sa décision de « combler une part de [soi]-même qui désire aimer et donner de l'affection » est si commune que, malgré les considérables obstacles financiers et légaux, environ 125 000 enfants ont été adoptés chaque année aux États-Unis durant les années 1990, la moitié d'entre eux par des adultes sans relation de parenté.

Pour Barbour, qui était jusque-là célibataire et avait eu de nombreux métiers, avoir une fille impliquait faire partie d'un réseau social plus stable. L'adoption lui donna envie de rejoindre une résidence communautaire du Comté de Sonoma, en Californie, où cinquante adultes et vingt enfants partagent nourriture, jardin et soins aux enfants. « C'est merveilleux, déclare-t-elle. Si on entend des pleurs dehors, toutes les fenêtres s'ouvrent et tout le monde réagit. »

Ce scénario laisse à penser que Barbour bénéficie d'un taux élevé d'ocytocine et certainement d'interactions sociales bénéfiques pour le cerveau, toutes indirectement liées à son choix de devenir parent. Et, au moins dans les premiers jours avec son bébé, elle a peut-être connu un niveau plus élevé de prolactine. Des chercheurs ont découvert une élévation du taux de cette « hormone du parent » chez les jeunes ouistitis qui portent des nouveau-nés, ce qui les a amenés à penser qu'elle est due au contact physique. Bien qu'au moment de la rédaction de cet ouvrage aucune étude n'ait été publiée sur la prolactine dans les familles adoptives, il y a des raisons de penser que le changement profond dont font état beaucoup de parents adoptifs a une cause biochimique.

Influence hormonale mise à part, il semble probable que des parents adoptifs, tout comme les parents biologiques, puissent être mentalement enrichis par les soins prodigués à leurs enfants. La recherche sur les rats en souligne le potentiel. Comme nous l'avons vu au chapitre 5, les rattes mères adoptives présentent une amélioration des capacités de mémoire et d'apprentissage similaires à celle des mères biologiques, bien que moins prononcée. La stimulation supplémentaire apportée dans leur existence autrement paisible semble rendre les mères adoptives plus efficaces. Et comme l'ont découvert Kinsley et Lambert, l'exposition aux nouveau-nés suscite également la production de centaines de nouveaux neurones dans l'hippocampe des mères adoptives. « Le cerveau est stimulé, comme si la simple présence de nouveau-nés déclenchait un circuit parental », déclare Lambert.

Nul ne niera cependant que les neuf mois de la grossesse et l'expérience de l'accouchement donnent aux mères biologiques un avantage dans cet engagement qui dure généralement toute une vie. En 1985, des chercheurs qui mesuraient l'attachement d'un enfant à sa mère à quatorze mois, n'ont trouvé aucune différence entre les enfants de mères adoptives et biologiques de même profil. Ils en conclurent que cela indiquait qu'une mère « enrichie par les hormones » n'était pas essentielle pour le développement du *nouveau-né*. Une autre étude des années 1980, cette fois axée sur les mères, a découvert que les mères adoptives ont tendance à être plus protectrices et plus angoissées que les mères biologiques. Selon Michael Numan, du Boston College, cette différence souligne l'importance des modifications hormonales qui réduisent l'angoisse chez les mères biologiques. Pourtant, considérant que les parents adoptifs connaissent généralement peu de stress et bénéficient d'un soutien financier et social élevé – ce qui les a par ailleurs aidés à adopter – il pense qu'ils s'adaptent en général au bout d'un certain temps.

Chaque année, des dizaines de milliers d'enfants sont adoptés par exemple par des adultes qui épousent un parent divorcé ou veuf et savent donc probablement quelle responsabilité ils endossent. Bien que ces nouveaux liens puissent amener des problèmes – notamment la jalousie – l'arrivée non recherchée d'un enfant dans une vie peut également apporter des bénéfices surprenants. « Tu m'as appris à t'aimer jusqu'à en souffrir ; tu m'as appris à sourire de nouveau. Tu m'as appris que la vie n'est pas si grave et que parfois il suffit de jouer », écrivit à son fils adoptif de six ans Jesse Givens, un soldat de trente-quatre ans, dans une lettre rendue publique après sa mort en Irak.

Comme le savent beaucoup de parents, certains des avocats les plus ardents des bienfaits apportés par les enfants sont les oncles et tantes célibataires qui peuvent passer avec eux du temps sans pour autant devoir assumer quotidiennement cette responsabilité vingt-quatre heures sur vingt-quatre. Célibataire de quarante-six ans, Lesley Koenig déclare qu'elle ne regrette pas de s'être concentrée sur sa carrière de productrice d'opéra et ballets, alors que sa sœur était mère à plein temps de trois enfants. Elle se qualifie elle-même de « super-tatie » : « J'ai passé beaucoup de temps avec ces enfants depuis leur plus jeune âge et ils ont appris à s'adresser à moi pour tout ce qui leur plaît vraiment, raconte-t-elle. Ils me parlent de drogue, de sexe, tous les sujets qui affoleraient leur mère. » Koenig est convaincue que l'expérience l'a rendue plus empathique et compréhensive. « Je n'ai jamais eu beaucoup de patience, mais les avoir auprès de moi m'a aidée. À présent, au lieu de juger précipitamment, je sais qu'il ne suffit pas de bien parler pour que tout le monde vous comprenne. »

Sous-groupe né de la prolifération des adoptions, les grands-parents se retrouvent parfois chargés de nouveaux petits-enfants alors qu'ils pensaient pouvoir enfin savourer leur retraite. Certains n'apprécient pas cette nouvelle charge, mais d'autres y trouvent un nouveau sens à leur vie.

Suzan Houseman, de San Francisco, s'est ainsi retrouvée à s'occuper de cinq de ses petits-enfants, tous de moins de six ans, au lieu de mener l'existence de loisirs qu'elle attendait. La charge était d'autant plus lourde qu'elle souffre d'une arthrose incapacitante qui rend la marche difficile et l'oblige à dormir sous une tente à oxygène, et qu'elle n'a qu'une pension d'invalidité comme revenu. Deux de ses petits-enfants sont autistes, deux autres ont des difficultés d'apprentissage. Mais leurs parents se sont révélés incapables de s'en occuper. « C'est une lourde charge et je m'écroule à la fin de la journée, mais leur présence me donne une raison de me lever le matin : il le faut, parce qu'ils ont besoin de moi », raconte-t-elle.

Les altruistes : quand les gentils finissent premiers

Dans un centre pour les SDF séropositifs, dans un quartier de San Francisco peu touristique, Alyssa Nickell masse la nuque d'un motard âgé. Les possessions de l'homme tiennent dans un sac-poubelle à ses pieds et l'odeur est infecte. Alyssa ne porte pas de gants et ne semble pas retenir sa respiration.

Cette étudiante en théologie de trente-deux ans travaille pour cette association six heures par semaine depuis trois ans. « Je ne crois pas que je voie cela comme de l'altruisme, dit-elle, parce que cela me comble vraiment. Certains jours, je me dis que je n'ai pas grand-chose à donner, puis j'y vais, et ce travail me réveille à la fois le corps et l'esprit. »

Comme l'affirme Erik Erikson, il n'est pas nécessaire d'avoir des enfants pour se montrer altruiste, et souvent, des adultes sans enfants comme Nickell ont plus de temps et d'énergie pour « materner » d'autres *adultes* dans le besoin. Ce faisant, ils partagent peut-être certains des bénéfices du rôle de parent – avec l'avantage de pouvoir rentrer chez eux le soir et de faire ce que bon leur semble. Ils peuvent ainsi en retirer meilleure estime de soi, diminution du stress et amélioration de l'empathie, le tout contribuant à une meilleure santé.

Sharon Lamb décida très tôt dans sa vie qu'elle ne voulait pas être mère ; sa carrière d'infirmière la conduisait à donner des conférences dans tout le pays : « Je savais que si j'avais eu des enfants, j'aurais voulu leur consacrer plus de temps. » Elle préféra concentrer son énergie pour parvenir au premier plan d'une profession typiquement altruiste et, en outre, assumer à San Francisco la direction d'un groupe de soutien de patients souffrant de tumeurs cérébrales. Elle conseille des inconnus au téléphone la nuit et le week-end et est secrétaire de la Fondation nationale contre les tumeurs cérébrales. « La plupart des gens à qui j'ai affaire sont condamnés, dit Lamb, qui a eu soixante ans en 2004. Mais je pense que même s'ils affrontent la mort, il est réconfortant de savoir que quelqu'un est à leur écoute. Et cela diminue mon propre stress – peut-être que ce sera plus facile pour moi d'affronter l'idée de ma propre mort. Parce que je sais que je fais tout ce qui est en mon possible. »

Pendant des décennies, les théoriciens de l'évolution se sont demandé pourquoi des gens comme Lamb agissent ainsi en perpétuant le comportement étonnamment dominant qui a aidé la société humaine à survivre. L'altruisme semblait au départ contredire la perspective darwinienne de la lutte pour survivre de l'individu et de sa progéniture. Mais au début des années 1960, les tenants de ce que l'on a appelé la deuxième révolution darwinienne proposèrent une nouvelle vision de ce qui semblait au départ comme des actes totalement désintéressés.

Le biologiste William Hamilton développa la théorie de la « sélection familiale » ou « survie inclusive », avançant qu'aider les membres de notre famille permet au final à nos gènes de survivre parce qu'une partie d'entre eux est commune à nos frères et sœurs, cousins, oncles et tantes. Puis, dans les années 1970, un autre théoricien célèbre, le biologiste Robert Trivers, de Harvard, formula une explication de cet apparent mystère : pourquoi individus et animaux aident souvent des êtres qui ne leur sont pas apparentés. Il appela ce comportement « altruisme réciproque », incarné par l'expression populaire de « renvoi d'ascenseur. » En d'autres termes, individus et animaux échangent des gestes altruistes sur une période de temps, durant laquelle chacun garde la mémoire du comportement de l'autre. Selon Trivers, cette comptabilité est la base des amitiés. D'autres théoriciens ont poussé plus loin ces idées, proposant d'autres biais par lesquels nous profitons de nos gestes généreux. Par exemple, même si nous ne recevons pas une faveur réciproque à la suite d'un geste altruiste, cela peut accroître notre prestige, et peut-être nous valoir les faveurs spontanées de gens qui sont assurés que nous allons rester à la hauteur de notre réputation généreuse.

Comme nous le savons, la confiance et la coopération font du *bien*, et c'est un stratagème de la nature qui peut ainsi transformer un Harpagon en Père Noël. C'est seulement récemment que les neurologues ont commencé à s'intéresser aux raisons d'un tel comportement. Vous rappelez-vous la découverte de Payl Zak avec son expérience de jeu informatique où les individus voyaient augmenter leur niveau d'ocytocine quand ils recevaient ou présentaient des signes de confiance ? Les chercheurs qui ont scanné le cerveau d'individus dans des circonstances similaires ont découvert que la simple vue de quelqu'un avec qui ils avaient déjà coopéré élevait l'activité dans la zone de « récompense » du cerveau.

En même temps, ces chaleureux sentiments altruistes peuvent être également bénéfiques physiquement, comme le suggère l'étude de Vaillant et Brown, entre autres, décrite plus haut dans ce chapitre. Au cours des deux dernières décennies, suivant le nouveau courant de la psychologie « positive », les chercheurs s'intéressent de plus en plus aux mécanismes biologiques sous-tendant ce comportement. Leur intérêt est d'autant plus aiguillonné par de nouveaux financements et par le fait que les enfants du baby-boom commençant à songer à la retraite, ils s'intéressent également aux activités qui les aideront à mener une vie plus longue, plus saine et plus remplie.

En se concentrant sur les bénéfices physiologiques de l'altruisme, les chercheurs ont remarqué que chez beaucoup d'individus, notamment du troisième âge, le bénévolat avait tendance à augmenter leur niveau d'activité physique, ce qui est en soi bon physiologiquement et mentalement. À quoi se rajoute ce que les sociologues nomment « sensation de l'agent », la notion de maîtriser son environnement. Lors d'une célèbre expérience sur ce trait psychologique, des patients âgés d'une maison de retraite étaient désignés au hasard pour s'occuper d'une plante d'appartement. Le taux de mortalité fut moins élevé parmi ceux qui avaient reçu cette mission. En outre, le bénévolat implique d'être sociable, ce qui semble aider à combattre le stress d'une manière qui se révèle bénéfique physiologiquement comme mentalement.

Chapitre 10
Mieux qu'une école de commerce, la valeur ajoutée de la mère au travail

« Si vous savez gérer un groupe de petits enfants, vous pouvez gérer un groupe de bureaucrates. C'est presque la même chose. »

Un cadre cité dans le rapport du Wellesley College, « Le pouvoir des femmes ».

L'éditrice Amanda Cook fait partie des millions d'Américaines qui utilisent leurs talents de mère dans leur travail. L'une des astuces qu'elle a apprises en élevant son jeune fils Aidan s'appuie sur le pouvoir de séduction de la liberté de choix. « Au lieu de dire : "Non, tu n'auras pas de bonbon", je lui demande : "Tu préfères le yaourt à la fraise ou aux myrtilles ?" explique-t-elle. Le principe à l'œuvre est ici l'"illusion de contrôle" ».

Comme l'a découvert Amanda Cook, cette même illusion fait des miracles sur son lieu de travail, où ses auteurs jouissent à présent de la possibilité de livrer un manuscrit en deux ou quatre mois (mais pas six) ou de choisir l'un des deux sous-titres (mais pas le titre). Ce n'est que l'un des nombreux outils que l'éditrice a acquis par le biais de l'éducation de son fils : un enseignement rigoureux dans l'art de comprendre autrui, l'une des astuces les plus fondamentales au travail, bien qu'historiquement sous-estimée.

Il y a aujourd'hui presque vingt-six millions de mères américaines qui travaillent, dont environ 40 % ont des enfants de moins de six ans. Dans des circonstances favorables, n'importe lequel des attributs du cerveau maternel renforcé par la présence d'un enfant peut être utilisé comme avantage professionnel. Tout comme une myriade de savoir-faire plus spécifiques acquis ou développés à la maison, comme la faculté de résoudre inventivement les problèmes, exercer sa patience, reconnaître et nourrir les meilleures qualités d'autrui.

Que vous soyez P-DG d'une des plus grosses entreprises mondiales ou caissière dans un supermarché, le succès au travail et à la maison exige une compétence dans les deux mêmes ensembles de savoir-faire : les capacités logistiques – qui vous permettent de traverser une journée avec le minimum de dégâts et le maximum de productivité – et l'intelligence émotionnelle – qui vous permet de tirer le meilleur parti de votre entourage. C'est plus vrai que jamais à la lumière des profonds changements récents survenus aux États-Unis, et qui ont mené à ce que certains économistes appellent l'« économie de face-à-face ». Alors que les emplois des ouvriers sont délocalisés dans des pays aux salaires plus bas, que les robots les remplacent sur la chaîne de production, et que les tâches répétitives d'employés de bureau sont confiés aux ordinateurs, l'emploi se développe principalement dans deux domaines : les services et les postes de direction. Et cela va de serveuse à soignante pour les personnes âgées jusqu'à avocate et gestionnaire de micro-entreprise.

Et ce sont les mères qui font valoir dans ce domaine les avantages de leur compétence transversale. Par exemple, à San Francisco, Joanne Hayes-White, première femme et mère à diriger le service des pompiers d'une grande ville, juge qu'avoir élevé trois enfants, encore âgés de moins de douze ans, la rend plus intelligente dans sa fonction, ajoutant qu'elle a remarqué la même valeur supplémentaire chez les femmes de son personnel. « Il y a dans notre métier la nécessité d'être disponible en permanence, comme lorsqu'on est une mère, explique-t-elle. Vous devez apprendre à être très organisé et savoir être assez souple pour réagir au quart de tour. Quand la cloche sonne, quoi que vous fassiez, même si vous dormez, vous devez être prêt à décaler. Comme lorsque vous êtes mère. »

Certes, nous n'en sommes pas au jour où l'expérience d'une mère sera pleinement reconnue comme un atout pour un métier. Bien que le fameux « écart salarial » entre hommes et femmes se soit réduit au cours des dernières années – les femmes sans enfants gagnent environ 90 % du salaire d'un homme – les femmes qui ont des enfants gagnent encore moins : en moyenne, 70 % du salaire d'un homme. Cet écart est encore plus prononcé dans le cas des mères célibataires, afro-américaines ou mères de plusieurs enfants.

Cette différence ne peut que partiellement s'expliquer par des handicaps mesurables comme le temps nécessité par le congé de maternité ou d'autres exigences de l'éducation d'un enfant, déclare Diane Halpern, psychologue : « Si une femme quitte le marché du travail pendant quatre ans, l'ensemble de ses revenus sera inférieur à ce qu'elle aurait gagné si elle avait travaillé à plein-temps moins quatre ans de salaire. La pénalité est supérieure au temps d'absence. »

Qu'est-ce qui l'explique ? Peut-être bien ce préjugé tenace, l'idée reçue que des mères ne seront pas aussi fidèles, aussi impliquées ou aussi compétentes que d'autres employés. Des chercheurs de l'université de Princeton qui ont conduit récemment une enquête d'opinion sur les mères qui travaillent ont découvert une preuve explicite de ce préjugé, faisant la conclusion suivante : « Lorsque les femmes qui travaillent deviennent mères, elles font sans le savoir un compromis : chaleur perçue contre compétence perçue. Cet échange leur coûte leur crédibilité professionnelle et compromet leurs chances d'être engagées, promues et généralement soutenues sur leur lieu de travail. »

Ce préjugé perdure malgré le peu de recherches comparant la productivité des mères au travail par rapport aux autres employés. Rien ne nous prouve non plus que les mères en général prennent plus de congés, accusation souvent formulée par les employés sans enfants. Les hommes souffrent du même préjugé : la paternité les aide généralement dans leur carrière, leur donnant le cachet de la stabilité. Mary Ann Mason, professeur de droit à l'université de Californie à Berkeley, a étudié l'influence de la paternité et de la maternité sur la promotion universitaire. Elle a découvert que, dans tous les domaines, les hommes mariés avec enfants constituaient le groupe réussissant le mieux à être titularisés. Les femmes avec enfants de moins de six ans étaient le groupe y parvenant le moins.

Il y a tout de même quelques bonnes nouvelles pour les mères au travail dans l'économie : ces dernières années, les augmentations de salaire ont été en moyenne supérieures pour les femmes mariées avec enfants que pour tout autre groupe, ce groupe ayant augmenté en nombre plus que tout autre depuis les années 1970. Autre fait encourageant, de plus en plus de signes laissent à penser que l'intelligence émotionnelle, naguère considérée comme un gadget, est davantage appréciée – et récompensée – au travail. « Nous avons découvert que lorsque des employés possédaient cette intelligence émotionnelle, leurs collègues et eux-mêmes voyaient cela comme une contribution à un environnement positif et que c'est corrélé à des questions très réelles comme l'augmentation de salaire », déclare Peter Salovey, psychologue de Yale, expert en intelligence émotionnelle.

Peter Salovey et ses confrères ont recueilli des preuves directes de l'existence de ce phénomène en testant récemment les compétences en intelligence émotionnelle de quarante-quatre analystes et employés de bureau d'une grosse compagnie d'assurances. Ils ont découvert que ceux qui obtenaient les meilleurs résultats avaient déjà bénéficié de grosses augmentations de salaire, occupaient un poste plus important et étaient mieux notés par leurs supérieurs.

D'autres études récentes ont donné des conclusions similaires. Par exemple, les meilleurs recruteurs de l'Armée obtiennent les meilleurs résultats dans les tests d'intelligence émotionnelle. Les cadres supérieurs d'un cabinet de conseil international obtenant des résultats élevés dans ces mêmes tests dégageaient 1,2 millions de bénéfices de plus que leurs collègues. Dans des métiers de complexité moyenne, comme vendeur ou mécanicien, il a été découvert que les meilleurs en tests d'IE étaient à 85 % plus productifs que ceux qui avaient des résultats moyens. Dans des fonctions plus complexes, comme courtier d'assurances ou gestionnaire de compte, la différence s'élevait à 127 %.

Alors que de plus en plus d'employeurs reconnaissent la valeur des compétences émotionnelles, ils commencent également à oublier les anciens préjugés contre les mères au travail. « Les entreprises sont de moins en moins méfiantes à leur égard, déclare Cary Chemiss, psychologue de Rutgers, qui conseille des entreprises désireuses d'identifier et d'exploiter l'intelligence émotionnelle de leur personnel. Elles commencent à comprendre que lorsque les gens deviennent parents, ils apportent vraiment quelque chose qui a de la valeur. »

Ce qui peut au final aider les mères au travail, c'est l'attention croissante des médias sur le sujet. Ces dernières années, il a même été question de préciser son statut de mère sur son CV, ce qui aurait été ridicule autrefois. L'ancienne Secrétaire d'État Madeleine Albright, qui a cessé de travailler pendant plusieurs années pour élever ses trois filles, confia récemment à un journaliste qu'elle le préciserait probablement sur le sien si elle cherchait un emploi aujourd'hui. Mais poussons un peu plus avant l'idée. De quel ensemble de compétences apportant de la valeur à la plupart des professions peut se réclamer une mère ? J'en vois quatre : la faculté de coordonner plusieurs tâches dans l'urgence, la fiabilité, l'autorité et l'affection.

Jonglage de haute volée

Il est raisonnable de penser que la plupart des mères mettent en œuvre bon nombre des mêmes structures cérébrales quand elles exercent des métiers sous pression ou qu'elles s'occupent de jeunes enfants. Grâce à cet entraînement souvent difficile et dont l'enjeu est élevé, les mères sont plus douées pour respecter des dates butoirs, coordonner des tâches multiples, trouver des solutions inventives aux impasses, gérer les interruptions fréquentes et demeurer imperturbables en temps de crise.

Les chercheurs découvrent de plus en plus de preuves d'une relation symbiotique entre maternité dévouée et réussite professionnelle. En 2003, un rapport détaillé du Wellesley College sur l'expérience de soixante femmes à la réussite exceptionnelle a découvert que près de 20 % d'entre elles citaient la maternité comme « terrain d'entraînement à la tâche de manager » ; 20 % déclaraient leur style de management, ou celui d'autres individus qu'elles respectaient, comme similaire à la maternité.

De toutes les compétences qu'ont en commun les mères, les cadres ou les employées, celle la plus fréquemment citée par ce rapport et dans des dizaines d'entretiens effectués pour ce livre est la gestion du temps. « En tant que mère, pompier et chef d'une brigade, il faut apprendre à jongler avec les priorités, déclare Joanne Hayes-White. Je me suis rendu compte que les deux tâches ont beaucoup en commun, principalement parce qu'il n'y a jamais assez de temps pour tout faire. »

Ann Moore, P-DG de Time Inc., déclara à un journaliste que l'efficacité des mères qui travaillent en fait de particulièrement bons éléments. « J'aime beaucoup travailler avec des mères de très jeunes enfants, parce qu'elles ne perdent pas un instant. Ce sont des femmes débordées et privées de sommeil, mais elles restent très calmes et je les trouve très efficaces. Je suis toujours impressionnée par tout ce qu'elles sont capables de faire. »

« Je n'ai pas le temps de faire des allers-retours et de me laisser gagner par la névrose », déclare Elizabeth Traut, biologiste, chercheuse et enseignante à l'université de Californie à Berkeley et mère de deux préadolescents. « Par exemple, quand j'étais étudiante, nous étions terrifiées par ce que les gens pouvaient penser de nous et nous nous disions que nous n'en saurions jamais assez. Maintenant que je suis mère, je sais que je n'en saurai jamais assez et c'est ce qui m'a rendue plus concentrée et décidée. »

L'une de ses tactiques consiste à limiter ses tâches, comme les cours qu'elle donne, à un nombre précis d'heures hebdomadaires, sans jamais faire d'exception. Elle se dit qu'elle fera de son mieux dans cette limite et déclare y être parvenue jusqu'à présent. Son mari, Jason, instituteur, déclare qu'il a lui aussi constaté un changement chez sa femme, après sa maternité : elle semble capable de lire et saisir plus rapidement les textes scientifiques. « Quand je sais que je n'ai qu'une quantité donnée de temps, c'est comme si cela éliminait le bruit de fond », explique-t-elle.

Découlant de la gestion du temps, la faculté d'une mère à être multitâche est également fréquemment citée par les mères et leurs chefs comme une valeur ajoutée à leur travail. Patty Ochoa, employée de supermarché et mère de trois enfants, dont deux adolescents encore à sa charge, se laisse rarement démonter quand elle doit encaisser – ce qui exige de mémoriser une centaine de codes – tout en emballant les marchandises, répondant au téléphone et s'occupant d'autres clients qui lui demandent de l'aide. « Ça pleut de partout, mais je suis tellement habituée que je suis sur pilote automatique, et il n'y a pas une mère qui ne comprendra pas de quoi je parle. »

Au-delà de la gestion du temps et du multitâche, la maternité peut souvent aider une femme à acquérir des compétences générales dans une impressionnante variété de tâches. C'est un marronnier classique de la Fête des Mères, lorsque les médias s'interrogent sur le salaire que devraient recevoir les mères si la société reconnaissait les différentes tâches qu'elles accomplissent.

L'une des estimations les plus audacieuses apparaît dans le rapport annuel d'Edelman Financial Services : il suggère qu'un salaire raisonnable pour une mère active pourrait avoisiner les 635 000 dollars pour toute une liste de tâches incluant soins aux enfants, cuisine, ménage, soins aux animaux de compagnie, gestion financière, transports, supervision des devoirs, etc.

Fiabilité : j'ai vraiment besoin de ce boulot !

Au groupe hôtelier Reneson de Novato, en Californie, presque un tiers des 225 employés sont des mères. Jennifer Wade-Yeo, chargée des embauches, en engagerait probablement plus si la loi ne lui interdisait pas de discriminer selon le statut familial : « Les mères sont indiscutablement plus fiables, parce qu'elles ont une famille à faire vivre. Les personnes sans enfants peuvent changer de métier. Mais celles qui ont des enfants ont besoin d'argent. Et d'avoir une vie organisée. » Bien que beaucoup d'employeurs pensent encore que la maternité mobilise l'énergie et l'engagement d'une mère dans sa vie professionnelle, en réalité, c'est souvent tout le contraire. Beaucoup de femmes qui travaillent se donnent beaucoup plus de mal, que ce soit par nécessité financière ou plus simplement parce que cela les change de ramasser les Lego qui traînent par terre.

À la brigade des pompiers de San Francisco, où 223 des 1 600 officiers en tenue sont des femmes – l'un des effectifs les plus élevés des États-Unis –, Joanne Hayes-White déclare que les gardes de vingt-quatre heures sont visiblement plus difficiles pour les soixante-dix mères qui y travaillent. Pourtant, ajoute-t-elle, elles se débrouillent, le plus souvent en échangeant leurs horaires avec d'autres collègues, et leur dévouement à leur fonction « compense totalement » ces petits problèmes d'horaires.

Lori Willis déclare qu'il lui arrive d'aller travailler le dimanche, quand son ex-mari prend leur fils, juste pour dépenser son énergie. « J'en fais tellement durant la semaine et j'ai tellement l'habitude de foncer que lorsque je suis de congé, je ne sais pas quoi faire. Mon cerveau réclame l'action. » D'autres mères renchérissent que travailler à une capacité maximum semble accroître leur endurance et leur donner la possibilité de fonctionner à plein régime. La neurologue virginienne Kelly Lambert a mené ses recherches sur les rats avec Craig Kinsley tout en rédigeant un livre, en enseignant, en dirigeant son département de psychologie et en élevant ses deux filles. Pourtant, malgré toute cette dépense d'énergie, elle déclare qu'elle se sentait plus intelligente, plus productive, et qu'elle a eu besoin de moins de sommeil qu'en aucune autre période de sa vie.

Tout particulièrement pour les mères qui ont la chance d'avoir un métier qui les intéresse, aller au travail peut constituer un répit bienvenu dans les corvées domestiques, contraste qui peut les rendre d'autant plus efficaces professionnellement. C'est peut-être pour cette raison qu'une étude a permis de découvrir récemment que les employées mariées, y compris avec enfants, qui faisaient les trois-huit, se déclaraient plus satisfaites dans leur vie et leur carrière que leurs collègues célibataires. Sue Sommer, urgentiste habituée à des horaires inhabituels, affirme que lors des moments les plus difficiles « quand il y a du sang partout et que des patients s'écroulent sous mon nez », elle parvient mieux à garder son sang-froid que lors de crises chez elle avec ses deux garçons de six et huit ans. « Il y a un système en place, ici, et, en tant que médecin, je suis obligée de le maîtriser. Je peux demander à quelqu'un de faire quelque chose, et ce sera fait. »

L'idée de contrôle, même minimal, ne peut que ravir quelqu'un qui connaît le chaos dans lequel on est plongé quand on élève des préadolescents. « C'est rassurant de savoir qu'on voit un patient, qu'une fois cela fait, on en voit un autre, etc., et que tout est terminé quand vous rentrez chez vous, déclare Sue Sommer. En revanche, la maternité est un processus où l'on voit rarement des résultats immédiats et où on doit constamment garder la foi. »

Arlie Hochschild, professeur de sociologie de l'université de Californie à Berkeley, a étudié ce phénomène dans son fascinant ouvrage paru en 2001, *Le Lien du temps.* Elle a découvert que beaucoup de parents qui travaillaient dans l'entreprise qu'elle étudiait répugnaient à réduire leur charge de travail ou à tirer avantage des assouplissements d'horaires qui leur étaient proposés – non parce qu'ils avaient besoin d'argent, mais parce que leur profession était devenue une agréable distraction par rapport aux incessantes exigences de la vie domestique. Cette découverte en dit long sur l'inquiétant état de la tâche de parent aux États-Unis – sujet que nous examinerons au prochain chapitre – mais souligne combien avoir des enfants peut augmenter la motivation professionnelle.

Le salaire demeure cependant la principale récompense du travail, et c'est clairement la première raison pour laquelle beaucoup de femmes sont professionnellement plus impliquées quand elles ont des enfants. Lori Willis déclare que la naissance de son fils l'a conduite à obtenir un poste mieux remunéré. D'autres mères, confrontées aux nouvelles exigences financières de leurs enfants, suivent des formations, font des heures supplémentaires et se donnent plus de mal pour réussir leur carrière.

Enfin, il existe une autre sorte de responsabilité – modelant les choix personnels et le caractère – que les mères et les pères qui travaillent peuvent acquérir chez eux et utiliser dans le cadre de leur profession. Dans le livre d'Ann Crittenden, *Si vous avez élevé des enfants, vous pouvez tout faire*, Valerie Hudson, professeur de sciences politiques à la Brighan Young University et mère de six enfants, la qualifie d'« habitude d'intégrité », sous-entendant que l'on a tendance à faire davantage attention au poids moral de chaque action une fois que l'on est conscient d'être un exemple permanent pour son enfant. « Les mères doivent se forger une vie que leurs enfants pourront imiter, déclare-t-elle. Elles sont au premier plan pour eux. Parfois, je me dis que je peux tricher un peu pour me faciliter la vie, puis je me rends compte qu'ils voient parfaitement ce que je fais et qu'il faut que je leur donne l'exemple. »

L'art maternel du management

Lorsqu'on lui demanda un jour ce qui, dans son rôle de mère, l'avait le plus aidée dans sa carrière diplomatique, l'ancienne Secrétaire d'État Madeleine Albright répondit : « Faire en sorte que tout le monde joue gentiment ensemble ! » En d'autres termes, la maternité lui avait fourni la base de son expertise pour gérer une immense administration et superviser des négociations délicates dans des conflits étrangers. À chaque fois, les gens lui faisaient penser à « des enfants qui se chamaillent et qui n'ont pas l'air de comprendre le point de vue des autres ». Mais elle avait appris à s'assurer que les enfants cessent de se chamailler et « essaient de comprendre pourquoi l'autre tient tellement à son jouet. Une bonne partie des relations repose sur le respect de l'autre ».

« Pour certains, le bureau est un substitut de la famille, et pour d'autres, un utile complément, a observé la romancière Fay Weldon. Les chefs sont les parents, les subordonnés les enfants et les collègues la fratrie. » Dans un tel contexte, les rivalités entre frères et sœurs et la révolte contre l'autorité sont inévitables, et savoir comment les gérer est précieux. Le travail du manager se résume souvent à résoudre des conflits émotionnellement chargés, à consoler ceux qui sont lésés et à encourager chacun à donner le meilleur de lui-même.

Jane Lubchenco, la zoologiste du chapitre 5, dont les responsabilités comprenaient la direction de son département à l'université d'Oregon et la présidence de l'Association américaine pour le progrès de la science, la plus grande société scientifique du monde, déclare que l'une des choses qu'elle a apprises en élevant ses deux fils est l'art de rester « analytique » face aux colères des autres. « Je me suis nettement améliorée dans l'arbitrage et la résolution de conflits entre mes collègues, parce que je voyais dans leur comportement l'expression adulte de celui de mes fils. Je pouvais garder mes distances parce que j'étais capable de me dire : "Ce ne sont que quelques adultes qui piquent leur crise." » Comme le dit Kathy Mayer, médecin dans le Colorado : « Avant d'être mère, il m'arrivait de compatir plus que de raison. Mais maintenant, lorsque j'écoute quelqu'un me confier un problème, il m'arrive parfois de lui répondre : "Tu pleurniches encore plus que mon gosse de neuf mois ! Ressaisis-toi !" »

La discipline fait également partie de la fonction du manager, bien que l'on utilise rarement ce terme. Les chefs, comme les mères, doivent savoir fixer des règles et les faire respecter. À San Francisco, Joanne Hayes-White déclare que son entraînement régulier chez elle avec ses enfants l'a considérablement aidée à maîtriser sa fonction de chef des pompiers, poste auquel elle a été nommée à trente-neuf ans en 2004. « J'ai été capable de formuler clairement les limites. Dans les deux situations, il s'agit de dire : voilà les règles et ce qu'on attend de vous, et voilà ce qui se passera si vous enfreignez les règles. »

Même un outil domestique aussi simple que déclarer une « suspension » se révèle efficace, selon Jane Lubchenco. « Certes, je n'irais pas dire à quelqu'un de mon âge d'aller dans sa chambre, mais j'ai compris que, parfois, les gens ont besoin de lâcher la vapeur, de s'isoler et de réfléchir sur le problème au lieu d'insister pour qu'il soit résolu sur le champ, déclare-t-elle. Le concept de suspension permet non seulement aux enfants de se calmer, mais il vous est également profitable. » D'autres mères managers citent la valeur de tactiques comme « surprendre » un enfant à faire correctement quelque chose et se montrer généreuse dans les compliments fondés, toutes choses utiles pour mettre dans sa poche ses enfants comme ses subordonnés.

Soulignant les similitudes comportementales entre parents et managers, la journaliste Ann Crittenden raconte la révélation qui lui inspira son livre sur les mères-managers. Peu après la naissance de son fils en 1982, « [elle dévorait] les livres sur les bébés et [remarqua] l'étrange ressemblance entre les conseils formulés dans ces ouvrages et les livres de management [qu'elle avait lus] ». Elle eut l'intuition qu'une bonne partie de ces conseils était simplement reformulés pour des publics différents. Des années plus tard, son intuition fut confirmée quand elle assista, à Harvard, à un séminaire du gourou du management William Ury, sur le thème « Gérer des personnalités et des situations difficiles ». « Comme de bien entendu, les conseils de management étaient en grande partie du même type que ceux que l'on peut trouver dans n'importe quel bouquin sur l'éducation des enfants. »

Publiquement, William Ury déclarait ses conseils inspirés par « des sources à la virilité irréprochable, comme Sun Tzu, le légendaire général chinois, et Carl von Clausewitz, le stratège militaire prussien », raconte Ann Crittenden. Mais durant le déjeuner, il lui confirma en souriant que la majeure partie de son enseignement lui venait en fait de Haim Ginott, psychologue et auteur en 1956 de la bible des parents, *Les Relations entre parents et enfants*. Ce dernier souligne l'importance fondamentale d'aider l'enfant à sentir qu'il a été entendu et compris – tactique aussi utile pour les managers que pour les parents. De la même manière, les experts en management d'aujourd'hui soulignent la nécessité de réfréner les instincts machos pour dominer les négociations et aboutir à une solution « win-win » – où tout le monde est gagnant.

Cette tendance « d'avant-garde » à instaurer l'esprit d'équipe et le sentiment d'appartenance était déjà mise en avant dans les années 1920 par une pionnière : Mary Parker Follett, militante, auteur et consultante en management. Elle donna de nombreuses conférences sur l'utilité du « management participatif », dans lequel managers et employés se voient comme des partenaires, et conçut quelque chose qui s'apparente à ce que nous appelons aujourd'hui l'approche win-win dans les négociations. Bien qu'adoptées au Japon et dans d'autres pays, ses idées furent ignorées pendant plusieurs décennies aux États-Unis.

À l'époque, l'idée de considérer le management comme un domaine spécifique d'étude commençait à peine à prendre forme et le modèle dominant était le type d'organisation hiérarchisée inspiré de l'armée, où les hommes détenaient presque toutes les positions supérieures. Cependant, aujourd'hui, Follett est de nouveau à la mode. Sir Peter Parker, directeur de la London School of Economics, la considère comme « la mère du management », elle qui n'a pourtant jamais eu d'enfants.

L'idée répandue que les femmes managers réussissent souvent grâce à un style de direction plus « féminin » et « participatif » est le sujet de plusieurs livres récents. En 1995, *Avantage aux femmes : les styles de management des femmes*, de Sally Helgesen, dressait le portrait de quatre femmes cadres qui suivaient un modèle « féminin » de communication directe, privilégiant le relationnel et un « réseau d'inclusion » pour réussir. Un autre livre, *Les Qualités de management propres aux femmes*, suivait quatorze femmes cadres qui « utilisaient leur féminité pour diriger ». « Il s'agit en partie de créer un esprit d'équipe, expliqua une femme cadre à Sumru Ekrut, directrice de l'étude sur les femmes managers de Wellesley. Et une famille, c'est aussi cela : amener les enfants à travailler ensemble et à ressentir l'esprit de famille au lieu de se chamailler. »

Le concept d'esprit d'équipe s'étend à une autre tâche fondamentale du manager : le rôle de mentor. Les mères qui ont l'habitude d'aider leurs enfants à s'améliorer ont moins de mal à le pratiquer avec des adultes. « Quand on voit une mère emmener son enfant au jardin public, c'est une expérience de développement, déclare Rayon Sharpnack. Elle lui explique qu'il faut attendre que le feu passe au vert pour les piétons, regarder des deux côtés avant de traverser, etc. Du coup, quand elle travaille, cette pratique de formation et de développement est déjà pour elle une seconde nature. »

Un trait manageurial remarqué chez les mères qui travaillent et apprécié de leurs employés est la résistance au micro-management. C'est en partie dû au fait qu'elles n'ont tout bonnement pas le temps. Mais ce défaut se transforme en qualité lorsque les cadres savent quand déléguer des tâches, ce qui permet de renforcer les compétences de leurs employés. Il se peut que les mères cadres débordées délèguent initialement par nécessité et, voyant que c'est efficace, continuent par stratégie.

Avec six enfants et sept ans au poste de P-DG de l'entreprise qu'elle a fondée, Trainer Communications, Susan Trainer s'est rendu compte que prendre du recul serait bénéfique pour sa famille comme pour l'entreprise. « La stratégie qui m'a aidée à développer mon entreprise à son niveau actuel n'aurait pas fonctionné si j'avais tenu à m'occuper de tout », confia-t-elle à *Working Mother Magazine.* Elle commença par déléguer les principales tâches à son personnel, cessa de diriger toutes les réunions avec les clients et même d'assister à certaines. « C'était nécessaire. Nous pouvons doubler la taille de l'entreprise, mais ce n'est pas en me forçant à travailler deux fois plus. »

Professions de santé : en pratique

Maria Calles, immigrante salvadorienne, travaille dans un univers qui peut sembler de prime abord très différent de celui de Susan Trainer. Aide à domicile pour des personnes âgées à San Francisco, elle travaille dans le secteur des métiers de services dont la croissance est exponentielle depuis que les habitants des pays industrialisés vivent plus longtemps, ont moins d'enfants et dépendent de plus en plus de tiers. S'occuper d'un adulte dépendant peut paraître intellectuellement simple, mais cela demande souvent beaucoup de cervelle, comme le sait fort bien Maria Calles. En s'occupant de son fils adolescent, Fernando, elle a compris combien il était important de déchiffrer l'état d'esprit de ses clients, de respecter leurs frontières et de se retenir d'être spontanément, comme elle le dit, « trop envahissante ». À force d'avoir passé du temps avec Fernando lorsqu'il était déprimé, elle déclare : « J'ai appris quand intervenir et quand je devais le laisser tranquille. On apprend très bien cela avec les enfants, parce qu'ils sont très directs avec vous quand ils fixent les limites. » Comme toujours, la pratique intensive de certains comportements peut modifier la manière de penser, ce qui modifie dès lors le comportement par la suite. Les mères qui travaillent et s'occupent de leurs enfants une grande partie de la journée apportent un plus à tous les métiers comme infirmière, physiothérapeute ou métiers de la forme.

Mais il n'en demeure pas moins que l'empathie et d'autres compétences sociales si utiles dans les métiers de la santé sont tout aussi précieuses dans des métiers moins spécifiques. Bien que ne figurant jamais sur son CV, de tels savoir-faire chez un manager peuvent souvent faire toute la différence – subtile, mais cruciale – entre moral et productivité bas ou élevés. « Nous ne remarquons peut-être pas toutes les attentions que témoignent un contremaître, un président d'université ou un artisan : nous ne voyons pas à quel point ces métiers sont arides quand l'empathie n'en fait pas partie », écrit Mary Catherine Bateson dans *Façonner une vie.*

Après que ma sœur psychiatre Jean cessa de consulter des patients à son cabinet pour diriger tout le personnel médical du Colorado Permanente de Denver, elle fut surprise de découvrir à quel point elle était obligée de materner ses employés : « Cela peut me prendre des heures de mon temps quotidien ». Selon Barry Lester, pédopsychiatre de Rhode Island, l'expérience avec les bébés – les vôtres comme ceux des autres – change considérablement votre compétence en la matière. « D'un point de vue général, avoir des enfants vous rend plus compréhensif, plus patient. Vous savez mieux prendre du recul, vous avez une perspective plus large et vous ne faites pas de conclusions hâtives. »

Pour Barry Lester, en particulier, maîtriser la faculté de déchiffrer les signaux non verbaux du bébé est un grand pas en avant pour développer des relations réussies avec les adultes. Il a constaté ce lien lui-même entre son rôle de père de trois enfants et celui de directeur de clinique, et il l'a observé chez ses collègues, qu'ils aient ou non des enfants. « Ils arrivent très bien à deviner l'état d'esprit des autres parce qu'ils passent leur temps à le faire avec les enfants. Ils sont subtilement sensibles dans leurs relations. »

« On me demande si j'aurais plus tendance à engager une mère, déclare Joanne Hayes-White, la chef des pompiers de San Francisco. Je considère toujours l'ensemble des compétences, mais je suis convaincue que c'est un plus d'avoir quelqu'un qui fait ou qui a l'expérience de la maternité. » Pour Hayes-White, avoir des parents dans son personnel représente un « service rendu à la communauté, non seulement parce que cela permet une meilleure diversité, mais parce qu'elle trouve que les parents sont émotionnellement plus réactifs et surtout plus doués dans le relationnel ». « Vous changez. Votre vie n'est plus uniquement centrée sur vous. Vous devez vous adapter à des responsabilités supplémentaires et je crois que vous acquérez une perspective plus large. »

D'après elle, cette perspective est utile de bien des manières pour un pompier. « Nous vivons dans une ambiance familiale. Nous nous occupons les uns des autres. Quand vous travaillez vingt-quatre heures sur vingt-quatre, vous partagez les repas et des dortoirs communs. Et puis ce métier implique beaucoup d'attention à autrui. Nous administrons des soins médicaux et, en bien des occasions, nous nous retrouvons dans des situations très chargées émotionnellement. Quand vous devez informer des familles d'une mauvaise nouvelle, votre capacité de compassion est très importante. »

Comme le faisait remarquer Sara Ruddick il y a vingt-cinq ans, la pratique des soins peut être à l'origine d'une vision différente du monde, y compris dans la sphère professionnelle. Beaucoup de mères qui travaillent voient cette expérience au foyer comme une source de créativité au travail. Rédactrice de la *Columbia Journalism Review*, Judith Matloff, ancienne correspondante à l'étranger pour l'agence Reuters, cite plusieurs autres mères correspondantes qui estimaient que la maternité faisait d'elles de meilleures journalistes, percevant mieux la souffrance humaine. « J'ai pris un grand nombre d'incroyables photos de femmes et enfants en temps de guerre ou de famine qui ont eu un énorme impact sur l'opinion, déclare Cynde Strand, chef d'édition au service international de CNN. Mais je n'ai vraiment “vu” ces photos que lorsque j'ai eu moi-même un enfant. »

La maternité peut également former une intense et immédiate relation à autrui dans des situations plus ordinaires, facilitant par exemple la fidélité des clients. Ainsi, dans un magasin de Greenbrae, en Californie, les clients choisissent toujours la caisse de Patty Ochoa, même si la file y est plus longue. Ils sont heureux de lui parler de leurs enfants et d'avoir des nouvelles des siens, raconte-t-elle. « Il y a beaucoup de mères qui passent par ma caisse pour avoir une conversation à propos des enfants, explique-t-elle. On a un lien particulier, parce que les caissières sans enfants sont étrangères à ce monde-là. » Cet avantage social dépasse les barrières de classe. « Il faut le reconnaître, la plupart des cadres supérieurs ont des enfants, déclare Kathryne Lyons, agent immobilier à Manhattan. Et quand j'ai eu mon bébé, c'est devenu un point commun dont nous pouvions parler. Plusieurs de mes clients m'ont envoyé des fleurs et la plupart me parlent de ma fille quand ils me voient. »

Le simple fait de comprendre que les autres ont des vies multidimensionnelles peut transformer des gens qui se sont entièrement concentrés sur leur carrière. Si vous le faites au détriment des autres aspects de votre vie, vous avez tendance à ne voir que votre travail, à faire des montagnes de broutilles et à devenir pénible pour vos collègues. Avant d'avoir mes enfants, je ne comprenais pas pourquoi mes rédacteurs en chef se plaignaient que je sois aussi maniaque avec mes articles en réclamant de pouvoir les peaufiner bien au-delà de la date de bouclage. Je m'imaginais vertueusement qu'on était jaloux de mon perfectionnisme, alors que ces gens voulaient simplement rentrer chez eux retrouver leur famille. Aujourd'hui, je suis toujours maniaque, mais c'est sans commune mesure : j'ai moi aussi envie de rentrer. Comme beaucoup d'autres mères, je tire beaucoup de fierté de mon travail, mais j'ai l'impression de manquer à mes devoirs si je ne m'investis pas auprès de mes enfants.

CHAPITRE 11

PLUS FUTÉE QUE JAMAIS : POURQUOI LA MATERNITÉ EXIGE AUJOURD'HUI BEAUCOUP DE CERVELLE

« Parfois, j'ai l'impression que ma mère est la seule à savoir vraiment qui je suis : un gamin furtif, qui désobéit et fait des cochonneries dans sa chambre. »

JAMES ATLAS,
Paroles de mères et de fils.

Marian Sandmaier savait que quelque chose n'allait pas chez sa fille de seize ans, bien que deux médecins lui aient dit de ne pas s'inquiéter. Darrah se plaignait de maux de tête aigus et d'une étrange sensation de nausée. De plus en plus inquiète, sa mère, journaliste freelance en Pennsylvanie, agit comme des millions de gens qui ont des questions auxquelles leurs médecins ne peuvent ou ne veulent pas répondre : elle chercha elle-même des informations sur l'Internet et établit le diagnostic.

Elle découvrit très vite que sa fille souffrait d'une réaction neurologique extrêmement rare à la minocycline, antibiotique qu'elle prenait pour un problème dermatologique persistant. Du liquide s'accumulait dans sa boîte crânienne, problème qui, faute de traitement, pouvait conduire à des douleurs chroniques et à la cécité. Le médecin de Darrah n'avait même pas demandé si elle était sous médicaments. Elle cessa de prendre l'antibiotique et se rétablit en quelques jours. Marian Sandmaier raconta son expérience dans un article qui parut dans plusieurs journaux.

Être mère était autrefois un travail plus physique. Il fallait laver les couches, préparer des repas, repasser des vêtements. Aujourd'hui, il est de plus en plus cérébral et oblige les femmes à réfléchir dans l'instant. À notre époque où il est habituel de consulter divers praticiens, où les procès pour erreur médicale et la méfiance font florès, les autorités, qu'il s'agisse des médecins, des professeurs et des grands-mères, ont perdu beaucoup de leur prestige. Du coup, le choix incombe aux mères, forcées de chercher toutes seules la solution. Notre principal avantage est notre dévouement, mais nous devons nous montrer plus futées, et souvent, nous le *devenons.*

Cette tendance, qui fait de la maternité humaine une tâche de plus en plus exigeante au point de vue cognitif, s'est installée plus largement au cours de l'évolution. Chez les autres mammifères, le comportement parental diminue après le sevrage des petits, mettant un terme à sa très forte influence neurochimique. Chez les humains, dont le cerveau se développe sur une période plus longue, elle peut rester intense pendant dix à vingt ans : de longues années durant lesquelles une mère, utilisant toutes ses ressources mentales, est l'unique moyen de protection pour son enfant en développement contre un monde souvent dangereux.

Au chapitre 10, nous avons vu comment les compétences particulières d'une mère l'aident à être un acteur de l'économie « personne-à-personne ». Dans celui-ci, nous voyons en quoi elles sont essentielles dans la société actuelle. Le déluge d'informations contemporain exige de chacun qu'il ait plus de jugeote que jamais, mais les mères, qui sont obligées de se battre pour elles-mêmes comme pour leurs enfants, doivent en avoir plus que quiconque.

Quatre développements ont en particulier accru les défis mentaux de la maternité au cours des dernières générations. En premier lieu, l'abondance de théories et de conseils aux parents, qui bénéficient ces dernières années du poids de la recherche neurologique : les mères sont à présent considérées comme responsables de la manière dont fonctionne le cerveau de leurs enfants. Il y a également les nouveaux défis médicaux souvent complexes comme celui qu'a connu Marian Sandmaier : les mères se retrouvent souvent dans le rôle du praticien contre-expert. Il y a la détérioration de l'enseignement public, allié à une sélection plus sévère dans les universités et à un marché du travail de plus en plus impitoyable : les mères doivent plus que jamais s'informer sur les filières éducatives tout en surveillant des devoirs qui commencent désormais dès la maternelle. Et enfin, il y a le consumérisme galopant qui menace non seulement le bien-être de nos enfants, mais aussi l'environnement naturel dont ils hériteront : les mères consciencieuses doivent constamment arbitrer entre la gratification immédiate et les conséquences à long terme.

Cet ensemble croissant de responsabilités oblige les mères à remettre en question le stéréotype du « cerveau de mère » qui pourrait nous conduire à penser que nous ne sommes pas assez qualifiées pour nous dresser contre d'autres autorités. C'est de plus en plus le défi que nous devons relever. « On sous-estime constamment le fait que les mères doivent négocier les cultures dans lesquelles elles vivent : elles ont l'obligation à la fois d'y vivre et d'y résister, déclare Sarah Ruddick. Et cela a toujours été beaucoup plus complexe qu'on ne veut bien le reconnaître, et encore plus aujourd'hui. »

« Maternage intensif » et bébés intellectuels

Dès la fin des années 1990 (la « Décennie du cerveau »), le message de la culture occidentale aux mères était que nous desservions nos enfants si nous ne commencions pas à stimuler leur cerveau *in utero*. Parmi les cadeaux les plus répandus aux jeunes mères, on trouvait des vidéos « Bébé Mozart » ou des mobiles destinés à stimuler le regard du nouveau-né. Des organisations comme l'Institut pour l'accomplissement du potentiel humain de Philadelphie présentaient des exemples comme un enfant de quatre ans qui « lisait par plaisir, s'acquittait de nombreuses tâches ménagères, jouait du violon, participait à des courses de cinq mille mètres et nageait admirablement ». Apparemment, les jeunes cerveaux possédaient un potentiel nouveau et largement inexploité ; en conséquence, alors que le credo des années 1970 recommandait de ne pas étouffer les enfants, la nouvelle mission était de les encourager à en faire toujours plus.

En 1997, des parents inquiets se passaient un article du magazine *Time* où des neurologues discutaient de toutes les petites fenêtres qui s'ouvrent – et se ferment – dans le cerveau en pleine croissance du bébé et formulaient des dates butoirs pour tirer le meilleur bénéfice de l'exposition à des langues étrangères ou à la musique. L'auteur mettait en garde :

> « À une époque où mères et pères disposent de moins en moins de temps et se sentent peut-être déjà coupables de passer autant de temps loin de leurs enfants, les résultats fournis par les laboratoires ont toutes les chances de les dissuader de confier leur progéniture à d'autres. En effet, les données soulignent combien il est important d'éduquer soi-même son enfant, de trouver le temps de câliner un bébé, de parler à un tout petit et d'offrir aux enfants des expériences stimulantes. »

Alors que l'éducation du cerveau du bébé devenait un sport de plus en plus compétitif, en 2004, le *Wall Street Journal* proclamait l'avènement de la « conversation utérine – le dernier cri en matière d'éducation ». Il présentait une femme enceinte, « désireuse de mettre son futur bébé dans les starting-blocks », qui interrogeait des experts scientifiques sur la manière dont « tirer le meilleur parti du temps que passait son bébé dans son ventre », et décrivait des innovations comme le « Système éducatif prénatal babyPlus », un appareil électronique produisant des bruits rythmés et présenté comme l'équivalent sonore des vitamines prénatales. D'autres parents firent écouter à leurs fœtus de la musique classique avec des écouteurs. J'en fis moi-même l'essai avec mon pauvre petit Joey, jusqu'au jour où mon frère Jim me fit remarquer que, à l'échographie, le fœtus donnait l'impression de supplier que j'arrête. Certains experts mettent en garde contre ces concerts prénatals qui peuvent troubler le rythme du sommeil de l'enfant.

Pourtant, à force de s'entendre dire que l'éducation fait toute la différence, beaucoup de mères se croient obligées de la commencer le plus en amont possible. La même année que la parution de l'article du *Time*, la frénésie atteignit de tels sommets que la sociologue Sharon Hays forgea le terme *maternage intensif* pour décrire ce nouveau comportement. Pour elle, l'éducation prénatale a été promue par la prolifération de livres de conseils, alors qu'un sondage révèle que 90 % des mères américaines déclarent en avoir lu au moins un. Bien que nous ne disposions pas de données comparables pour d'autres pays, Sharon Hays déclare que la réaction à son livre en dehors des États-Unis – notamment en Allemagne, en Grande-Bretagne, en France, en Argentine et au Brésil – l'a convaincue qu'il s'agissait d'un phénomène mondial. « Plus on vit dans une société au capitalisme poussé, plus ont voit fleurir de livres sur l'éducation des enfants », dit-elle. Pour elle, c'est en partie dû à l'afflux croissant des femmes sur le marché du travail, alors que les travailleurs sont de plus en plus mobiles et que le soutien du reste de la famille est de moins en moins fréquent. « Dans ces sociétés, la famille devient le dernier bastion de la vie privée, mais comme il y a de moins en moins de membres de la famille disponibles, la mère devient l'élément crucial, explique-t-elle. Et tout le monde se demande comment elle va se débrouiller. »

Cette obsession actuelle de stimulation des enfants est considérée par les générations précédentes comme une absurdité, déclare Sharon Hays. Elle est considérée comme ridicule dans des pays comme la Russie, où la norme consiste à se reposer sur le reste de la famille.

À la fin des années 1990, les mères américaines passaient autant de temps, et peut-être même davantage, avec leurs enfants que les mères d'il y a trente ans, malgré le temps qu'elle devaient consacrer désormais à leur travail. Pour beaucoup, ce changement d'emploi du temps est à l'origine d'une diminution des loisirs, et du sommeil. Et là encore, ce n'est pas seulement la quantité de temps passé avec les enfants qui s'est modifié, mais également sa qualité. « Si ma mère m'envoyait jouer dans la rue toute la journée, elle disait qu'elle s'occupait de moi », raconte Sharon Hays. « Mais les mères actuelles ne considèrent qu'elles s'occupent de leurs enfants que si elles leur consacrent l'intégralité de ce temps. » L'idée que l'enfant est négligé s'il n'est pas constamment occupé et stimulé conditionne la décision de le confier à des crèches, par exemple. Beaucoup de mères, remarque la sociologue, ne se reposent plus sur la solution de facilité consistant à laisser leurs enfants à des membres de la famille – même si ceux-ci sont disponibles et que les mères ne sont pas financièrement à l'aise – et préfèrent les confier à des professionnels, ce qui exige non seulement des moyens financiers, mais du discernement pour les choisir correctement. Les mères disposant de telles ressources se sentent également obligées d'accumuler les programmes éducatifs extrascolaires.

La question de la discipline occupe également bien plus aujourd'hui l'esprit des mères. Alors qu'il y a seulement une ou deux générations, il était encore socialement acceptable, sinon considéré comme juste, de donner la fessée, la technique bien plus complexe de la négociation est désormais le standard occidental. Ce changement provient d'une manière de percevoir l'enfant fondamentalement différente, post-victorienne, selon

Peter Stearns, auteur de *Parents angoissés : histoire de l'éducation moderne en Amérique*. Alors que les enfants étaient jusque-là perçus comme robustes et résistants, ils sont maintenant vus comme vulnérables et malléables. Ce changement a mis les parents sous le feu croisé des auteurs de livres de conseils, qui se font les avocats de la permissivité, et les critiques sociaux, qui déplorent le nombre croissant d'enfants intenables.

Une fois encore, c'est plus souvent aux mères qu'aux pères qu'incombe la tâche de raisonner, de négocier et de marchander. Beaucoup d'hommes répugnent désormais à endosser le rôle du méchant, rendant vide de sens la légendaire menace : « Tu vas voir quand ton père sera rentré. » Du coup, les mères se retrouvent aux commandes ou, plus exactement, noyées sous les livres, les conférences et la mise en pratique à base de tableaux de récompense et de réprimandes. « J'ai suivi deux conférences et essayé environ cinq programmes au cours des deux dernières années, raconte Michelle Bullard, mère de deux préadolescents. Tous marchent pendant un temps, puis il faut en trouver un nouveau. Quand j'étais petite, personne ne demandait aux enfants leur avis. Je pensais que c'était efficace, parce que les enfants en voulaient à leurs parents, mais maintenant, c'est le poste des dépenses médicales des mères qui monte en flèche. »

Plus de soucis de santé, moins de soutien médical fiable

Mes parents, pour qui élever des enfants était déjà assez pénible, ne mettaient pas leur ceinture, fumaient vitres fermées, sortaient sans emporter de téléphone portable et nous servaient de temps en temps des plats tout préparés. Moi, pour mes enfants, je m'inquiète du taux croissant d'asthme, autisme et allergie, des maladies résistantes aux antibiotiques, de la vache folle, des armes biologiques, du changement climatique, de la prolifération nucléaire, etc.

Alors que nos aïeules n'avaient besoin que de lever le nez au vent ou de guetter les rugissements des fauves, nous lisons la presse et regardons les journaux télévisés, analysons la moindre alerte et nous démenons pour protéger au mieux nos enfants, tout en essayant de distinguer entre ce que nous pouvons et ne pouvons pas changer.

Mon tempérament particulier et mon accès à l'information en tant que journaliste me donnent tout le loisir et l'occasion de m'inquiéter de tout un ensemble anormalement vaste de dangers potentiels. Mais même la plus placide des mères qui ne lit jamais la presse ne peut faire autrement que d'affronter au moins quelques menaces sanitaires de base.

Un simple coup d'œil dans les cours de récréation permet de distinguer un péril moderne : l'alarmante augmentation de l'obésité infantile. Dans le monde entier, le nombre d'enfants en surpoids a doublé entre les années 1980 et les premières années du IIIe millénaire, faisant d'un enfant américain sur cinq la proie de l'hypertension, du diabète et des maladies cardiaques. Les adultes, dans la plupart des pays développés ou en voie de développement, connaissent le même problème : l'OMS l'a attribué à tout un ensemble de facteurs, dont la télévision disponible vingt-quatre heures sur vingt-quatre, la promotion et la commercialisation croissantes d'aliments gras et la fréquentation régulière des restaurants et des fast-foods. Comme les mères sont généralement les chargées de courses, de la cuisine et des entraînements sportifs, ainsi que celles qui doivent éteindre la télévision ou l'ordinateur, l'attention que nous portons à ce phénomène peut faire une grande différence. Mais là encore, nous devons nous dresser contre une culture où les écoles ont réduit le budget des activités sportives et installé des distributeurs de sodas, et où les parents des copains de nos enfants les emmènent en voiture fêter un anniversaire dans un fast-food.

De nos jours, les mères ne peuvent plus lire tranquillement un magazine dans la salle d'attente du pédiatre. Si le débat est vif pour savoir si les médecins passent plus ou moins de temps qu'avant avec leurs patients, il est généralement admis qu'ils jouissent de moins de confiance de nos jours. « Aucun des médecins que j'ai vus n'était aussi impliqué ou concerné que moi par la santé de ma fille », raconte Marian Sandmaier, dont la fille avait été victime des effets secondaires d'un antibiotique. C'est grâce à cette motivation qu'elle put découvrir elle-même la réponse. Comme elle l'écrivit par la suite, elle se sentit privilégiée d'avoir eu les moyens et les compétences pour utiliser l'Internet, contrairement à des millions d'autres parents.

Des mères de toutes sortes d'horizons sont devenues des expertes en la matière, et on estime à quarante millions le nombre d'Américains qui cherchent des informations médicales sur le Net. Anna Branscum devint l'un d'eux lorsque son pédiatre balaya ses inquiétudes concernant le poids de sa fille. « Elle m'a déclaré que je devais juste la surveiller du mieux que je pouvais. » Au lieu de cela, Anna Branscum se renseigna et découvrit un site proposant des conseils et d'astuces de régime qui se révéla tout à fait efficace.

Leçons à la maison

Au cours d'une conversation avec Idie Weinsoff, une amie institutrice, nous discutions de l'intérêt des exposés et des travaux pratiques scolaires. « Qu'est-ce que nos enfants en retirent ? s'interrogea-t-elle. Ils apprennent que c'est leur mère qui va tout faire à leur place. » En 2000, près de 60 % des parents américains aidaient « considérablement » leurs enfants à leur devoirs, certains expliquant simplement qu'il n'était pas possible de faire autrement, selon Peter Stearns. L'importante augmentation des devoirs a conduit certaines villes à promulguer des lois réglementant la quantité de travaux que les professeurs peuvent donner à leurs élèves. Dans beaucoup d'écoles élémentaires, des parents se plaignent également que le niveau intellectuel du travail à la maison dépasse non seulement celui de leurs enfants, mais également le leur.

Les mères n'ont souvent pas le choix : devons-nous assumer les devoirs de nos enfants et saper ainsi leur motivation, ou bien les forcer à effectuer des recherches documentaires à l'âge de sept ans, et miner ainsi leur estime de soi ? Bien qu'ayant humilié mon propre fils en lui fabriquant une marionnette avec une chaussette et des boutons cousus dessus, je soupçonne les autres mères d'avoir recouru à des professionnels pour élaborer ces marionnettes. Ou bien elles étaient aussi douées que mon amie Idie.

Les devoirs à la maison – que la plupart des mères modernes doivent affronter après une dure journée de travail – contribuent considérablement à préparer les enfants pour leurs examens dès l'école primaire. En raison de la sélection impitoyable, certaines mères en viennent à remettre en question le système éducatif et à chercher des cours spécialisés pour pallier certains handicaps comme les problèmes d'apprentissage ou la dyslexie. Car si votre enfant connaît de telles difficultés et que l'enseignant ne les a pas repérées, c'est à vous, sa mère, de les identifier et d'y remédier, faute de quoi, vous ne le soutiendriez pas comme il se doit.

Imaginons cependant que votre enfant s'accommode bien du système scolaire et y réussit. Vous devrez alors l'aider à se préparer à l'université et à trouver un travail dans une nouvelle économie où le marché se réduit à une peau de chagrin et décuple les obligations des parents. De plus en plus souvent, ceux-ci doivent faire appel à leur inventivité pour s'assurer que leurs enfants non seulement réussissent leurs examens, mais aussi se distinguent dès l'âge de huit ans par la créativité et l'altruisme précoces de leurs intérêts extrascolaires.

Comme si les enjeux n'étaient assez élevés, les parents des pays industrialisés savent que la compétition pour un poste ne cessera d'augmenter dans une économie de plus en plus globalisée. Ma mère me disait de finir mon assiette parce que certains enfants n'avaient pas un tel luxe et mouraient de faim en Inde et en Chine. Aujourd'hui, je dis aux miens de travailler davantage, parce que les enfants d'Inde et de Chine risquent de se tailler la part du lion.

Consumérisme

Outre les difficultés pour élever sainement un enfant, il faut compter avec les efforts d'entreprises qui, sans les mères, auraient un accès pratiquement illimité au cerveau en plein développement des enfants. Les mères ont la mission ingrate, si elles l'acceptent, d'analyser le contenu des programmes, de changer de chaîne, voire d'éteindre la télévision et de dire non aux demandes répétées d'achats de coûteux gadgets électroniques.

Selon une étude de Nielsen Media Research, en l'an 2000, l'enfant américain âgé de deux à dix-sept ans passait en moyenne à peine moins de vingt heures hebdomadaires devant la télévision. Nous sommes loin des 38,5 minutes par semaine que les parents passent en moyenne à discuter avec eux. Et même si vous faites partie de l'infime minorité de familles qui n'ont pas la télévision, vous découvrirez que votre école ne partage peut-être pas vos valeurs. Une étude de 1994 a démontré que 70 % des établissements l'utilisent quotidiennement.

Outre le fait qu'elle l'empêche de pratiquer des activités plus saines comme le sport ou la lecture, la télévision est dommageable pour l'enfant à deux égards. Premièrement, elle l'expose à une quantité incroyable de violence. Une étude de 2003 a conclu que presque deux émissions télévisées sur trois présentent des scènes de violence, soit, en moyenne, six actes violents par heure. Marco Iacoboni est l'un des nombreux chercheurs qui pensent que nous devrions être bien plus inquiets que nous ne le sommes devant de telles statistiques. Selon lui, les dernières recherches sur le cerveau – notamment la découverte des « neurones miroirs » décrites au chapitre 8 – indiquent qu'un enfant qui est exposé à des scènes de violence est plus susceptible d'en accomplir lui-même. « Voir constamment de la violence facilite l'imitation de tels actes, parce que vous activez les mêmes régions motrices que si vous commettiez vous-même cet acte », déclare-t-il.

En deuxième lieu, la télévision est dommageable pour les enfants à cause de la publicité qui encourage un niveau de consommation historiquement sans précédent. De nombreuses recherches suggèrent que cette tendance est malsaine pour les valeurs de nos enfants comme pour un environnement déjà lourdement éprouvé par l'extraction des ressources et l'élimination des déchets. En 2004, les dépenses en publicité et en marketing ciblées spécifiquement sur les enfants ont atteint plus de 15 milliards de dollars annuels, et les enfants voient en moyenne chaque année plus de quarante mille publicités télévisées. Un sondage de cette même année a révélé que 87 % des Américains jugeaient que la culture consumériste rendait plus difficile l'enseignement de valeurs positives aux enfants. Mais dans une économie de marché sans freins, il reste du ressort des parents non seulement de limiter l'exposition à la télévision et d'en analyser les messages, mais aussi d'encourager d'autres activités et de mettre un frein à la fringale consumériste de leurs enfants.

Temps intime

À une époque où la majorité des mères américaines travaillent, l'un des défis intellectuels les plus ardus est de déterminer quand vos enfants ont véritablement besoin de votre compagnie, dans quelle mesure et comment vous pouvez les satisfaire. Répondre à ces questions efficacement dans le contexte de votre propre famille exige que vous soyez informée des besoins de votre enfant, ce qui vous oblige en retour à vous dresser contre les pressions culturelles et les modes. Le problème est que l'information est plus que contradictoire ces dernières années.

Si la question des besoins des bébés a toujours été intellectuellement difficile, elle l'est devenue plus encore avec la popularisation, dans la fin des années 1960, des théories du psychanalyste britannique John Bowlby. À travers livres et conférences, ce spécialiste a défini ce qu'il décrivait comme le besoin génétiquement programmé des bébés, semblable à celui des autres primates, de « s'attacher » à une unique personne en qui ils ont confiance, de préférence la mère. La qualité de cet attachement, soulignait-il, était capitale dans le développement affectif futur de l'enfant. Ses théories ont été publiées à peu près à la même époque où des millions de femmes américaines envisageaient de saisir les nouvelles opportunités du marché du travail. Les femmes qui avaient véritablement la liberté de choisir – c'est-à-dire celles dont le salaire n'était pas essentiel pour les finances familiales – se sentirent obligées de peser l'impact d'une carrière sur le bien-être de leurs enfants. Celles qui n'avaient pas cette possibilité souffrirent d'une culpabilité particulièrement pénible.

Pourtant, trente ans plus tard, les mères purent trouver un soulagement dans un ouvrage très controversé, *L'Hypothèse nourricière*, de Judith Richard Harris. Grand-mère et ancienne auteur d'ouvrages scolaires, elle citait de nombreuses études démontrant que, plus que le tempérament inné, l'ordre de naissance et l'environnement amical, c'est l'éducation qui a l'influence la plus importante. Des recherches sur des jumeaux homozygotes élevés séparément, par exemple, indiquent qu'environ 50 % de la personnalité d'un adulte est déterminée par des facteurs génétiques et qu'être élevés dans le même foyer semble avoir des conséquences minimales sur les personnalités de deux jumeaux. Dans ses entretiens, Harris était encore plus formelle que dans ses ouvrages. Beaucoup d'adultes sont réticents à avoir des enfants, déclara-t-elle, notamment parce qu'ils pensent, à tort, que la maternité exige un énorme engagement. « Si on leur disait que faire garder son enfant par une nourrice ou l'envoyer à la crèche ou en pension n'est pas un problème, peut-être qu'ils auraient moins de craintes. »

Le magazine *New Yorker* qualifia le livre d'Harris d'« attaque extrêmement convaincante contre tous les acquis du développement de l'enfant ». Pourtant, le soulagement qu'elle apportait ne dura pas. Ces dernières années, le débat a fait rage sur les besoins minimum de présence maternelle d'un enfant et les scientifiques y participent avec plus de détermination que jamais.

En septembre 2003, la Commission sur les enfants à risque, comité de scientifiques et médecins distingués, publia un rapport qui soulignait l'accroissement des problèmes affectifs et comportementaux chez les enfants, comme la dépression, les pensées suicidaires, la violence et l'angoisse. Il précisait notamment que 21 % des enfants de neuf à dix-sept ans « présentaient un trouble mental médicalement attesté ou une addiction ». Ce comité exposait en détail le besoin scientifiquement attesté d'un enfant pour un attachement fort à autrui, besoin que les auteurs déclaraient largement non satisfait. Bien que la responsabilité de ce problème n'ait pas été explicitement rejetée sur les mères, le rapport évoquait la recherche animale, notamment celle de Stephen Suomi : ce psychologue a démontré qu'une attention maternelle soutenue peut améliorer les fonctions cérébrales de singes rhésus génétiquement prédisposés à des niveaux élevés d'anxiété, d'agressivité, de dépression et d'addiction.

La télévision américaine qualifia ce rapport de « véritable sonnette d'alarme pour les parents ». Stephen Suomi n'a pas été le seul à découvrir des preuves convaincantes de la valeur à long terme de l'attention maternelle soutenue, même s'il n'est pas encore scientifiquement établi que c'est la mère *elle-même* qui doit la fournir. Dans un fascinant rapport de 1997, des chercheurs étudiant des rattes démontrèrent que les bébés fréquemment léchés et toilettés par leurs mères devenaient des adultes plus résistants et moins anxieux.

La recherche humaine a également apporté des preuves convaincantes de l'influence de l'éducation sur la réaction des enfants au stress. Depuis la fin des années 1980, Mark Flinn, professeur d'anthropologie à l'université du Missouri, a étudié près de trois cents enfants d'un village antillais. Au cours de l'une des plus vastes études menées à long terme sur l'humain à cette date, il a prélevé plus de vingt-cinq mille échantillons de salive sur ces enfants, afin de rechercher la présence de l'hormone du stress, le cortisol, tout en mesurant d'autres paramètres de santé et en observant leur quotidien.

Au vu de ses résultats, Mark Flinn avance que la qualité de la vie familiale est fondamentale pour la santé physique et mentale des enfants. Contrairement à Judith Richard Harris, il est convaincu qu'elle a plus d'importance que ses fréquentations. Selon lui, un enfant peut sortir d'un conflit important avec ses camarades sans élévation du taux de cortisol, mais ce même enfant voit son taux s'élever lorsqu'il est grondé par ses parents. « Rien n'est plus important pour un enfant que de savoir ce qui rend ses proches heureux ou tristes », déclare-t-il. Mark Flinn a également découvert que les enfants qui vivent avec leurs deux parents biologiques présentent un niveau de cortisol plus bas que la moyenne, ont un poids supérieur et une croissance plus régulière que ceux qui vivent avec des beaux-parents ou un seul parent sans autre soutien familial.

Peu de mères peuvent lire ces conclusions sans songer à leur propre rôle. Léchons-nous et toilettons-nous assez nos enfants ? Pour la plupart d'entre nous, il est également clair que le monde dans lequel nous vivons est nettement plus compliqué que les cages d'un laboratoire ou un village antillais, ce qui nous contraint à faire des choix nuancés entre les besoins matériels et affectifs de nos enfants et les nôtres. Ravenna Helson, la sociologue de Berkeley qui étudie les diplômées du Mills College depuis les années 1950, remarque que la moitié d'entre elles se déclaraient déprimées quand leurs enfants étaient petits, état qu'elle attribue au fait qu'elles n'avaient pas de travail, ni de perspectives d'avenir une fois leurs enfants adultes, à une époque où les femmes commençaient seulement à explorer de nouvelles possibilités. Aujourd'hui, déclare-t-elle, des femmes confrontées au conflit entre carrière et enfants se sentent moins déprimées, même si elles sont, comme elle le dit, « plus énervées ».

Il semble peu probable que, si tiraillées qu'elles soient, les mères retournent en masse vers le foyer, renoncent à la sécurité financière et préfèrent être « déprimées » plutôt qu'« énervées ». Il y a probablement plus de chances que nous nous creusions la cervelle pour accommoder le tout. En 2004, le jour de la Fête des Mères, le *New York Times* publia un tableau comparant les vies des mères qui travaillent et de celles qui restent au foyer. Les premières disposaient de nettement moins de temps libre, regardaient moins la télévision, dormaient moins et, en comparaison, se disaient « toujours pressées », mais interrogées sur leur bien-être, 85 % d'entre elles, contre 77 % des mères au foyer, se déclaraient « très satisfaites » par leur vie de famille.

Si, comme le suggèrent bien des études, la dépression des mères peut conduire à la dépression des enfants, il peut être raisonnable de penser que des mères plus satisfaites auront des enfants plus heureux, étant donné notamment que nous passons apparemment autant de temps avec nos enfants que nos mères avec nous. En même temps, beaucoup de mères s'inquiètent avec raison que leur profession les éloigne de leurs enfants au moment où ils ont le plus besoin d'elles. Comme nous le verrons dans le prochain chapitre, trouver un emploi du temps qui vous permet de vous acquitter au mieux de votre rôle de parent peut être l'un des défis les plus difficiles à relever qui soit. Mais certains employés et patrons astucieux ont fait des progrès dans la recherche de solutions.

QUATRIÈME PARTIE

ALORS QUE FAIRE ?

Chapitre 12
Revoir la piste de la mère : les idées de certains voyageurs malins

> « L'intense désir des mères de garder en vie des enfants chéris est une donnée centrale de l'existence – si primaire qu'elle est considérée comme allant de soi et ne possède pas de nom, tout comme il va de soi que nous parlons du soleil lorsque nous disons "lumière du jour". »
>
> Janna Malamud Smith.

Jane Lubchenco est l'une des scientifiques les plus prestigieuses de notre temps et sa carrière de professeur de zoologie ne l'a pas empêchée de réussir également en tant que mère. Avec son mari, Bruce Menge, également professeur d'université, elle déclina des chaires à Harvard et préféra partager avec lui un poste de chercheur à plein temps à l'université d'Oregon. Cet arrangement leur permettait de se partager l'éducation de leurs deux fils tout en la libérant des soucis qui auraient amoindri ses vastes compétences.

Le malheur d'Harvard fit le bonheur de l'Oregon. Jane Lubchenco attira le prestige sur son nouvel employeur. Ses recherches sur les bassins de marée de la côte rocheuse du Pacifique lui valurent des distinctions et des financements considérables ; ses étudiants devinrent à leur tour enseignants, et elle fut la première présidente de l'Association américaine pour le progrès scientifique. Pendant ce temps, elle allaita ses enfants pendant plus d'un an, fut entraîneur pour leurs équipes de football et de basket, et, avec son mari, démontra à ses étudiants de façon frappante qu'il est possible de réussir professionnellement sans compromettre sa famille et de ne pas se trouver reléguée à un simple rôle de mère au foyer. « Ce que je n'ai même pas saisi sur le moment, c'était qu'ils étaient *heureux*, déclare Frederick Horne, ancien doyen du département scientifique qui fut le supérieur du couple et d'autres qui avaient choisi la même formule de partage de poste. Il est indiscutable que cela a fait d'eux de meilleurs éléments ».

Pour qu'une mère puisse exercer toute son intelligence au travail, le « bonheur » au foyer est fondamental. Pour la plupart des femmes, cela signifie savoir que leurs enfants sont en sécurité et que l'on s'occupe bien d'eux, pouvoir passer assez de temps avec eux pour se sentir un parent digne de ce nom, et que tout cela se passe dans un contexte économique sans contraintes. « C'est un trésor qui attend tous les employeurs que toutes ces mères qui ont tant à donner et qui seraient efficaces et assidues au travail si elles étaient certaines de pouvoir aussi s'occuper convenablement de leurs enfants », explique Catherine Gray, mère au travail et présidente de l'association écologique The Natural Step.

Cette condition semblait difficile à satisfaire durant les premières années du XXIe siècle, quand survint une crise du marché du travail. Presque un tiers des entreprises américaines réduisit ses programmes spéciaux pour les familles (télétravail et partage de postes) qui avaient attiré les employés. Ceux qui étaient assez chanceux pour garder un travail accumulaient les heures supplémentaires. Un rapport démontre que les couples avec enfants de moins de dix-huit ans travaillaient en moyenne quatre-vingt-onze heures par semaine en 2002, soit dix heures de plus qu'en 1977. Et cela dans un contexte de déclin significatif de santé mentale et physique des enfants. On mit sur le dos des parents la crise qui accablait la société : « Nous allons dans le mur si les parents ne jouent pas leur rôle », se lamenta la chanteuse folk Iris Dement.

Certaines mères entendirent la mise en garde ou jugèrent plus simplement que s'accrocher à un travail tout en élevant des enfants était trop difficile. Comme nous l'avons vu au chapitre 7, le recensement américain de 2002 enregistra le premier recul de la part des mères sur le marché du travail depuis 1976, une baisse de 59 à 55 %. Pourtant, la tendance pour les entreprises était de satisfaire les familles qui travaillaient. En 2002, 72 % des mères avec enfants d'au moins un an travaillaient. Et dès l'an 2000, pour la première fois depuis les relevés de tels chiffres, les familles où les deux parents travaillaient constituaient la majorité. Ils s'ajoutaient à plus de dix millions de parents célibataires qui travaillent.

Durant ces mêmes années, des millions de futures mères au travail passaient des diplômes les qualifiant pour les meilleures carrières. Les femmes représentaient la moitié du corps étudiant en droit et en médecine, et au moins la moitié en troisième cycle de sciences sociales et de lettres, par rapport aux 10 % des années 1960. Aux niveaux licence et maîtrise, elles étaient déjà plus nombreuses que les hommes.

Les entreprises engagées dans une âpre compétition pour recruter des employés qualifiés comprirent que proposer et améliorer des programmes familiaux les aideraient à se distinguer, d'autant plus que des entités comme l'Institut de la famille et du travail ou le magazine *Working Mother* les surveillaient de près. Ce magazine a ainsi compilé et publié depuis 1985 une liste annuelle des cent meilleures entreprises pour les mères occupant un emploi. En 2003, Jill Kirschenbaum, la rédactrice en chef, fit valoir que si certaines entreprises réduisaient les avantages aux familles, les firmes innovantes les développaient. Par exemple, en 1999, moins d'un tiers des entreprises listées offraient un large ensemble d'avantages (aménagements d'horaires ou crèche), mais presque toutes les adoptèrent quatre ans plus tard.

Les entreprises commerciales ne font pas de tels investissements uniquement pour se faire de la publicité. Plusieurs études publiées ces dernières années montrent que les programmes familiaux peuvent permettre de faire des économies substantielles en encourageant la fidélité et la productivité des employés tout en réduisant le *turnover* et l'absentéisme. Ces tendances ont continué d'encourager des dirigeants astucieux à concevoir des postes plus conviviaux. L'exemple de Jane Lubchenco est encore assez peu répandu, mais de nombreuses entreprises prennent conscience de la nécessité de minimiser les angoisses des mères tout en maximisant leur potentiel et essaient dès lors d'atteindre des standards de sécurité et de flexibilité.

Se libérer de la peur

Dans la salle Mozart du Centre d'apprentissage créatif pour enfants, Lorraine Felix câline une Rachel de sept mois assoupie tout en ne quittant pas des yeux la petite Elsa, même âge, qui se balance dans un petit rocking-chair à côté. Du piano classique diffusé en sourdine apaise les autres bébés qui rampent sur le tapis pastel impeccable. À côté, une vingtaine de tout jeunes enfants s'égaient dans une salle de jeux dernier cri. Les mères qui travaillent à l'étage chez Electronic Arts, un fabricant de jeux vidéo, passent quand elles le souhaitent pour allaiter leurs bébés ou déjeuner avec leurs enfants. Comme malheureusement dans trop peu d'autres exemples de ce type, les parents utilisant ce dispositif apprécient la tranquillité d'esprit de savoir que, en cas d'urgence, « ils n'ont qu'un étage à descendre au lieu de devoir sauter dans leur voiture et rouler un quart d'heure », déclare Carol Miller, directrice du centre situé à Redwood City, au cœur de la Silicon Valley. Ils bénéficient également du luxe de savoir que le personnel chargé de leurs enfants est remarquablement qualifié et très bien payé. Bref, c'est un paradis. Et, bien évidemment, la liste d'attente est longue.

Si les mères doivent encore convaincre leurs employeurs de leurs compétences spécifiques, c'est peut-être qu'une certaine crainte les en a empêchées. S'inquiéter du bien-être d'un bébé, quand on ne bénéficie pas d'une solution aussi idéale, peut être un handicap au travail. Malheureusement, pour la plupart des femmes qui travaillent, les solutions sont loin d'être idéales. Electronic Art, qui subventionne sa crèche en payant le loyer, l'utilise comme un argument agressif de recrutement. « Les ressources humaines viennent me voir et me disent qu'elles ont besoin d'engager quelqu'un d'urgence et qu'il faut faire visiter la crèche », déclare Carol Miller, un enfant dans les bras. Mère elle-même, elle souligne que si le personnel de la firme est à 70 % masculin, les employés utilisant la crèche sont à 70 % féminins, signe que les mères sont plus conscientes du besoin d'un service de haute qualité. « De temps en temps, les mères dont le mari travaille ici m'appellent pour me dire qu'elles viennent seulement d'apprendre qu'il y a une crèche. »

L'inquiétude concernant les services de crèche est de mise pour la plupart des mères qui travaillent, à un degré plus ou moins prononcé. Cette préoccupation est devenue majeure. Face à trop peu de solutions réalistes pour soulager ses inquiétudes, la mère et ses employeurs essaient souvent simplement d'éviter le problème et d'espérer qu'elle sera capable de travailler comme si elle était un homme célibataire. La mère souffre, la famille également, et parfois le travail s'en ressent aussi. Comme l'a observé le psychiatre Paul MacLean, ce qui rend la condition de mammifère si pénible, c'est d'être séparé des siens. Les mères le savent bien, elles qui entendent les hurlements d'un enfant envoyé en punition dans sa chambre ou qui tente de les convaincre de le lâcher le premier jour de l'école maternelle. Dans un large éventail d'espèces animales, mères et progénitures font montre de détresse lors de la séparation, avec des effets aussi manifestes que l'augmentation du taux sanguin des hormones de stress.

Cependant, chez les êtres humains, cette détresse peut être considérablement réduite par la certitude que quelqu'un de confiance s'occupe de votre enfant. « Cela vous apaise de savoir qu'ils sont dans un endroit que vous trouvez rassurant, déclare Jane Lubchenco. Vous n'êtes pas rongée par l'inquiétude et cela vous permet de vous concentrer. » Cette tranquillité d'esprit bien trop rare fut également la clé de l'extraordinaire carrière de Joanne Hayes-White comme chef des pompiers de San Francisco. Non seulement son mari à la retraite joue volontiers les « papas-poules », mais elle habite à côté de ses parents. « Je travaille tellement mieux en sachant que l'on veille sur mes enfants », dit-elle. Ce n'est cependant pas toujours facile. Elle se rappelle être revenue travailler après ses cinq mois de congé de maternité et avoir dû faire une garde de vingt-quatre heures. « J'ai dû appeler une dizaine de fois, tellement je me faisais du souci. Et quand je suis rentrée, j'étais presque convaincue qu'il avait grandi ! »

Les facilités offertes par des entreprises comme Electronic Arts sont malheureusement rares, même si elles sont prisées des employés comme des dirigeants. « Cela donne aux gens la possibilité de se concentrer sur leur travail », explique Curt Wilhelm, directeur des services sociaux de l'entreprise. Interrogés, 49 % des employés d'une entreprise ont déclaré que de tels services dynamisent la productivité. Proposer des soins lorsque les enfants sont malades peut également permettre des économies aux entreprises, comme l'a montré une autre étude. Des chercheurs ont ainsi montré qu'une entreprise de 250 employés en moyenne pouvait économiser jusqu'à 75 000 dollars annuels en temps de travail perdu.

Des arguments financiers de ce genre ont conduit IBM à concevoir ses impressionnants services familiaux. La firme figure depuis presque vingt ans dans les dix premières de la liste du magazine *Working Mother* et a été jugée la meilleure pour son service de garderie. L'entreprise offre non seulement des places sur sites ou à proximité pour plus de 2 300 enfants, mais finance également des services éducatifs pour des enfants d'âge scolaire avant et après les cours ainsi que durant les vacances.

Les entreprises qui investissent dans le besoin de sécurité des parents peuvent également y gagner un bénéfice intangible en dynamisant l'estime de soi de ses employés. Comme l'a remarqué la sociologue de Berkeley Ravenna Helson, le sentiment de compétence de la maternité peut donner à une femme plus d'assurance dans le cadre d'autres tâches. En outre, une mère qui sait que son employeur l'aide à protéger son enfant lui témoignera une exceptionnelle reconnaissance touchant à la fidélité. « J'adore la politique de mon entreprise », dit Emily Kenner, chef de produit senior chez Electronic Arts, qui a confié son enfant à la crèche de l'entreprise. Kenner, qui a récemment été mutée à l'étranger, avait le choix entre Londres et Prague. Elle a choisi la seconde spécifiquement parce que l'entreprise bénéficiait d'une garderie de jour sur site.

Flexibilité : offrir du temps

Une fois que vous savez que vos enfants sont en sécurité quand vous travaillez, votre prochaine priorité sera la quantité et la qualité du temps que vous passez avec eux.

Pouvez-vous être disponible quand ils ont le plus besoin de vous ? Assister à la pièce de théâtre de l'école, amener votre fille chez le pédiatre, voire les border le soir ? La capacité à caler habilement son emploi du temps renforce chez la mère le sentiment d'être compétente et repose entièrement sur la flexibilité. Cela ne va pas sans compromis. Ce n'est pas du temps libre, mais simplement la permission d'accomplir la même quantité de travail en dehors des heures normales. À une époque où les employés se plaignent de plus en plus de conflits entre travail et vie de famille, de nombreuses études ont démontré que lorsque les dirigeants accordent de la flexibilité, c'est une décision intelligente. Les employés ont tendance à moins souffrir de stress, être plus productifs, mieux travailler indépendamment et rester concentrés sur les résultats. Là aussi, ils y trouvent des raisons d'être plus fidèles, ce qui peut se traduire en économies substantielles.

Certains dirigeants astucieux ont découvert qu'accorder la flexibilité aux parents peut réduire un absentéisme coûteux, car peu de tâches – pour une mère, du moins – sont plus impérieuses que soigner un enfant malade. Les problèmes familiaux, dont les maladies infantiles, représentent 24 % des absences imprévues, selon un sondage. En 2002, le coût annuel de l'absentéisme a été estimé à 789 dollars par employé, un chiffre record. Ce coût représente des heures supplémentaires pour les collègues, une perte de productivité et une baisse de moral.

Des données démontrent que la flexibilité peut également améliorer la productivité. Une étude a révélé que 56 % des employeurs considéraient leur personnel flexible comme plus productif que les autres. Il y a à cela plusieurs raisons. Travailler de chez soi peut éviter des distractions et pousser à concentrer ses efforts pour finir plus tôt. Les semaines de travail comprimées sur moins de jours, comme chez IBM, notamment, partent du même principe.

Malgré la preuve des avantages de la flexibilité pour les employeurs comme pour les employés, beaucoup de mères qui travaillent hésitent à demander un traitement de faveur de peur d'être victime du préjugé sur l'absentéisme maternel. Et certaines n'ont pas tort. Un sondage de 11 815 dirigeants effectué par des chercheurs de l'université de New York a montré que les congés s'accompagnaient de moins de promotions et d'augmentations de salaire.

À de rares exceptions, le prix à payer pour une femme qui choisit un chemin de carrière plus lent et plus sain est particulièrement net dans le domaine universitaire. À Berkeley, malgré le nombre égal d'hommes et de femmes obtenant leur doctorat, les femmes représentaient à l'aube du millénaire moins de 25 % des titularisées du corps enseignant. Les autres figuraient dans une catégorie « secondaire », comme chercheurs à temps partiel ou conférenciers, sans sécurité professionnelle. En outre, ces proportions stagnent depuis le milieu des années 1990, selon Mary Ann Mason, qui écrivit en 2004 un livre intitulé *Les Femmes au travail : la révolution inachevée.* « J'essaie de paraître optimiste, mais les données ne sont pas encourageantes », déclare l'auteur, qui craint que l'université perde « beaucoup de ses meilleures diplômées pour des raisons familiales ».

Une grande partie du problème, comme le démontre Mary Ann Mason, était probablement dû moins aux préjugés sexistes des chefs de départements qu'aux charges familiales des mères exerçant un emploi. Les données montrent que les enseignantes avec enfants travaillaient en moyenne 94 heures par semaine, dont 53 professionnellement, le reste étant consacré aux tâches domestiques. En revanche, les enseignants avec enfants travaillaient un total de 82 heures hebdomadaires, dont 53 consacrées à leur carrière. Parvenir à une meilleure parité au foyer est une lutte dans laquelle les mères doivent s'engager avec leurs conjoints, ce qu'elles font souvent avec le désir d'être les premières sur la brèche, toujours, pour leurs enfants. Les grandes entreprises, y compris l'enseignement, ne peuvent forcer ce changement. Mais dans la recherche d'une plus grande diversité sur les campus et dans les entreprises, certains dirigeants ont essayé de traiter le problème du temps avec des changements structurels qui peuvent aider une femme à être mère sans ruiner sa carrière.

Berkeley a, par exemple, expérimenté le congé sabbatique annuel pour les femmes en voie de titularisation qui ont un enfant, sans préjudice sur leur avenir professionnel. Et si Harvard a commis l'erreur de laisser partir Jane Lubchenco il y a des années, depuis, l'université a adopté de si nombreux programmes familiaux qu'elle figure désormais parmi les entreprises les mieux notées par *Working Mother.* Les futures mères d'Harvard qui y travaillent depuis au moins un an disposent désormais de huit semaines de congé de maternité à 70 % de leur salaire. L'université possède également six garderies sur site. Et dans le cadre d'un programme particulièrement innovant destiné à aider les jeunes enseignants à gérer vies professionnelle et familiale, l'école de médecine offre cinquante bourses par an, permettant à leurs bénéficiaires de prendre de « mini-congés sabbatiques » pour rédiger une thèse ou terminer des recherches importantes.

En dehors de l'enseignement, d'autres grandes entreprises cherchent également à accorder la flexibilité sans compromettre les carrières, et certaines y parviennent remarquablement. Bien que ces nombreuses entreprises intelligentes soient à l'avant-garde en aidant leurs employés à équilibrer vies professionnelle et familiale pour encourager la tranquillité d'esprit, les mères qui travaillent doivent de leur côté se montrer réalistes concernant ce qu'elles désirent et peuvent faire, et elles ne doivent pas hésiter à le réclamer, déclare Rayona Sharpnack : « C'est parfois difficile car ce n'est pas encore encouragé dans notre culture. Mais si on se considère comme une marionnette, il y aura toujours quelqu'un pour tirer les fils. » Elle raconte ainsi l'époque où sa propre fille était petite et qu'elle était chargée du développement d'une entreprise du New Jersey : « J'avais un credo : pas de déplacement. J'ai fixé des limites. Et en neuf mois, j'ai fait en sorte que 75 % de la nouvelle branche de cette entreprise soit située à trente minutes de route de chez moi. »

Avec un peu d'aide...

William James, psychologue et philosophe américain, fit observer que le principe le plus ancré dans la nature humaine est le désir d'être apprécié. Les mères ne font pas exception. Nous sommes au mieux de notre forme quand notre entourage reconnaît le mal que nous nous donnons et les bénéfices qu'en retire la société quand nous faisons bien notre travail. Pourtant, les mères à bas revenus, en particulier, ne reçoivent pas souvent le soutien financier et affectif dont elles ont besoin.

Pour une étude, des chercheurs ont interrogé cinq mille mères américaines qui amenaient leurs enfants dans une clinique ou aux urgences : 35 % des mères interrogées se révélaient dépressives et apparemment à juste raison. Les mères déprimées n'avaient le plus souvent plus de sécurité sociale et leurs enfants étaient plus susceptibles de souffrir de problèmes de santé. Les difficultés financières d'une mère ont souvent de graves conséquences sur l'enfant. Des études empiriques ont établi une relation nette entre pauvreté et mauvais traitements. Même dans le monde des rongeurs, pauvreté et maternité ne font pas bon ménage : à l'université de Californie à Irvine, Kristen Brunson, docteur en anatomie et neurobiologie, a conçu un modèle reproduisant des conditions socioéconomiques défavorables en remplaçant la litière de la cage de rattes au moment de la naissance par du papier toilette. « Cela a conduit les mères à se montrer irritées et agressives envers leurs petits, déclare-t-il. Une mère est vraiment stressée quand on la prive de la possibilité de faire un nid adéquat. »

En Californie du nord, Rick Hanson, psychologue, a proposé un nouveau diagnostic médical s'appliquant aux mères stressées et sous-alimentées qui selon lui souffrent de carences de nutriments importants comme les minéraux ou les acides aminés. Il l'a qualifié de « syndrome de la mère carencée » et le déclare si répandu qu'il recommande un soutien médical des mères. Pour lui, l'urgence est de la même ampleur que la lutte pour les droits de l'homme ou l'environnement.

En contraste, comme ce livre l'a décrit, les mères qui bénéficient d'un soutien suffisant peuvent être parmi les membres de la société les plus motivés et productifs. Grâce notamment à l'exemple de sa situation personnelle, Jane Lubchenco a inspiré ses meilleures étudiantes qui sans quoi n'auraient pas entrepris une carrière dans la science de peur d'être privée d'une vie de famille, déclare Frederick Horne, son ancien supérieur. Pour lui, le système choisi par Lubchenco fonctionnait si bien qu'il engagea par la suite seize autres enseignants suivant le même arrangement, et plusieurs de ces mères sont devenues des professeurs distingués. « Elles sont toutes de meilleures enseignantes parce qu'elles sont heureuses et reconnaissantes d'avoir été bien traitées et respectées et n'ont pas eu à s'inquiéter pour leurs enfants », explique-t-il.

Lubchenco a payé le prix de la flexibilité. Sa famille a dû survivre sur l'équivalent d'un salaire unique, jusqu'au moment où Horne les a aidés à obtenir une augmentation, considérant qu'ils travaillaient l'un et l'autre plus qu'à mi-temps. « Nous travaillions dur parce que nous savions que nous étions des pionniers, raconte-t-elle. Parfois, nous devions rappeler à nos collègues que nous n'étions pas là à plein-temps. » Pourtant, elle juge que le couple a eu « énormément de chance » de bénéficier de telles opportunités et ajoute : « Je pense que si nous sommes toujours aussi dynamiques, c'est que nous ne nous sommes pas épuisés à essayer de faire l'impossible. »

Catherine Gray, présidente de Natural Step, a bénéficié du même soutien exceptionnel de ses collègues lors de sa grossesse en 2002, lorsque son entreprise en était encore à ses débuts. « Quand je suis tombée enceinte, je me suis inquiétée pour ma carrière, raconte-t-elle. Je suis allée voir mes collègues et je leur ai exposé la situation. J'ai expliqué que je ne pourrais pas accorder à l'entreprise autant que durant les cinq années précédentes, et ils ont été incroyables. » Ses collègues proposèrent une restructuration du personnel, donnant à deux autres cadres plus de responsabilités au quotidien. Cela permit à Gray de se concentrer sur ce où elle excelle : développer des idées, trouver des financements et gérer les relations publiques. « Cela a aussi permis à l'entreprise de se débrouiller sans moi, et maintenant nous savons que nous en sommes capables. Et ce que je pensais être un coup mortel porté à ma carrière s'est révélé un atout. J'ai regretté de ne pas l'avoir fait plus tôt. »

Les femmes comme Gray et Lubchenco ont démontré que dans les bonnes conditions, élever des enfants n'est pas aussi épuisant qu'on le prétend généralement, mais que cela peut être une grande source d'énergie. Un « cerveau de mère », comme nous l'avons vu, peut être un atout au travail comme à la maison. Et comme je le décris dans le chapitre suivant, il peut également être un puissant vecteur de changement social.

Chapitre 13
Offensive politique : la magie des mères motivées

« Nous avons tellement l'habitude d'imaginer ce que nous appelons une "mère" complètement absorbée par son fascinant petit ventre rose et ne s'intéressant à nul autre, que nous ne disons rien des besoins élémentaires de tous ces ventres. Mais ces femmes travaillent ensemble à la plus noble des tâches – elles font des enfants – et elles le font bien. »

Charlotte Perkins Gilman, *Herland*.

Catherine Gray était en train de faire un discours devant un public de donateurs potentiels pour son groupe de réflexion, The Natural Step, quand elle cessa de parler des récents accomplissements de son entreprise et aborda l'avenir. Derrière elle, sur l'écran, défilaient les portraits des enfants des employés de Natural Step, dont le dernier était son propre fils, David Kai, sept mois.

« Je suis ici en tant que *mère*, et ce qui me motive maintenant est un simple désir. Je voudrais que Kai et tous les autres enfants que vous voyez ici me regardent dans vingt ans avec incrédulité. Que Kai me dise alors : « Maman, c'est vrai que vous utilisiez de *l'essence* dans vos voitures et que vous polluiez l'air ? C'est vrai que vous faisiez des bouteilles en *plastique* qui polluaient la nature, que vous utilisiez une seule fois avant de les jeter ? Que vous enterriez vraiment des *déchets nucléaires* dans le sol en pensant que ce n'était pas grave ? Vous ne compreniez donc pas que nous sommes tous reliés ? La majorité des gens de ton époque ne pensaient pas à ces problèmes ? Maman, merci d'avoir pris le parti des justes, d'avoir pensé à moi et à tous les autres enfants. Merci d'avoir changé les choses. »

J'étais assise dans le public en cet après-midi de printemps 2003, et je n'avais jamais rien entendu d'aussi mièvre – ni d'aussi touchant. Victime de son « cerveau de mère », Gray versa une larme qu'elle mit en plaisantant sur le compte des hormones de la grossesse, puis elle amena Kai sur l'estrade et déclara aux donateurs : « Voici quelqu'un qui voudrait vous remercier. » Plus tard, elle me confia que ses collaborateurs l'avaient encouragée à suivre son instinct et agir ainsi, même si elle n'avait pas été totalement à son aise en faisant cela. Cependant, cette dirigeante d'une association philanthropique suivait là une longue et honorable tradition de mères qui font de leur vie personnelle une question politique et appliquent leur désir de bien-être familial au monde entier.

Contrairement au stéréotype ancien selon lequel les femmes ont une vision du monde rétrécie et se retirent passivement dans leur foyer une fois devenues mères, la maternité peut les dynamiser et même les radicaliser, surtout quand la cause qu'elle choisisse concerne le bien-être de leurs enfants. Une fois lancées dans la lutte, qu'il s'agisse de rendre les routes plus sûres sur le chemin de l'école, de lever des fonds pour lutter contre la fibrose kystique ou de militer pour un candidat à la présidentielle, elles peuvent mobiliser tout à leur avantage les capacités qu'elles ont développées en tant que mère, comme la sensibilité, l'efficacité, la résilience, la motivation et les compétences sociales.

Dans un texte émouvant rédigé à ses quatre-vingt-six ans, le neurologue pionnier Paul MacLean décrivit ce phénomène sous l'angle de l'anatomie cérébrale. Se basant sur son modèle évolutionnaire de cerveau mammifère « triunique », MacLean avança que le cortex cingulé, partie du système limbique située au milieu du cortex, était capital dans le développement du comportement maternel qui distingue les mammifères des autres êtres vivants. Dans son essai de 1998 intitulé « Les femmes ont-elles un cerveau plus équilibré ? », il pose que chez les humains, le comportement maternel a évolué pour mobiliser le cortex préfrontal plus récent, permettant au « désir de bien-être de la famille immédiate de se généraliser envers les autres membres de l'espèce, développement psychologique qui équivaut à une évolution, au passage du sens de la responsabilité à ce que nous appelons conscience ». Et il conclut qu'en raison de ce développement du cerveau, « nous pouvons désormais dire que pour la première fois dans l'histoire connue de la biologie, nous assistons à l'évolution d'êtres humains préoccupés non seulement par les souffrances et la mort de leur propre espèce, mais également celles de tous les êtres vivants ».

Bon nombre des idées de MacLean, outre celle-ci, demeurent controversées. Pourtant l'histoire moderne est riche d'exemples de femmes qui ont canalisé l'énergie produite par un sens des responsabilités familiales dans un engagement plus large vers les réformes sociales.

Quelques tactiques de la maternité militante

Qu'elles agissent seules ou au sein de groupes comme les Mères de mai ou les mères contre l'alcoolisme au volant (MAAD), les mères exploitent fréquemment le statut même qui conduit une bonne partie de la société à penser que leurs intérêts se bornent à leur foyer. En s'exprimant sur la santé publique dans le *New York Times Magazine* en 2004, par exemple, Hillary Clinton déclarait qu'elle avait préparé son article sur la table de la cuisine.

Souvent, comme pour Gray, les mères ont littéralement brandi leurs bébés ou leurs photos en guise de poignants témoignages. Les femmes qui luttèrent contre l'alcool – l'un des mouvements féminins les plus puissants de tous les temps – collèrent des affiches montrant des mères entourées de leurs enfants pour prouver combien les familles souffraient de la présence de pères alcooliques. Même les suffragettes imprimèrent des photos d'enfants pour souligner que leur devoir maternel rendait légitimes leurs exigences politiques. Une carte postale de l'époque montre une file d'enfants défilant sous une banderole proclamant : « Le droit de vote pour nos mères ».

La transformation la plus importante qui survient quand on devient mère est peut-être celle de protectrice dotée d'une conscience nouvelle et aiguë des dangers du monde. Comme nous l'avons vu, et comme l'a si explicitement démontré Gray, ce rôle s'accompagne d'un sens de l'empathie renforcé, d'une capacité à concevoir le danger du point de vue de la victime potentielle. C'est le poids de la responsabilité qu'éprouvent tant de mères qui fait souvent pencher la balance de la simple autosatisfaction vers l'action collective.

La leader féministe Jane Addams reconnut ce potentiel dans son texte de 1915 exhortant les femmes à exiger le droit de vote. Qualifiant le suffrage de « dispositif protégeant le foyer », elle déclara que si les femmes devaient accomplir convenablement leurs devoirs traditionnels, elle devaient « étendre leur sens des responsabilités » et surveiller ceux qui étaient chargés des affaires publiques. « Si les ordures ne sont pas correctement ramassées et évacuées, une mère peut voir ses enfants tomber malades et mourir d'affections dont elle est impuissante à les protéger seule, même si sa tendresse et son dévouement sont sans bornes », écrivit-elle.

Animées de cet esprit, des décennies avant de remporter le droit de vote, des millions de mères américaines organisées en associations lancèrent des campagnes de voisinage qui furent le fer de lance d'importantes premières réformes sociales. De 1830 à 1920, au nom de « l'intendance sociale » ces associations, notamment le Congrès national des mères, organisèrent des conférences publiques, des campagnes de mailing et des pétitions pour des causes comme la sécurité alimentaire et médicale, les pensions pour les veuves et les mères sans ressources (effort qui donna naissance aux programmes de sécurité sociale modernes), l'école obligatoire, la réforme du travail des enfants, les crèches publiques et les bibliothèques publiques gratuites. « Beaucoup se considéraient comme des mères autant pour leurs propres enfants que pour la nation, déclare Theda Skocpol, historienne à Harvard. Pour elles, les femmes avaient un sens moral plus élevé et en un certain sens plus orienté vers le bien commun que les hommes. »

Cette époque fut l'âge d'or des mères politisées, malgré (ou peut-être à cause de cela) l'étrange contradiction culturelle consistant à mettre les mères sur un piédestal tout en les privant de la moindre égalité avec les hommes. « Une femme n'est personne. Une épouse est tout », assenait le *Philadelphia Public Ledger and Daily Transcript*, après la Convention pour les droits des femmes de Seneca Falls en 1848. « Une jolie fille égale dix mille hommes et une mère est toute-puissante après Dieu. » Le mouvement pour la tempérance du milieu du XIXe siècle galvanisa bien des femmes, notamment Susan B. Anthony, qui n'eut jamais d'enfants, et la très influente, mais un peu oubliée Elizabeth Cady Stanton, mère dévouée de sept enfants, qu'elle qualifiait affectueusement de « malheureux petits vandales sous-développés ».

Ces deux femmes pionnières rejoignirent le mouvement abolitionniste, où elles nouèrent des liens qu'elles utilisèrent par la suite dans la lutte pour réclamer le droit de vote. Jeune mariée en 1840, Stanton voyagea avec son mari pour assister à la Convention internationale contre l'esclavage à Londres, où elle découvrit que l'association anglaise qui l'organisait avait interdit la présence des femmes. Si elles désiraient entendre les discours prononcés par les hommes, elles devaient aller dans une salle séparée. « J'ai été frappée, raconta-t-elle, que les abolitionnistes, qui éprouvaient tant de compassion pour la condition misérable des esclaves, soient si indifférents à celle tout aussi injuste de leurs mères, épouses et sœurs. »

Au cours des années suivantes, alors que Stanton et Anthony devenaient amies, « Tante Susan » l'aidait souvent avec ses enfants, pendant que Stanton trouvait dans son rôle de mère une inspiration pour ses combats politiques. À propos d'une après-midi où elles partagèrent de multiples corvées domestiques, elle écrivit : « Chacune à notre tour, nous surveillâmes, organisâmes les jeux, arbitrâmes les disputes, protégeâmes le faible contre le fort tout en essayant de donner des droits égaux à tous tant dans le foyer qu'au sein de la nation. »

Les belliqueuses origines de la Fête des Mères

Peu de gens savent que ce grand moment béni des fleuristes et fabricants de cartes que nous appelons Fête des Mères a trouvé son origine à l'époque où les femmes voulaient se faire entendre sur la scène politique. Les mères sont honorées depuis les temps les plus anciens. Les Grecs fêtaient Rhéa, mère des dieux ; les Romains Cybèle, déesse-mère. Les Anglais du XVIIe siècle rendaient hommage à la Madone et par extension, à leurs propres mères, lors du Dimanche des

Mères, quatrième dimanche du carême. Mais la fête américaine fut au départ moins conçue pour honorer les mères en tant que telles que pour les amener à œuvrer pour le changement. Durant la Guerre de Sécession, une institutrice de Virginie occidentale, Anna Maria Reeves Jarvis, organisa les Journées de travail des mères pour améliorer les conditions sanitaires et, après la guerre, aider à réconcilier les familles dont les fils avaient combattu chacun pour l'une des deux factions. De son côté, en 1872, la suffragette Julia Ward Howe, mère de six enfants milita pour une fête des mères nationale qu'elle espérait dédiée à la paix. Après sa mort en 1905, sa fille, également prénommée Anna, chercha à poursuivre son combat.

En 1914, le président Wilson accéda au pouvoir et déclara la Fête des Mères une fête nationale fixée au deuxième dimanche de mai. Cette nouvelle fête mettait davantage l'accent sur le rôle de la mère dans la famille que sur son activisme potentiel. Le commerce s'appropria rapidement l'occasion, au grand dam de la fille de Jarvis. Vers la fin de sa vie, elle intenta même un procès pour mettre un terme à cette fête et fut arrêtée pour troubles lors d'une convention de mères où des femmes vendaient des œillets blancs au profit d'œuvres charitables. Elle proclamait qu'elle avait imaginé cette fête comme « une journée pour le cœur, et non pour le profit ».

Pourtant, malgré les pauvres bouquets et autres cadeaux creux qu'elles doivent subir chaque printemps, les femmes ont continué de suivre leur impulsion activiste quand elles étaient suffisamment motivées. De nouveau, elles exploitèrent les clichés de la société à leur profit. En diverses occasions, par exemple, des mères ont utilisé l'image de la mère apaisante comme arme pour combattre la guerre. Durant les années Vietnam, les femmes de Californie du Sud fondèrent Une autre mère pour la paix, qui devint rapidement un mouvement influent au niveau national. « Nous disions qu'en tant que mères, nous mettions au monde des gens merveilleux et nous voulions que ce soit un endroit idéal pour eux », me raconta en 2003 Gerta Katz, l'une des fondatrices. À l'époque, Katz, à plus de soixante-dix ans, aidait le groupe à reprendre du service pour combattre la guerre en Irak.

Comme les *madres* d'Argentine, le plus souvent, les mères ne s'organisent qu'une fois qu'elle ont perdu elles-mêmes un être cher. C'est comme si les nouvelles réserves de capacités mentales et d'énergie mobilisées pour s'occuper d'un nouvel enfant étaient si élevées qu'elles devaient absolument servir à quelque chose une fois l'enfant disparu. Ce fut le cas en 1979, quand Candace Lightner, dont la fille de treize ans fut tuée par un chauffard ivre récidiviste, et Candi Lamb, dont la fille de cinq mois devint l'une des plus jeunes quadriplégiques dans un accident similaire, fondèrent MAAD, qui se répandit rapidement dans tous les États-Unis avant d'essaimer au Canada, en Australie, en Suède et au Japon. De la même manière, l'inquiétude devant les problèmes de santé récurrents de ses jeunes enfants conduisit Lois Gibbs à fonder une association dans son quartier lorsqu'elle apprit que les maisons étaient construites sur vingt-et-un mille tonnes de déchets chimiques enterrés. Elle connut une célébrité nationale et inspira des lois régulant l'évacuation des déchets toxiques.

Pourtant, bien que ces trois femmes aient « étendu leurs responsabilités », selon l'expression de Jane Addams, seulement après avoir personnellement souffert, d'autres mères se sont trouvées réunies par leur inquiétude concernant le monde dans lequel elle élevaient leurs enfants. C'est le cas de Mothers Acting Up, lancé en mai 2002 à Boulder, dans le Colorado, qui encourage ses membres à alerter leurs élus sur des questions comme le réchauffement climatique, les aliments génétiquement modifiés et le budget de l'éducation.

C.C. Pelmas, mère de deux enfants et l'une des dirigeantes de l'association, déclare qu'elle était agacée de devoir s'inquiéter de préparer une alimentation saine et assurer la sécurité du quartier « tout en gardant pour moi sans les exprimer mon espoir et mon désir d'une planète plus saine et d'un monde plus heureux où aucun enfant n'est abandonné. Je n'ai pas besoin de faire un sondage pour savoir que ce désir est universel chez toutes les mères. »

Ce sentiment s'accorde là encore avec la conception qu'a Sarah Ruddick d'une « pensée maternelle » comme vision différente du monde et ensemble de valeurs naissant de l'éducation au quotidien des enfants et de ce qu'elle appelle « amour préservateur ». Selon elle, cette pratique équivaut à une observance répétitive des principes gandhiens de non-violence comme la réconciliation et la résistance à l'injustice. En 2001, dans un texte rédigé seulement quelques jours après la tragédie du 11 septembre, Ruddick réaffirma son espoir que « ceux pour qui élever des enfants est une part importante de leur existence professionnelle puissent acquérir une manière de penser et d'agir qui contribue à créer et entretenir un climat de paix. » Cependant, dans une interview de 2004, elle concéda avec regret qu'il y avait peu de preuves que devenir père ou mère vous rende plus sensible à la paix.

Parfois, il semble presque que l'inverse soit vrai. Songez aux mères guerrières de l'antique cité de Sparte : « Reviens avec ton bouclier ou allongé dessus » : telle était la manière dont ces femmes faisaient leurs adieux à leur fils partant pour la bataille. En effet, le lourd et encombrant bouclier qui était la première chose dont se débarrasse un soldat qui bat en retraite, pouvait aussi servir de civière. Hélas, les mères ont également été actives dans des mouvements extrémistes de droite, depuis le nazisme jusqu'au Ku Klux Klan et aux skinheads. L'historienne Claudia Koonz, auteur de *Mères de la Patrie : les femmes dans l'Allemagne nazie*, avance que ce phénomène découle peut-être de la soumission historique des femmes aux hommes, d'une nostalgie des rôles traditionnels et d'un désir de communautés plus fortes, toutes choses qui peuvent se trouver exacerbées en temps de crise économique et d'inquiétude. Comme l'écrivait Virginia Woolf : « Ceux qui sont dépendants économiquement ont toutes les raisons d'avoir peur. »

De tels facteurs étaient-ils en jeu lors de l'élection américaine de 2004, quand, selon un institut de sondages, une majorité de femmes (51 %) votèrent pour le démocrate John Kerry, alors qu'une majorité encore plus élevée de mères mariées (56 %) votaient pour le président sortant George W. Bush ? Une intense spéculation s'est attachée durant la campagne sur l'influence potentielle des « Security Moms » qui, paraît-il, désiraient un dirigeant à poigne en cette nouvelle période de craintes du terrorisme. On raconte que le stratège de Bush, Karl Rove, était convaincu qu'un mouvement parmi les femmes avec enfants de moins de dix-huit ans a été un facteur décisif dans le triomphe historique du Parti républicain lors des élections à mi-mandat de 2002, lors desquelles Bush devint le premier républicain du siècle à voir son parti gagner des sièges lors d'une élection au niveau municipal. « Depuis le 11 septembre, déclare Debbie Creighton, mère de deux enfants ayant voté pour Bill Clinton deux fois avant de pencher pour Bush, tout ce que je veux, c'est un président fort. »

Bien que les femmes en général, du moins depuis les années 1980, aient favorisé les démocrates – étant donc responsable du fameux « fossé des sexes » – les mères mariées sont de longue date plus conservatrices. Ce sont également des électeurs plus fiables, votant en plus grande proportion que les femmes célibataires. « Ce qui les anime, ce sont leurs enfants », déclare Ethel Klein, spécialiste de l'opinion publique qui a organisé à l'époque un groupe de recherche sur un panel de mères. C'était particulièrement vrai en 2004, quand on demanda à un groupe d'électeurs s'ils craignaient qu'un membre de leur famille soit parmi les victimes d'un attenta terroriste. 17 % des hommes, mais 43 % des femmes et *53 % des mères d'enfants de moins de dix-huit ans* répondirent oui. Les critiques de Bush, qui remettent en question son intelligence trouveront peut-être dans la loyauté que lui témoignent les mères américaines des raisons de douter du postulat de départ de ce livre, selon lequel la maternité rend plus intelligente. Pourtant, comme nous l'avons vu, la motivation de préserver la sécurité des enfants est l'une des forces les plus intenses qui affectent les mères mammifères, et chez bon nombre d'entre nous, elle domine peut-être simplement des analyses plus sophistiquées.

D'un autre côté, l'histoire est remplie d'exemples de mères qui ont réfléchi et courageusement affronté le statu quo. L'une des plus téméraires, autrefois appelée « la femme la plus dangereuse d'Amérique » était une pasionaria à cheveux blancs et lavallière du mouvement des travailleurs du XIXe siècle, qui s'était baptisée « Mother Jones ».

Comment Mother Jones trouva une nouvelle famille

Née à Cork en Irlande en 1837, Mary Jones avait trente ans et habitait Memphis, où elle était mariée et mère au foyer de quatre enfants, quand elle perdit toute sa famille dans une épidémie de fièvre jaune. Le plus jeune n'avait pas un an. Elle prépara les corps pour les funérailles et les veilla seule. Personne ne vint à son aide, comme elle l'écrivit plus tard, car toutes les autres familles avaient été tout aussi durement frappées.

Quasiment du jour au lendemain, d'une mère débordée au service de cinq personnes, Jones devint une femme qui n'avait plus personne dans sa vie et devait dès lors se trouver une nouvelle mission. Elle déménagea à Chicago, devint couturière et travailla pour la haute bourgeoisie qui vivait dans des demeures opulentes de Lake Shore Drive. Elle fut frappée par le contraste entre ces « seigneurs » et les « épaves frissonnantes, sans travail et affamées, qui erraient sur les rives du lac ». Ce spectacle l'incita au bout de quelques années à rejoindre les Knights of Labor (Chevaliers du travail), dont l'influence croissait dans les années 1880. Elle avait découvert sa mission et la célébrité l'attendait.

Très vite, les discours enflammés de Mary Jones firent partie du spectacle de la rue envahie par les grévistes des mines, des usines sidérurgiques et textiles, des brasseries et des chemins de fer. En prenant la défense de ces travailleurs opprimés, elle se coula stratégiquement dans le personnage extraordinaire de Mother Jones, exagérant son âge, portant des robes noires démodées et faisant fréquemment allusion à sa mort prochaine. D'après son biographe, Elliott Gorn : « Dès 1900, elle avait cessé d'utiliser le prénom Mary et signait toutes ses lettres "Mother." À leur tour, travailleurs, autorités syndicales et même présidents des États-Unis s'adressèrent ainsi à elle et ils devinrent ses "garçons". » Gorn note que le personnage de Mother Jones servit autant Mary Jones qu'il servit sa cause :

> « Cela la libéra à une époque où la plupart des femmes américaines étaient censées mener des vies paisibles au foyer. Ironiquement, en faisant d'elle-même la mère symbolique des opprimés, Mary Jones put aller où elle le voulait et s'exprimer sur toute question qui la touchait. Elle défia les conventions sociales et brisa les contraintes en endossant le rôle même qui enchaînait la plupart des femmes... Elle ne connaissait pas la vie de famille et vivait entièrement dans le domaine public, ou plus précisément, elle élargit son cercle familial pour embrasser la famille entière des travailleurs. »

Comme l'avait si bien compris Mary Jones, la puissance émotionnelle considérable de son titre reposait sur l'évocation des associations que nous avons pour la plupart eues avec une figure tutélaire et désintéressée : celle qui veilla à notre sécurité, qui nous garda au chaud, qui nous enseigna à distinguer le bien du mal et nettoya derrière nous. Régulièrement, des mères politisées comme Kingslover ou Clinton ont joué sur ces thèmes, offrant des images ou des métaphores tout droit sorties de la chambre d'enfants ou de la cuisine. Le signe distinctif des *madres* argentines est le foulard blanc qu'elles portaient sur leurs têtes, à l'origine les langes de leurs chers enfants disparus, qui portaient leurs prénoms amoureusement brodés. Code Pink, un groupe d'activistes qui organise des veillées devant la Maison-Blanche pour protester contre la guerre et les problèmes d'environnement, tire son nom de l'alerte utilisée dans les hôpitaux pour signaler l'enlèvement d'un bébé. Et sur le site web de la Marche du million de femmes, mouvement de 1999 contre la violence et les armes, vous pouvez cliquer sur les photos des personnages publics qui méritent soit d'être « envoyés en punition dans leur chambre », (la dernière fois que j'ai cliqué, c'était John Ashcroft) ou de « recevoir une part de tarte aux pommes » (Michael Moore).

En 1984, lorsque les démocrates cherchaient vainement une expression pour qualifier Ronald Reagan, Pat Schroeder (représentante du Colorado), trouva l'inspiration en préparant un matin des œufs brouillés pour ses enfants. Reagan fut dès lors surnommé le « Président Teflon. » Se vantant un peu, les mères qui tiennent un rôle public se présentent souvent comme des experts en efficacité – ou sont décrites comme telles par d'autres. Lorsqu'on interrogea la Gouverneur du Michigan Jennifer Granholm, étoile montante des démocrates et mère de trois enfants, sur la charge dont elle venait d'hériter, elle répondit : « Comme toutes les bonnes mères, j'ai l'habitude de nettoyer les bêtises des autres derrière eux. »

Ce fut également l'image de Patty Murray, des années avant qu'elle devienne la première sénatrice ayant encore des enfants à charge, en 1992. Elle débuta en politique en menant une coalition de treize mille parents pour sauvegarder un programme de crèches des coupes budgétaires. Elle siégea au comité scolaire local et sénatorial, avant d'être élue au Congrès, puis au Sénat. C'est là qu'elle se rendit célèbre comme « la mère en tennis ». Le *Seattle Post-Intelligence* la qualifia de « cheval de labour et non de concours ».

Comme le démontrent Granholm et Murray, les mères ont progressivement, mais sûrement, gagné des positions élevées dans la politique américaine, où elles peuvent utiliser la « pensée maternelle », non pas à l'extérieur, mais à l'intérieur du système. Dans les premières années de ce siècle, il y avait plus de mères que jamais au Congrès et au Sénat américains, tout comme elles ont grossi leurs rangs dans des domaines aussi prestigieux que le droit, les affaires et la science.

Changer la maternité et changer le monde

L'augmentation du nombre de mères dans le monde du travail, tendance qui a atteint des niveaux sans précédents au début du XXIe siècle, a été accompagnée de mécontentements croissants. Bien que certaines femmes des classes supérieures aient abandonné le monde de l'entreprise pour utiliser leurs instincts compétitifs au sein des comités de parents d'élèves, celles qui n'en ont pas les moyens ont été frustrées par ce qui semblait être leur seule option : flanquer leurs enfants à la crèche dès la sixième semaine et se contenter de les emmener chez McDonald en guise de « moments privilégiés ». Du coup, parents et enfants se sentent abandonnés, épuisés et nous sommes loin de cet idéal d'enrichissement cérébral. Ils en veulent également souvent à une culture qui, tout en répétant constamment que les enfants ont besoin d'un attachement fort, leur offre moins que le soutien minimum pour pouvoir le leur assurer.

Que faut-il faire, alors ?

Certaines solutions attendent peut-être du côté des divers partisans d'un nouveau mouvement de réforme dont l'influence se fait de plus en plus sentir et demandant une meilleure reconnaissance et un soutien pour la tâche de l'éducation des enfants. Ce mouvement suit deux voies distinctes. Une faction est guidée par l'esprit « maternaliste » des réformes de la condition des femmes du XIXe siècle, avec un accent nettement mis sur le bien-être des enfants. L'autre milite pour l'amélioration du sort des mères et va au-delà de la reconnaissance toute symbolique de la valeur de leur travail, pour proposer un soutien économique direct.

Le premier groupe est mené par le Motherhood Project, lancé en 2001 et dirigé par Enola Aird, diplômée de droit de Yale, qui a fréquemment fait appel à sa propre expérience pour militer pour une existence plus « équilibrée. » Aird est l'exemple même de la femme qui a choisi de renoncer à sa carrière. Elle passa les sept premières années suivant la naissance de sa fille à mener une carrière juridique de haut niveau avec salaire à l'avenant. Mais un jour, gagnée par la culpabilité – sa fille était malade, mais elle avait décidé de la confier à une baby-sitter – elle quitta son travail, déclarant qu'elle était « totalement épuisée et affreusement stressée ».

Redevenue femme au foyer, Aird remplit rapidement son temps en rejoignant des associations familiales locales, puis au niveau de l'État et du pays tout entier. Entre-temps, elle donna naissance à un autre enfant et commença à s'occuper d'une tante et de ses parents âgés. Lorsque je l'interviewai au téléphone en 2003 durant l'un de ses rares moments disponibles et que je lui appris que j'écrivais un livre montrant comment la maternité peut rendre plus intelligente, sa première réaction fut de me répondre que je plaisantais. Cependant, elle se ravisa et me déclara que la maternité et le rôle de mère l'avaient radicalement transformée, la conduisant à élargir sa réflexion jusque-là étroitement concentrée sur ses deux enfants et à considérer l'ensemble de notre culture. « La maternité agit sur l'esprit, l'humeur et l'opinion que l'on a de soi, mais je ne sais pas si elle a les mêmes effets dans une culture qui vous soutient que dans une qui ne vous soutient pas. »

Il est évident que pour beaucoup de femmes, nous sommes dans le second cas. Mais Aird sait-elle comment y remédier ? À l'époque, elle disait chercher encore la réponse, notamment en supervisant une étude nationale sur deux mille mères qui devait être publiée en 2005. Elle espérait que les conclusions isoleraient des problèmes spécifiques à résoudre et donneraient des directions de solutions possibles dans le contexte de « renaissance des mères » qui mettrait l'accent sur des « valeurs non monétaires » comme « l'écoute et l'affection ».

L'association a également milité sur le front de la publicité télévisée, qu'Aird considère comme « toxique pour les enfants ». L'association a commencé par avertir les publicitaires que les mères s'opposeraient au marketing et aux recherches marketing dans les écoles, ainsi qu'au ciblage de publicités sur les enfants de moins de huit ans. Aird fit une conférence au Congrès sur l'impact de la publicité pour les enfants et son « Comité des mères » a adressé au président de CBC une lettre protestant contre les publicités durant le Super Bowl de 2004.

Le Projet maternité, en se posant comme l'avocat des valeurs du mariage stable et de la prééminence de la mère au sein de la famille a conduit certains à se demander si l'objectif final de l'association n'est pas de confiner les mères dans leurs foyers. Cette inquiétude est renforcée par le fait que l'association est financée par l'Institut pour les valeurs américaines, conservateur, qui milite pour le vieux stéréotype de la mère au foyer et du père assurant la subsistance. Aird déclare ne pas partager ces opinions et soutient les femmes qui décident de travailler et confier leurs enfants à d'autres. Pourtant, le site web de l'association affirme que les « mères sont essentielles au développement des enfants et que ce rôle ne se confie pas si facilement à d'autres personnes ».

L'autre faction a adopté un point de vue différent en se concentrant sur le besoin des mères pour un soutien économique et social indépendant de leurs enfants. Selon Joanne Brundage, fondatrice du groupe Mères & Plus, « la maternité réveille la lionne chez les femmes, mais c'est seulement récemment que nous avons vu des mères s'organiser elles-mêmes : c'est un peu incompatible avec notre image de nourricières. Cependant, nous ne renonçons pas. Pour nous, c'est la continuation du féminisme ».

Brundage cessa de travailler en 1987 à trente-cinq ans, à la naissance de son deuxième enfant. « Nous nous attendions au contrecoup financier, raconte-t-elle, mais j'ai été désarmée par la perte de mon identité. J'ai donné ma démission, mis mon gosse dans sa chaise bébé dans la voiture et j'ai roulé en sanglotant pendant deux heures. » Elle passa une annonce dans le journal local et après avoir rencontré des mères partageant son point de vue, forma un groupe d'entraide. Ses sept mille membres font des choses très simples, comme « vous aider à la cuisine quand vous vous occupez de votre bébé », mais aussi du lobbying auprès des autorités pour changer la politique d'allocations.

Brundage déclare voir encore un grand besoin de « prise de conscience » chez les membres de son groupe, dont beaucoup, dit-elle, ne sont pas encore prêtes à se lever et exiger plus d'équité. Elle soutient donc les objectifs d'une organisation plus radicale, MOTHER (Mothers Ought To Have Equal Rights), militant pour l'égalité des droits des mères, inspirée par le livre d'Ann Crittenden, *Le Prix de la maternité*, qui reproche aux réglementations du travail, lois sur le mariage, lois gouvernementales et conventions culturelles qui font de la maternité le travail le moins estimé au monde. Bien que beaucoup d'obstacles aient été levés pour les femmes « libres » qui peuvent se comporter comme des hommes au travail, faire des heures supplémentaires et des déplacements sans rechigner, ces obstacles réapparaissent de plus belle quand ces femmes choisissent de fonder une famille, avec des répercussions qui peuvent durer toute la vie. Les mères ont des retraites inférieures à celles des hommes ou des femmes sans enfants et les Américaines de plus de soixante-cinq ans ont deux fois plus de risques d'être pauvres que les hommes du même âge.

Pour traiter ces problèmes, MOTHER, que Crittenden a fondée avec une autre écrivaine féministe, Naomi Wolf (*Quand la beauté fait mal*), a conçu une feuille de route visant à établir aux États-Unis des allocations similaires à celles fournies au Canada et dans de nombreux pays européens. Sur cette liste figurent notamment un congé parental salarié pour chaque parent, un crédit d'impôts remboursable pour toute personne à charge, des crédits de sécurité sociale, un salaire et une meilleure formation pour les personnels de crèches, une flexibilité garantie pour les parents d'enfants en bas âge et l'inclusion du travail non salarié au foyer dans le PIB national.

Dès les premières années du siècle, l'attention croissante accordée aux diverses difficultés des enfants et de ceux qui s'en occupent a alerté les politiciens américains. Des activistes de plus de vingt États demandent une législation calquée sur le congé parental accordé en Californie. Des associations de mères ont également été à l'origine en janvier 2003 d'une enquête nationale sur l'utilisation du temps qui, entre autres, a permis de quantifier le nombre d'heures consacrées par les parents américains à l'éducation de leurs jeunes enfants. Certains y ont vu le premier pas vers l'adoption d'une sécurité sociale pour les personnes qui s'occupent d'enfants au foyer.

Cependant, le mouvement des mères a encore un long chemin à parcourir avant d'atteindre les objectifs qu'il s'est fixés. Les critiques soulignent que sa faction la plus visible est également la plus privilégiée : les femmes qui bénéficient du luxe de pouvoir cesser de travailler, même temporairement, pour se consacrer à leurs enfants, et qui réclament des crédits de sécurité sociale. En particulier en cette époque de guerre et de difficultés économiques, cela offre le flanc à la même critique d'élitisme dont a été victime le mouvement féministe des années 1970. Mais le problème le plus central est encore la lenteur avec laquelle les pères endossent plus de responsabilités domestiques. Les soins aux personnes dépendantes demeurent en majorité un travail non rémunéré, un travail invisible : celui de la femme.

Changer ce statu-quo libérerait les mères, leur permettrait d'utiliser davantage leur intelligence et leur motivation à l'extérieur, pour le bien de leurs enfants et des autres. Mais cela nécessite une transformation domestique comme un bouleversement du milieu du travail qui porterait dès lors la charge sur les employés les plus « libres. » Il y a presque un siècle, l'écrivaine socialiste et féministe Charlotte Perkins Gilman proposa une vision fictive d'une société qui pourrait résoudre ces problèmes. « Herland » était située dans une région tropicale qui avait été isolée par un séisme, la plupart des hommes ayant été décimés dans une guerre. Isolées du reste du monde pendant deux millénaires, les femmes avaient pris le pouvoir et au bout d'un certain temps, acquis la possibilité d'avoir des enfants – uniquement des filles – toutes seules.

Étant naturellement orienté vers la production de qualité plutôt que de quantité, ce pays de mères intelligentes avait méticuleusement régulé sa population pour maximiser les ressources, prévenir la pauvreté et encourager éducation et bonheur. Gilman raconte l'histoire au travers du regard de trois hommes, des explorateurs qui découvrent par hasard le pays, et sont d'abord retenus prisonniers, puis considérés comme des hôtes. Cependant, une fois que les femmes apprennent la situation du monde au-delà de leurs frontières, elles exigent que les hommes ne révèlent jamais ce qu'ils ont découvert quand ils repartiront. Ce qu'ils acceptent finalement.

Le livre de Gilman est clairement injuste pour beaucoup d'hommes, et partisan au point de se montrer ridicule concernant les femmes. Cependant, une vérité indéniable illumine toute son histoire, tout comme la *Pensée maternelle* de Sara Ruddick, et j'espère qu'elle est également présente dans ces pages : c'est que la plus simple éthique de la maternité – s'occuper d'autres que soi – peut être un excellent moyen de se montrer intelligent. Et comme le dit Paul MacLean : « Pour quoi sommes-nous ici, si ce n'est pour nous aider les uns les autres ? »

CHAPITRE 14
LES NEUROLOGUES LE SAVENT : DIX ASTUCES POUR TIRER LE MEILLEUR PARTI DE VOTRE « CERVEAU DE MÈRE »

Beaucoup de femmes vivent leur maternité sans apprécier son potentiel de changement, « comme si elles roulaient avec un trésor caché dans le coffre de leur voiture », dit la neurologue Kelly Lambert. Si vous êtes arrivée jusqu'à ce chapitre, vous avez déjà fait le premier pas pour utiliser ce trésor. Consciente que vous avez été profondément transformée par la maternité, vous êtes peut-être plus sensible à ce que vous vivez et plus réfléchie dans votre manière d'y réagir. Les psychologues appellent cela la « métacognition » – c'est-à-dire la réflexion sur la réflexion. Dans les premiers chapitres, j'ai cité les conseils de scientifiques sur la manière de devenir plus intelligente en mobilisant cette nouvelle conscience. Voici maintenant quelques suggestions pour vous aider sur cette route.

Ne vous abandonnez pas à la maternité : réappropriez-vous-la

Rappelez-vous que le neurologue australien Allan Snyder fait observer que les nouvelles mères sont comme Einstein, leur cerveau étant concentré sur des questions de la plus haute importance. N'oubliez pas que dans un « cerveau de mère » – un peu comme dans un cerveau de bébé, à certains égards – se trouve un supermécanisme d'apprentissage, consacré à des tâches qui sont une question de vie ou de mort et à la formation à des compétences qui peuvent être utilisées pendant toutes les années à suivre.

Pendant que vous concentrez presque toute votre énergie sur votre enfant, vous pouvez également explorer votre nouveau potentiel, à condition qu'il vous reste un peu d'énergie. « Cela peut être le moment d'essayer une grande nouveauté pour le cerveau », déclare Lambert. Durant l'un de ses congés de maternité, après avoir observé la remarquable prolifération de nouveaux neurones chez les rattes et compris à quel point le cerveau maternel pouvait être dynamique, elle décida de tirer parti de ce qu'elle considère comme une « fenêtre de plasticité » : « Après avoir été une obsédée de science pendant trop longtemps, je commençais à penser que les régions de mon cerveau concernées par des domaines plus artistiques devaient être rouillés. » Et pendant que son bébé faisait la sieste, elle sortit sa boîte de peinture. « Il m'a en fait semblé que j'avais plus de "capacités" qu'avant. Tout mon entourage a reçu un plat à gâteau peint pour Noël cette année-là. »

Ne tombez pas dans le piège de penser que votre « cerveau de mère » est un cerveau handicapé. Reconnaissez que vous avez beau vous répéter que vous ne croyez pas un instant que les mères soient mentalement diminuées, vous avez peut-être au fond de vous-même un préjugé qui peut vous mener à l'échec. « C'est ce que font les personnes âgées, explique Julie Suhr. Elles disent qu'elles ne croient pas au stéréotype du cerveau diminué avec l'âge, mais les tests montrent que si. Vous incorporez les attentes culturelles et elles deviennent partie intégrante de votre identité. » Suhr donne aux nouvelles mères le même conseil qu'aux personnes âgées : « Rappelez-vous que le stéréotype existe. N'oubliez pas qu'il arrive à tout le monde d'être distrait et oublieux, au lieu d'attribuer cela à un handicap plus ou moins permanent. Ensuite, demandez-vous ce qui, dans le contexte, peut provoquer cette situation. »

Reconnaissez vos nouvelles priorités

Une « très forte concentration » est l'un des « avantages neurologiques sans équivoque » qui accompagnent le « cerveau de mère », selon l'expert en plasticité cérébrale Michael Merzenich. Cependant, il importe de garder présent à l'esprit que le premier objet où cette nouvelle concentration doit et va s'exercer est votre bébé. Mais il n'y a aucune raison pour que vous ne puissiez mobiliser une partie de cette nouvelle attention quand vous travaillez en dehors de chez vous, précise le scientifique. Cependant, vous devrez probablement faire un effort plus conscient pour l'exercer. La première manière de vous y préparer est de vous assurer que votre enfant est en sécurité entre de bonnes mains pendant que vous travaillez. Si vous avez les moyens, vous pouvez aussi essayer de trouver une manière de diminuer votre charge de travail, notamment durant les trois premières années de vie de l'enfant, afin de vous donner plus de temps pour vous concentrer sur votre tâche de mère et jouir ainsi d'une meilleure tranquillité d'esprit.

N'oubliez que partir du bon pied avec votre enfant, en lui consacrant beaucoup d'amour et d'attention, vous donnera à tous les deux les meilleures chances de réussite pour les nombreuses et difficiles années à venir. La neurologue comportementale Alison Fleming note que les femmes qui ont très tôt des interactions positives avec leurs enfants ont tendance à avoir une meilleure image de soi. Mais il y a encore de l'espoir pour les femmes dont les premières expériences ne sont pas idéales. Ravenna Helson, psychologue de Berkeley, déclare qu'elle a découvert que des mères qui cherchaient une formation aux compétences parentales pouvaient améliorer à la fois leur relations avec leurs enfants et leur propre sentiment de compétence.

Pendant que vous êtes au travail, essayez d'employer des astuces pratiques pour vous maintenir concentrée. Edward Hallowell et John Ratey, tous les deux psychiatres et auteurs de *Forcé à la distraction : reconnaître et affronter les troubles de l'attention de l'enfance à l'âge adulte*, donnent des conseils qui peuvent être tout aussi utiles pour les mères débordées que pour les adultes souffrant de ce trouble. Ils conseillent de diviser les tâches importantes en plus petites pour éviter de se sentir dépassé et de fixer à chacune une date butoir. Ils recommandent aussi de suivre la règle du traitement immédiat concernant la paperasse. Si vous devez répondre à une lettre ou un mémo, ou traiter une facture, faites-le immédiatement au lieu de laisser la pile s'accumuler jusqu'à une hauteur déprimante. L'une de mes propres astuces consiste à avoir un planning : quand je m'obsède sur quelque chose qui n'a pas besoin d'être fait tout de suite, je note un rappel à une date ultérieure et j'oublie le problème jusqu'à cette date.

Ne sous-estimez pas la force du sommeil

S'il y a un aspect du « cerveau de mère » qui est scientifiquement prouvé comme handicapant pour l'esprit, c'est bien le manque de sommeil et malheureusement, un grave déficit de sommeil est absolument inévitable durant les premières semaines ou les premiers mois de la maternité. C'est pourquoi mon conseil préféré parmi les millions parus sur ce sujet est de partager votre charge avec votre conjoint. Ce problème a toutes les chances d'être la première grande épreuve de votre partenariat de parents. Si vous partez d'un bon pied, ce sera un merveilleux présage pour les dix-huit années à venir. Se répartir ce fardeau avec équité est également une excellente démonstration de votre engagement l'un envers l'autre et il vous aidera à forger l'un et l'autre des liens avec l'enfant.

Pour cela, il vaut mieux fixer des règles dès le début et s'y tenir. James Maas, expert en sommeil de la Cornell University, conseille aux parents de pratiquer un tour de garde sur trois nuits, tactique qui permet à chacun d'être le mieux reposé possible durant les premiers temps les plus difficiles. Cela semble bien plus intelligent que la recommandation consistant à faire langer le bébé par le père pour le confier ensuite à la mère, les deux finissant du coup épuisés. Les mères qui allaitent ne devraient pas hésiter à utiliser de temps en temps le biberon. Notre pédiatre au Brésil avait eu une excellente suggestion : mélanger une cuillerée de farine de riz avec le lait afin que le bébé soit plus repu et, si vous avez de la chance, dorme plus longtemps.

Une fois votre enfant assez âgé pour comprendre une consigne parlée, vous pourrez adopter l'une de mes règles préférées, que je dois à l'auteur Barbara Ehrenreich : « Ne jamais réveiller un adulte qui dort. » Faites savoir à votre enfant que votre sommeil est essentiel à votre bien-être à tous les deux. Et ne gâchez pas votre temps de sommeil de votre côté, précise Maas, qui conseille aux nouveaux parents de se conformer autant que possible à des horaires réguliers, de ne pas boire de café après 15 heures et d'éviter l'alcool trois heures avant le coucher.

Améliorez votre gestion de crise

Si vous devez ne retenir qu'une leçon de ce livre, je vous recommande de mémoriser ceci : « C'est une occasion d'apprendre. » Au lieu de vous dire que votre cerveau est stressé, dites-vous qu'il est stimulé. Votre enfant de cinq ans s'est-il jeté sur le sol dans le magasin de vidéos parce que vous ne vouliez pas louer son film préféré ? Essayez de ne pas gâcher toute votre énergie mentale à regretter de ne pas pouvoir disparaître instantanément. Envisagez la situation comme un défi et imaginez-vous comme son bénéficiaire potentiel et non sa victime. Êtes-vous capable de spontanéité ? Au lieu de grincer qu'il ne reverra jamais sa GameBoy, utilisez votre théorie de l'esprit. Que veut vraiment votre enfant ? Montrer que c'est lui qui commande, évidemment, en comptant sur le fait que vous êtes pressée par le temps et que vous redoutez les regards des autres clients. Essayez de le surprendre en vous accroupissant à côté de lui et en faisant un petit signe aux autres personnes dans la file d'attente, puis dites-lui calmement que vous allez tout simplement attendre qu'il ait terminé sa crise. N'oubliez pas ce faisant que la métacognition dans de telles situations peut non seulement soulager le stress mais également vous apprendre à gérer plus habilement les crises des adultes.

Mobilisez l'ocytocine

Comme nous l'avons vu au chapitre 6, les récentes découvertes sur l'influence potentielle sur le cerveau de l'hormone peptide ocytocine devraient conditionner les décisions des nouvelles mères, avant même leur accouchement. L'ocytocine a été liée à la mémoire et à l'apprentissage, ainsi qu'au lien mère-enfant et aux liens sociaux positifs pour le cerveau. Un accouchement naturel au lieu d'une césarienne ainsi que l'allaitement au sein augmentent le taux de cette hormone, tout comme les massages et le contact peau contre peau. Mais ne confondez pas l'ocytocine avec la pitocine, ocytocine de synthèse fréquemment utilisée pour accélérer l'accouchement dans les hôpitaux américains. À mesure des découvertes des scientifiques sur l'impact de l'hormone sur les cerveaux des mères et des bébés, ceux-ci se sont inquiétés des effets secondaires de l'administration de l'hormone de synthèse, même si les médecins déclarent que l'ocytocine administrée par voie sanguine ne passe pas dans le cerveau. « Cela peut avoir un impact sur l'organisme que nous ne comprenons pas encore », déclare Diane Witt, psychologue et directrice des études de neurologie comportementale à la Fondation nationale pour la science. « Les cerveaux des bébés pourraient en pâtir à un moment critique, et souffrir de difficultés d'apprentissage. »

Socialisez-vous

La maternité peut forcer la plus endurcie des misanthropes à envisager de nouvelles relations avec tout un ensemble de contacts sociaux. Mais elle peut également vous isoler, si vous êtes confinée dans une maison presque toute la journée avec votre bébé. De graves dépressions postnatales qui frappent une mère sur dix, ou une simple mélancolie, peuvent être aggravées par la solitude. Mais des relations sociales et des soutiens réguliers peuvent faire des miracles pour vous et votre enfant.

La force du soutien social a été attestée par l'étude contrôlée sur vingt-cinq ans de plusieurs centaines de mères à faibles revenus de plusieurs villes américaines, menée par David Olds, professeur de pédiatrie de l'université du Colorado. Un groupe de mère pris au hasard recevait la visite d'infirmières une seule fois par semaine durant leur grossesse jusqu'à six semaines après la naissance du bébé, les visites se raréfiant ensuite la deuxième année. Durant cette visite de quatre-vingt-dix minutes, les infirmières consacraient exprès plus d'attention à la mère qu'au bébé, discutaient de son état d'esprit, se renseignaient sur le soutien des amis et de l'entourage et sur la manière dont les mères pouvaient améliorer leurs relations. L'enquête sur le suivi démontra que ces visites amélioraient considérablement l'existence des enfants qui, en tant que groupe, subissaient moins de blessures dues à la maltraitance ou à la négligence, présentaient moins de grossesses adolescentes et une moindre dépendance aux subventions sociales.

La notion moderne selon laquelle les mères peuvent être les seules responsables de leurs enfants est d'origine relativement récente et contraste avec le besoin de réseaux sociaux qui est peut-être inscrit dans nos gènes. L'anthropologue Sarah Hrdy déclare qu'il est probable que les humains aient évolué en « éleveurs coopératifs », notant que dans les cultures traditionnelles survivantes, comme les pygmées Efe et Aka d'Afrique Centrale, les bébés peuvent avoir une douzaine de personnes qui s'occupent d'eux, les « allomères », qui sont en contact avec eux environ 40 % du temps.

Faites de l'exercice

Bien que le sport puisse paraître souvent un luxe, c'est en fait une stratégie d'entretien du cerveau qui vous aidera à vous sentir mieux physiquement et mentalement, ce qui est généralement un bonus pour tous ceux qui dépendent de vous. L'exercice physique augmente la circulation sanguine dans le cerveau, et comme le note Joh Ratey, d'Harvard, il peut même augmenter le nombre et la densité des vaisseaux sanguins dans le cortex moteur et le cervelet. Les trois principaux neurotransmetteurs mobilisés dans l'humeur, la cognition et le comportement sont tous renforcés par l'exercice et beaucoup d'études ont démontré qu'une activité physique vigoureuse permet de prévenir la dépression. Des recherches récentes indiquent également que l'exercice impliquant l'apprentissage de mouvements complexes comme la danse et le yoga peuvent améliorer la mémoire et les capacités d'apprentissage en général. L'exercice en groupe est également une excellente occasion de rencontrer d'autres mères.

Materne-toi toi-même

Laura Lopez, mère de trois enfants et fréquemment en déplacements professionnels en avion, compare l'éducation des enfants à la préparation pour un atterrissage en catastrophe. « Le personnel de bord vous dit toujours de mettre votre masque à oxygène avant de vous occuper de votre enfant. Si vous avez besoin d'air, vous ne risquez pas de pouvoir aider grand monde. »

Ce conseil peut se traduire ainsi : cherchez des pauses, même brèves, dans votre travail et vos responsabilités de mère, pour vous faire plaisir et également vous aérer l'esprit. Cela peut être n'importe quoi, depuis la conversation avec une amie sans vous interrompre, jusqu'à quitter le bureau de bonne heure pour aller voir un film. Une de mes amies m'a avoué que lorsqu'elle informe son mari de l'heure de son retour, elle ajoute de temps en temps une heure ou deux pour pouvoir aller prendre un verre sans avoir l'impression de devoir se justifier. D'un autre côté, et je ne suis pas la première à suggérer cela, c'est aussi une bonne idée de trouver du temps pour rester en compagnie de votre conjoint afin de ne pas oublier pourquoi vous avez eu un enfant. Comme l'avertit Lambert, il est important de se rappeler qu'avoir un « cerveau de mère » ne signifie pas que vous avez perdu votre « cerveau d'épouse », de fille, d'amie ou de femme qui travaille. « Vous avez simplement ajouté une aile supplémentaire à l'édifice du cerveau, pas complètement reconstruit tout l'ensemble », dit-elle. « Être capable d'abandonner votre casquette de mère, même régulièrement, en consacrant votre attention à d'autres aspects de votre vie, vous permet de la remettre d'autant mieux quand vous retrouvez vos enfants, de vous apercevoir parfois que vous avez pris de mauvais plis et de vous ressaisir. »

En vous maternant ainsi, n'oubliez pas de suivre les avis de votre propre mère et de surveiller votre régime. Il est prouvé que le cerveau tire profit d'une alimentation équilibrée. Des études ont démontré que les antioxydants des fruits et légumes peuvent contribuer à prévenir le déclin de fonctions cérébrales dû au vieillissement, et que les légumes verts et crucifères (brocoli, chou fleur, laitue, épinard) sont particulièrement bénéfiques pour la mémoire chez la femme âgée. Le poisson semble également un excellent aliment pour le cerveau : certaines études indiquent que sa consommation une fois par semaine peut considérablement réduire le risque d'Alzheimer.

Multitâche – mais dans certaines limites

À mesure que vous maîtriserez l'art du multitâche, vous serez peut-être tentée de tout faire en même temps en empilant les défis comme un clown qui jongle sur la corde raide. Il y a une bonne raison pour que le multitâche fonctionne normalement bien pour les mères : David Meyer, expert en cognition de l'université de Michigan, a mené des recherches montrant que les gens peuvent, avec un entraînement, améliorer leur capacité à faire plus d'une chose à la fois. Pourtant, il met en garde ceux qui surestiment leurs capacités et prévient qu'il y a une limite même pour les plus doués et les plus déterminés.

Meyer et ses collaborateurs ont découvert que passer d'une tâche complexe à une autre peut ralentir un adulte moyen de près de 50 %. La multiplication intensive des tâches peut également provoquer un stress qui, s'il est prolongé, peut compromettre la mémoire à court terme. Bien sûr, résister aux tendance de notre époque peut passer pour une véritable rébellion. Mais avant de franchir la limite de l'inefficacité et de l'épuisement, rappelez-vous Kathy Mayer qui, pendant qu'elle allaitait au sein ses jumeaux, multipliait quotidiennement les tâches. Elle savourait la possibilité qui lui était ainsi offerte de rentrer chez elle et de n'avoir qu'une chose à faire : être auprès de ses enfants. L'une des meilleures choses pour votre cerveau quand vous faites du multitâche, c'est le plaisir de s'arrêter.

Changez le monde – commencez par le vôtre

Ravenna Helson déclare qu'elle a observé lors de son étude des diplômées du Mills College que le développement mental et émotionnel d'une mère dépend en grande partie du contexte dans lequel elle se trouve. Les mères elles-mêmes peuvent l'influencer considérablement. Si vous décidez d'avoir des enfants, choisissez soigneusement votre conjoint – et votre patron. Une fois que vous avez les enfants, encouragez-les à aider leur père dans les tâches domestiques. Cela diminuera votre charge de travail et votre stress tout en formant une génération future plus attentionnée. Si vos enfants rechignent, citez une étude indiquant que les enfants qui font des tâches domestiques avec leur père ont plus de chances d'avoir des amis. Si c'est votre mari qui rechigne, citez-en une autre qui montre que les mères ont plus de chances de trouver leurs maris sexy s'ils les aident au foyer. Restez informée, notamment des nouveautés concernant les réglementations sur les allocations, services sociaux, etc. Et si la situation ne vous convient pas, mobilisez-vous et agissez.

Table des matières

Première partie
La grande transition

DEUXIÈME PARTIE

LES CINQ ATTRIBUTS D'UN CERVEAU DOPÉ PAR BÉBÉ

Au catalogue Marabout

(Livre de Poche)

Enfants – Éducation

- *100 trucs que je déteste sur la grossesse*, K. Konopicky, n° 3213
- *150 façons d'être une supermaman*, S. Dazzo, n° 3214
- *10 000 prénoms du monde entier*, P. Raguin, n° 3139
- *Adolescents, la crise nécessaire*, Dr S. Clerget, n° 3189
- *A.D.O.S.*, A. Schapiro-Niel, n° 3187
- *Ados, comment les motiver*, V. Acker, n° 3162
- *Aimer sans tout permettre*, Dr F. Dodson, n° 3101
- *Au cœur des émotions de l'enfant*, I. Filliozat, n° 3171
- *Aux petits maux les bons remèdes*, Dr G. Pacaud, n° 3209
- *Bébé calme*, C. Deacon, n° 3204
- *Bébé, dis-moi qui tu es*, Dr P. Grandsenne, n° 3160
- *Bébé, raconte-moi tes premières fois*, Dr P. Grandsenne, n° 3195
- *Bébé trucs*, C. Pellé-Douël, n° 3179
- *Ce dont chaque enfant a besoin*, Dr T. B. Brazelton, n° 3182
- *Cent histoires du soir*, S. Carquain, n° 3175
- *Destination maman*, A. Schapiro-Niel, n° 3197
- *Devenir père*, Pr. R. Frydman et C. Schilte, n° 3218
- *Écouter et soigner son enfant*, Dr M. Sznajder, n° 3206
- *Élever un garçon*, S. Biddulph, n° 3180
- *Élever une fille*, G. Preuschoff, n° 3211
- *Enceinte à Paris et en région parisienne*, V. Lamour, n° 3207
- *Enfants trucs*, C. Pellé-Douël n° 3179
- *Guide du jeune papa*, M. Micucci, n° 3186

- *Itinéraire d'un nouveau-né*, Dr E. Antier, n° 3163
- *Kilos ados*, M. Belouze et Dr A. Cocaul, n° 3203
- *Mon bébé comprend tout*, Dr A. Solter, n° 3156
- *Mon enfant a confiance en lui*, A. Bacus, n° 3192
- *Mon enfant s'entend bien avec les autres*, J. Cooper, n° 3217
- *Nounous ou crèches, que choisir ?*, Dr S. Angel, n° 3210
- *Objectif : sage comme une image !*, S. Baveystock et Dr T. Byron, n° 3215
- *Où accoucher en France*, V. Lamour, n° 3208
- *Parents efficaces*, Dr T. Gordon, n° 3102
- *Parents efficaces au quotidien*, Dr T. Gordon, n° 3138
- *Père et son enfant (Le)*, Dr F. Dodson, n° 3100
- *Prénoms et origines*, F. Le Bras, n° 3188
- *Pourquoi les aînés veulent diriger le monde et les benjamins le changer*, M. Grose, n° 3205
- *Recettes pour bébé*, Dr H. Bouchet et B. Vié, n° 3127
- *Se faire obéir sans crier*, B. Unell, n° 3169
- *Secret des enfants heureux (Le)* (vol. 1), S. Biddulph, n° 3181
- *Secret des enfants heureux (Le)* (vol. 2), S. Biddulph, n° 3184
- *Sexo ados*, Dr C. Solano, n° 3202
- *Sommeil de votre enfant (Le)*, A. Bacus, n° 3196
- *Tout se joue avant 6 ans*, Dr F. Dodson, n° 3115
- *Toutes les questions au pédiatre*, Dr M. Galland, n° 3173
- *Votre bébé de 1 jour à 1 an*, A. Bacus, n° 3120
- *Votre enfant de 1 à 3 ans*, A. Bacus, n° 3121
- *Votre enfant de 3 à 6 ans*, A. Bacus, n° 3122

Psychologie

- *150 tests d'intelligence*, J. E. Klausnitzer, n° 3529
- *Amour sans condition (L')*, L. L. Hay, n° 3662
- *Analyse transactionnelle (L')*, R. de Lassus, n° 3516
- *Apprivoiser le deuil*, M. Ireland, n° 3677
- *Art de la simplicité (L')*, D. Loreau, n° 3720
- *Au secours ! Je vis avec un(e) narcissique*, S. Carter et J. Sokol, n° 3721
- *Boostez votre cerveau*, G. Azzopardi, n° 3710

- *Ce que veulent les hommes*, B. Gerstman, C. Pizzo et R. Seldes, n° 3672
- *Ces amours qui nous font mal*, P. Delahaie, n° 3706
- *Ces gens qui vous empoisonnent l'existence*, L. Glas, n° 3597
- *Cette famille qui vit en nous*, C. Rialland, n° 3636
- *Changez de vie en 7 jours*, P. McKenna, n° 3719
- *Cinq Entretiens avec le Dalaï-Lama*, Sa Sainteté le Dalaï-Lama, n° 3650
- *Comment être boss... sans être garce*, C. Friedman et K. Yorio, n° 1959
- *Communication efficace par la PNL (La)*, R. de Lassus, n° 3510
- *Convaincre en moins de 2 minutes*, N. Boothman, n° 1958
- *Dictionnaire des rêves*, L. Uyttenhove, n° 3542
- *Efficace et épanoui par la PNL*, R. de Lassus, n° 3563
- *Ennéagramme (L')*, R. de Lassus, n° 3568
- *Force est en vous (La)*, L. L. Hay, n° 3647
- *Gestalt, l'art du contact (La)*, S. Ginger, n° 3554
- *Hommes, les femmes, etc. (Les)*, E. Willer, n° 3679
- *Intelligence du cœur (L')*, I. Filliozat, n° 3580
- *Interprétation des rêves (L')*, P. Daco, n° 3501
- *Je t'en veux, je t'aime*, I. Filliozat, n° 3699
- *Langage des gestes (Le)*, D. Morris, n° 3590
- *Méditer au quotidien*, H. Gunaratana, n° 3644
- *Mesurez votre Q.I.*, G. Azzopardi, n° 3527
- *Méthode Coué (La)*, E. Coué, n° 3514
- *Notre capital chance*, Dr R. Wiseman, n° 3691
- *On gère sa vie, on ne la subit pas*, P. McGraw, n° 3704
- *Oser être soi-même*, R. de Lassus, n° 3603
- *Osez briser la glace*, S. Jeffers, n° 3673
- *Osez le grand amour*, S. Jeffers, n° 3716
- *Parents toxiques*, Dr S. Forward, n° 3678
- *Pères d'aujourd'hui, filles de demain*, V. Colin-Simard, n° 3693
- *Petit Livre de sagesse du Dalaï-Lama (Le)*, B. Baudouin, n° 3702
- *Plénitude de l'instant (La)*, T. Nhat Hanh, n° 3655
- *Pourquoi les femmes se prennent la tête ?*, S. Nolen-Hoeksema, n° 3722
- *Pouvoir de la bonté (Le)*, Sa Sainteté le Dalaï-Lama, n° 3703
- *Prodigieuses Victoires de la psychologie (Les)*, P. Daco, n° 3504

- *Psy de poche (Le)*, S. Mc Mahon, n° 3551
- *Puissance de la pensée positive (La)*, N. V. Peale, n° 3607
- *Quand les enfants partent*, A. Schapiro-Niel, n° 3707
- *Que se passe-t-il en moi ?*, I. Filliozat, n° 3671
- *Réussir le nouveaux tests de Q.I.*, G. Azzopardi, n° 3714
- *Rupture : petit guide de survie*, D. Hirsh, n° 3689
- *Sexe des larmes (Le)*, Dr P. Lemoine, n° 3688
- *Thérapie du bonheur (La)*, Dr É. Jalenques, n° 3682
- *Tout ce que les hommes ignorent et que les femmes n'avoueront jamais*, D. McKinlay, n° 3708
- *Tout se joue en moins de 2 minutes*, N. Boothman, n° 3675
- *Transformez votre vie*, L. L. Hay, n° 3633
- *Tremblez mais osez !*, S. Jeffers, n° 3669
- *Triomphes de la psychanalyse (Les)*, P. Daco, n° 3505
- *Vie à bras-le-corps (La)*, S. Jeffers, n° 3690

Santé – Forme – Sexualité

- *40 ans pour longtemps*, M. Bulher et J. Rousselet-Blanc, n° 2883
- *130 desserts pour diabétiques*, C. Fouquet et C. Pinson, n° 2910
- *130 recettes anti-cholestérol*, L. Cariel, D. Chauvois,
C. Gouesmel, n° 2890
- *130 recettes bien-être*, L. Cariel, D. Chauvois, n° 2891
- *130 recettes minceur*, T. Ellul-Ferrari, n° 2841
- *130 recettes pour diabétiques*, C. Fouquet et C. Pinson, n° 2871
- *130 recettes sans sel*, C. Gouesmel, C. Pinson, n° 2914
- *177 façons d'emmener une femme au septième ciel*, M. Saint-Loup, n° 2783
- *203 façons de rendre fou un homme au lit*, J. Saint-Ange, n° 2771
- *208 nouvelles façons de rendre un homme fou de désir*, M. Saint-Loup, n° 2834
- *302 techniques avancées pour rendre fou un homme*, J. Saint-Ange, n° 2898
- *365 jours de sexe*, L. L. Paget, n° 2911
- *Alimentation anti-oxydante (L')*, Dr S. Rafal, n° 2840
- *Alternative aux antibiotiques (L')*, Dr G. Pacaud, n° 2905
- *Art de faire l'amour à un homme (L')*, L. L. Paget, n° 2874

- *Art de faire l'amour à une femme (L')*, L. L. Paget, n° 2875
- *Best Sex*, T. Cox, n° 2880
- *Bien nourrir sa peau*, Dr N. Pomarède, n° 2897
- *Cerveau en pleine forme (Un)*, A. Dufour, n° 2878
- *Comment faire l'amour à un homme*, A. Penney, n° 2737
- *Comment faire l'amour à une femme*, M. Morgenstern, n° 2738
- *Comment gérer son stress*, V. Pieffer, n° 2808
- *Découvrir le Feng Shui*, S. Brown, n° 2802
- *Décrochez !*, Dr S. Angel, n° 2893
- *Détox anti-âge*, Dr D. Lamboley, n° 2909
- *Et si c'était la thyroïde ?*, Dr P. Nys, n° 2903
- *Feng Shui santé (Le)*, R. Saint-Arnauld, n° 2856
- *Fini les rhumatismes !*, Dr J.-L. Dervaux, n° 2900
- *Guide des fleurs du Dr Bach (Le)*, P. Ferris, n° 2835
- *Guide des pierres de soins (Le)*, R. Boschiero, n° 2831
- *Guide du Feng Shui (Le)*, R. Saint-Arnauld, n° 2817
- *Guide pratique antidouleur*, Dr S. Rafal, n° 2917
- *Hanches et fesses parfaites en 10 minutes par jour*, L. Raisin, n° 2768
- *Je soigne mon enfant par l'homéopathie*, Dr G. Pacaud, n° 2861
- *Livre de bord de la future maman*, Dr M.-C. Delahaye, n° 2717
- *Maigrir avec les hautes calories*, M. Leconte, n° 2700
- *Maigrir selon son profil hormonal*, Dr P. Nys, n° 2865
- *Mémoire du corps (La)*, P. Hammond, n° 2901
- *Ménopause au naturel (La)*, Dr S. Rafal, n° 2868
- *Mes petites magies*, M. Laforêt, n° 2864
- *Mes secrets de pharmacienne*, D. Festy, n° 2862
- *Migraines et maux de tête*, Dr J.-L. Dervaux, n° 2882
- *Mince... je fonds et ça dure !*, Drs D. Arsac, M. Gourmelon et C. Paturel, n° 2915
- *Nouveaux Remèdes naturels (Les)*, J.-M. Pelt, n° 2869
- *Orgasme sans tabou (L')*, L. L. Paget, n° 2885
- *Pour en finir avec le tabac*, Dr J.-L. Dervaux, n° 2847
- *Pratique du massage chinois*, Dr Y.-W. Chen, n° 2907
- *Régime anti-âge (Le)*, Dr R. C. Atkins, n° 2884
- *Régime brûle-graisses (Le)*, C. Pinson, n° 2867
- *Régime soupe (Le)*, C. Pinson, n° 2829
- *Régime zen (Le)*, C. Pinson, n° 2908

- *Remèdes de santé d'Hildegarde de Bingen (Les)*, P. Ferris, n° 2859
- *Se soigner par l'homéopathie*, Dr G. Pacaud, n° 2727
- *Secrets du régime crétois (Les)*, Dr J.-P. Willem, n° 2827
- *Sex toys, faites-vous plaisir*, C. Foch et A. Helary, n° 2916
- *Sophrologie facile (La)*, Dr Y. Davrou, n° 2794
- *Soyez sûr de votre haleine*, Drs M. Cymes et M. Davarpanah, n° 2902
- *Toujours jeune grâce aux compléments alimentaires*, A. Dufour, n° 2866
- *Trucs et astuces de beauté*, S. Lacoste, n° 2839
- *Trucs et astuces de santé*, S. Lacoste, n° 2838
- *Ventre plat en 10 minutes par jour (Un)*, L. Raisin, n° 2767
- *Yoga anti-stress*, I. Townsend, n° 2766
- *Yoga de Davina (Le)*, D. Delor, n° 2918

Vie quotidenne – Vie professionnelle

- *50 modèles de lettres pour trouver un emploi*, F. Le Bras, n° 1911
- *100 idées pour animer un mariage*, P. Lecarme, n° 1563
- *200 modèles de lettres*, P. Maury, n° 1510
- *350 pistes pour trouver un emploi*, F. Le Bras, n° 1953
- *Animer un anniversaire*, P. Lecarme, n° 1569
- *Bon anniversaire de 1 à 100 ans*, B. Beyern, n° 1575
- *Comment rester sain d'esprit lorsque le travail vous rend fou*, P. Hellman, n° 1956
- *Commerce équitable (Le)*, K. Pouliquen, n° 1568
- *Comptabilité facile (La)*, L. Batsch, n° 1918
- *Correspondance (La)*, G. d'Assailly, n° 1501
- *Courrier facile (Le)*, C. Ovtcharenko, n° 1505
- *Entretien d'embauche (L')*, F. Le Bras, n° 1940
- *Être bénévole aujourd'hui*, P. Dreyer et M. Perenne, n° 1578
- *Généalogie facile (La)*, J.-L. Beaucarnot, n° 1512
- *Guide de l'organisation du mariage (Le)*, N. Terrail, n° 1513
- *Je veux retravailler*, F. Le Bras, n° 1955
- *Lettre de motivation (La)*, F. Le Bras, n° 1938
- *Mieux se connaître pour réussir*, G. Azzopardi, n° 1954
- *Nouveaux Tests de recrutement (Les)*, G. Azzopardi, n° 1957

- *Pas une minute à perdre, je suis à la retraite*, I. Morel d'Arleux, n° 1579
- *Recettes de bonne femme (Les)*, J. et V. Rousselet-Blanc, n° 1576
- *Sauvez cette planète ! Mode d'emploi*, D. Glocheux, n° 1577
- *Se marier autrement*, F. Servan-Schreiber, n° 1572
- *Se remettre à l'anglais en 10 minutes par jour*, A. et G. Mukerjee, n° 1565
- *Trois jours avec les mômes*, P. Lecarme, n° 1573
- *Trucs de Papytruc (Les)*, J. Bujardet, n° 1570

Cuisine

- *Bonne Cuisine (La)*, F. Bernard, n° 3920
- *Bonne Cuisine de nos grands-mères du Sud-Ouest (La)*, H. Guilhem, n° 3938
- *Bonnes Recettes de Mauricette (Les)*, M. Clément, n° 3927
- *Grand Livre de la cuisine provençale (Le)*, G. Gedda, n° 3937
- *Guide des vins bio (Le)*, Collectif, n° 3940
- *Guide des vins du monde (Le)*, H. Piot, n° 3939
- *Recettes au quinoa*, C. Dumay, n° 3931
- *Recettes de tradition*, F. Bernard, n° 3921

Loisirs – Jeux

- *80 jeux de logique – niveau facile*, n° 5359
- *80 jeux de logique – niveau difficile*, n° 5360
- *Dictionnaire des mots croisés (vol. 1 : A-H)*, L. Noël, n° 5306
- *Dictionnaire des mots croisés (vol. 2 : I-Z)*, L. Noël, n° 5307
- *Échecs (Les)*, F. van Seters, n° 5313
- *Énigmes mathématiques diaboliques*, S. Lhullier
- *Fonelle et ses amis*, S. Fontanel, n° 5352
- *France en 1 500 questions – Culture (La)*, B. Labes et S. Bouvet
- *France en 1 500 questions – Régions (La)*, B. Labes et S. Bouvet
- *Guide Marabout de la photographie (Le)*, M. Biderbost, n° 5310

- *Guide Marabout du bridge (Le)*, M. Charlemagne et M. Duguet, n° 5349
- *Guide Marabout du scrabble (Le)*, M. Charlemagne, n° 5312
- *Infâmes Logigrammes*, n° 5366
- *Initiation aux échecs*, M. Noir, n° 5355
- *Matémo*, M. Ducournau, n° 5365
- *Meilleures Blagues de l'été (Les)*, M. et A. Guillois, n° 5358
- *Pas de panique, c'est logique*, F. Mazza, n°
- *Plus Belles Chansons (Les)*, Collectif, n° 5354
- *Proverbes pour rire*, P. Mignaval, n° 5351
- *Tous les jeux de cartes*, F. Gerver, n° 5311
- *Toutes les excuses pour ne pas aller bosser*, S. Egly et É. Lehmann, n° 5362

Jardins – Animaux

- *Guide de l'aquarium d'eau douce (Le)*, H. Favré, n° 6400
- *Guide 2007 de la Lune*, P. Ferris, n° 6114
- *Memento du vétérinaire : le chat*, Dr J. Cuvelier, n° 6425
- *Memento du vétérinaire : le chien*, Dr J. Cuvelier, n° 6417

Pour l'éditeur, le principe est d'utiliser des papiers composés de fibres naturelles, renouvelables, recyclables et fabriquées à partir de bois issus de forêts qui adoptent un système d'aménagement durable.

En outre, l'éditeur attend de ses fournisseurs de papier qu'ils s'inscrivent dans une démarche de certification environnementale reconnue.

Photocomposition : Nord Compo.
Imprimé en Espagne par Liberduplex

Pour le compte des Éditions Marabout.
Dépôt légal : mars 2008
ISBN : 978-2-501-05082-1
40.8937.1
Édition 01